Radreiseregion

Naturschatzkammern Allgäu

13 Radtouren im Württembergischen Allgäu

VERLAG**ESTERBAUER**

bikeline®-Radtourenbuch kompakt
Naturschatzkammern Allgäu

A-3751 Rodingersdorf, Hauptstr. 31
Tel.: +43/2983/28982-0, Fax: -500
E-Mail: bikeline@esterbauer.com
www.esterbauer.com
1. Auflage 2022
ISBN: 978-3-85000-980-5

Bitte geben Sie bei jeder Korrespondenz die Auflage und die ISBN an!

Erstellt in Kooperation mit dem Zweckverband Tourismus Württembergisches Allgäu (TWA)

Dieses Buch wird empfohlen von:

Dank an alle, die uns bei der Erstellung dieses Buches tatkräftig unterstützt haben.

Das *bikeline*-Team: Birgit Albrecht-Walzer, Katharina Amon-Schneider, Beatrix Bauer, Michael Binder, Veronika Bock, Petra Bruckmüller, Roland Esterbauer, Dagmar Güldenpfennig, Martina Kreindl, Ingrid Leidinger, Daniela Lehnerova, Gregor Münch, Mario Nakić, Karin Neichsner, Carmen Paradeiser, Amélie Pommier, Manuel Randa, Petra Schartner, Sonja Schleifer, Christian Thoren, Isabella Tillich, Martin Trippmacher, Daniel Welser, Carina Winkelhofer, Martin Wischin, Wolfgang Zangerl

Bildnachweis: s. S. 238

Kartographie erstellt mit axpand (www.axes-systems.com)

Vorwort

Die 13 Radtouren durch das sonnenreiche Voralpenland im Allgäu ermöglichen es dem Genussradler sowie dem sportlich ambitionierten Radfahrer die Natur- und Kulturvielfalt der Region zu erkunden. Entlang von sattgrünen Wiesen und durch weite Hügelmeere, immer mit Blick zur Alpenkette, vermitteln die thematisch gegliederten Touren Einblicke in die Entstehungsgeschichte des Württembergischen Allgäus und führen zu ganz besonderen Naturschätzen wie z. B. dem Moor. Nicht nur die facettenreiche Landschaft mit ihren unzähligen Seen, Weihern und Flüssen haben diese Region geprägt. Mittelalterliche Städte, geschichtsträchtige Dörfer und die barocke Pracht in Schlössern und Kirchen zeugen von der Beziehung zwischen der Bauernschaft und dem Reichtum des Adels. Auch der kulinarische Genuss kommt nicht zu kurz! Direktvermarkter am Wegesrand, Käsereien, Hofläden und Kräutergärten laden zum Naschen und Verkosten ein.

Präzise Karten, kurze Streckenbeschreibungen, zahlreiche Stadt- und Ortspläne, Hinweise auf das kulturelle und touristische Angebot der Region und ein umfangreiches Übernachtungs- und Serviceverzeichnis – in diesem Buch finden Sie alles, was Sie zu einer Radtour durch die Naturschatzkammern Allgäu brauchen – außer gutem Radelwetter, das können wir Ihnen nur wünschen.

Kartenlegende

Radrouten (cycling routes)

Hauptroute, wenig KFZ-Verkehr
- asphaltiert
- nicht asphaltiert
- schlecht befahrbar

Hauptroute, autofrei / Radweg
- asphaltiert
- nicht asphaltiert
- schlecht befahrbar

Ausflug od. Variante, wenig KFZ-Verkehr
- asphaltiert
- nicht asphaltiert
- schlecht befahrbar

Ausflug od. Variante, autofrei / Radweg
- asphaltiert
- nicht asphaltiert
- schlecht befahrbar

Sonstiges
- sonstige Radroute

- verkehrsreiche Radroute
- Kopfsteinpflaster
- Einbahnführung
- Fährverbindung
- unbekannter Belag
- Tunnel
- Schiebestrecke
- Zugverbindung
- Radweg in Planung
- Radweg gesperrt
- Radstreifen mit Verkehr
- Radstreifen, straßenbegleitender Radweg
- Straße für Radfahrer gesperrt
- Beschriebene Fahrtrichtung
- 5 Wegpunkt

Steigungen / Entfernungen
- starke Steigung
- leichte bis mittlere Steigung
- 2,4 Entfernung in Kilometern, gerundet

Maßstab 1 : 50.000

1 cm ≙ 500 m   1 km ≙ 2 cm

0 1 2 3 4 5

Radinformationen

- Fahrradwerkstatt*
- Fahrradvermietung*
- überdachter Abstellplatz*
- abschließbarer Abstellplatz*
- E-Bike Ladestation
- Infotafel*
- Gefahrenstelle
- Text beachten
- Treppe
- Tragestrecke
- Engstelle*
- 17 42 Knotenpunktnummer der Wegweisung*
- Stadt-, Ortsplan (city map)

Nur in Ortsplänen (symbols only in the city maps)

- Parkhaus* (garage*)
- Theater* (theatre*)
- Post* (post office*)
- Apotheke* (pharmacy*)
- Krankenhaus* (hospital*)
- Feuerwehr* (fire-brigade*)
- Polizei* (police*)

* Auswahl (* selection)

Sehenswertes / Einrichtungen

- Kirche; Kapelle
- Kloster
- Synagoge; Moschee
- Schloss, Burg; Ruine
- Turm; Leuchtturm
- Wassermühle; Windmühle
- Kraftwerk
- Bergwerk; Höhle
- Flughafen; Denkmal
- sonstige Sehenswürdigkeit
- Museum
- Ausgrabungen; röm. Objekte
- Tierpark; Natur-Information
- Naturschutzgebiet, -denkmal
- sonstige Natursehenswürdigkeit
- Aussichtspunkt*
- Tourist-Information; Gasthaus
- Hotel, Pension; Jugendherberge
- Camping-; Naturlagerplatz*
- Einkaufsmöglichkeit*; Kiosk*
- Rastplatz*; Unterstand*
- Freibad; Hallenbad
- Naturbad; Thermal-/Erlebnisbad
- Brunnen*; Parkplatz*
- Schönern sehenswertes Ortsbild
- Einrichtung im Ort vorhanden

6 7 8 9 10 11 km

Topographische Informationen

- Kirche; Kapelle
- Kloster
- Synagoge; Moschee
- Schloss, Burg; Ruine
- Turm; Leuchtturm
- Wassermühle; Windmühle
- Kraftwerk; Solarkraftwerk
- Bergwerk; Höhle
- Denkmal; Hügelgrab
- Flughafen; Flugplatz
- Windkraftanlage
- Funk- und Fernsehanlage
- Umspannwerk, Trafostation
- Wegkreuz; hist. Grenzstein
- Sportplatz, Stadion
- Golfplatz; Tennisplatz
- Schiffsanleger; Schleuse
- Quelle; Kläranlage
- Staatsgrenze mit Übergang
- Landesgrenze
- Kreis-, Bezirksgrenze
- Naturschutzgebiet, -park, Nationalpark
- Truppenübungsplatz, Sperrgebiet
- Höhenlinie 100m/50m
- UTM-Gitter (in km; 2 km-Gitter)

- A13 B12 Autobahn; Schnellstraße
- B236 Fernverkehrsstraße
- Hauptstraße
- untergeordnete Hauptstraße
- Nebenstraße; Fahrweg
- Weg; Fähre
- Straße geplant/in Bau
- Eisenbahn/Bahnhof; S-Bahnhof
- Eisenbahn stillgelegt; geplant
- Schmalspurbahn
- Bergbahn; Seilbahn
- Wald; Parkanlage
- Sumpf; Heide
- Weinbau; Gartensiedlung*
- Steinbruch, Tagebau*
- Friedhof; Düne, Strand
- Watt; Gletscher
- Felsen; Geröll
- Gewächshäuser*, Plantage*
- Gewerbe-, Industriegebiet
- Siedlungsfläche; öffentl. Gebäude
- Stadtmauer, Mauer
- Damm, Deich
- Kanal
- Fluss/Staumauer/See

* Auswahl (* selection)

Inhalt

Stadtpläne

Naturschatzkammern Allgäu

Die weitläufige Landschaft des Württembergischen Allgäus ist ein perfektes Radelrevier, das sowohl dem Genussradler sowie dem sportlich Ambitionierten jede Menge Möglichkeiten bietet. Das sonnenreiche Voralpenland erstreckt sich zwischen den historischen Städten Wangen, Isny, Leutkirch, den Kurorten Bad Wurzach und Wolfegg und kleinen geschichtsträchtigen Dörfern in Nachbarschaft zum Bodensee. Eismassen der Gletscher formten und modellierten das hügelige Alpenvorland mit seinen einzigartigen Moorlandschaften, malerischen Tälern, bewaldeten Kuppen und grünen Weiten.

Anhand der 13 thematisch gegliederten Touren erleben Sie auf jedem Weg ein regionaltypisches Thema, das Sie die Naturschatzkammern Allgäu in all ihren Facetten kennenlernen und genießen lässt. Jede hat ihre eigenen Besonderheiten und Schätze sowie spannende Geschichten zu bieten. Aber auch die schmucken Städte und Gemeinden als Ausgangspunkt Ihrer Radtouren laden mit historischen Gebäuden, Museen und gemütlichen Gaststätten zum Entdecken und Verweilen ein. Die 13 gut beschilderten Rundtouren versprechen traumhafte Ausblicke und spannende Einblicke, gepaart mit jeder Menge Genuss.

Streckencharakteristik

Länge

Die Gesamtlänge aller 13 Touren beträgt rund **593 Kilometer**. Die zusätzlichen Ausflüge (orange Routen) haben eine Länge von 28 Kilometern.

Wegequalität, Verkehr und Steigungen

Die Rundtouren sind zwischen 33 und 61 Kilometer lang und bieten neben mäßigen Steigungen auch konditionell anspruchsvolle Etappen.

Beschilderung

Jede Tour ist durchgehend und einheitlich mit grünen Schildern und dem entsprechenden Themen-Logo beschildert. Die unterschiedlichen Schilder sind bei jeder Tour einzeln abgebildet. Zusätzlich weisen Ihnen Ziel- und Zwischenwegweiser den Weg.

Tourenplanung

Zentrale Infostelle

Tourismus Württembergisches Allgäu,
Bindstr. 10, 88239 Wangen im Allgäu,
✆ 07522/74211,
info@wuerttembergisches-allgaeu.info,
www.wuerttembergisches-allgaeu.info

An- und Abreise mit der Bahn

Das Württembergische Allgäu ist bequem mit Bahn und Bus erreichbar. Aufgrund der sich ständig ändernden Preise und Bedingungen für Fahrradtransport bzw. -mitnahme empfehlen wir Ihnen, sich bei nachfolgenden Infostellen über Ihre ganz persönliche Anreise mit der Bahn zu informieren.

Informationsstellen

Deutsche Bahn AG, Reise-Service:
✆ 030/2970, Mo-So 0-24 Uhr, Auskünfte über Fahrpreise und Fahrpläne, Informationen über die Serviceleistungen der Deutschen Bahn,
www.bahn.de,
www.bahn.de/bahnundbike
Österreichische Bundesbahnen:
ÖBB Kundenservice ✆ 05/1717 (österreichweit zum Ortstarif),
www.oebb.at
Schweizer Bundesbahnen:
Rail-Service ✆ 0041/848446688

(CHF 0,08/Min.), www.sbb.ch, www.sbb.ch/de/fahrplan/reisehinweise/velos/so-reist-ihr-velo-mit-ihnen.html

Fahrradversand

Deutsche Bahn AG (innerhalb Deutschlands sowie zwischen Deutschland und Österreich)

Wenn Sie mit der DB an- und abreisen, können Sie den Gepäckservice der DB nutzen. Ihr Rad oder E-Bike wird im Haus-zu-Haus-Versand an den vereinbarten Zielort gebracht, wenn Sie im Besitz einer entsprechenden Bahnfahrkarte sind. Fahrrad oder E-Bike müssen verpackt werden und dabei roll- und lenkbar bleiben, Gewicht max. 31,5 kg. Kostenlos kann eine Fahrradverpackung zugebucht werden, bei E-Bikes muss der Akku ausgebaut sein. Informationen und aktuelle Preise finden Sie unter www.gepaeckservice-bahn.de.

An- und Abreise mit dem Fernbus

Mittlerweile bieten viele Fernbusunternehmen wie FlixBus auf ihren Strecken eine Radmitnahme an. Aufgrund der großen Anzahl von Fernbuslinien und -unternehmen informieren Sie sich bitte im Internet z. B. unter www.fernbusse.de.

An- und Abreise mit dem Auto

Die Region ist aus allen Himmelsrichtungen über Kempten, Memmingen, Bad Waldsee, Ravensburg und Lindau gut erreichbar. Neben den Autobahnen A 7 und A 96 ermöglicht Ihnen ein Netz an Bundesstraßen eine bequeme Anreise, die bei jeder einzelnen Tour separat beschrieben ist.

Rad & Bahn

Die Moorbahn (früher der Radexpress Oberschwaben) fährt ab 1. Mai bis Oktober jeden Sonn- und Feiertag zwischen Bad Wurzach, Bad Waldsee und Aulendorf. Die Fahrradmitnahme ist entsprechend der vorhandenen Kapazitäten kostenlos. Nähere Infos unter: www.moorbahn.eu

Rad & Bus

In der Region Bodensee und Oberschwaben bis ins Württembergische

Allgäu ermöglichen Radwanderbusse, Züge und Sonderzüge des „bodo-Freizeitlands" eine Fahrradmitnahme. Im Bus ist dies jedoch nur im Rahmen der Kapazitäten möglich und in den meisten Fällen ist ein Fahrradfahrschein erforderlich. www.bodo.de

Übernachtung

Bei unseren Recherchen haben wir eine größtmögliche Auswahl für Sie zusammengestellt. Für alle, die Alternativen oder einfach noch mehr Anbieter suchen, gibt es nachfolgende Internet-Adressen, die auch Beherbergungen anderer Art anbieten: **Der ADFC-Dachgeber** funktioniert nach dem Gegenseitigkeitsprinzip: Hier bieten Radfreunde anderen Tourenradlern private Schlafplätze an. Mehr darüber unter www.dachgeber.de

Unter www.camping.info finden Sie flächendeckend den **Campingplatz** nach Ihrem Geschmack.

Weiterhin bietet **Bett+Bike** unter www.bettundbike.de zusätzliche Informationen zu den beim ADFC gelisteten Beherbergungsbetrieben in ganz Deutschland.

Reisezeit

Die beste Reisezeit für einen Radurlaub ist im Allgemeinen der Sommer und der Frühherbst, also die Zeit zwischen Anfang Mai bis Ende September. Außerhalb dieser Zeit kann es - vor allem auf den höher gelegenen Abschnitten - noch oder schon wieder kühl sein, was die Anforderung an die Kondition sehr stark erhöht.

E-Bike und Pedelec

Damit auch konditionell nicht so geübte Personen in den Genuss der herrlichen Landschaft, den vielfältigen Highlights und dem atemberaubenden Alpenpanorama kommen, lohnt es sich die Routen mit einem E-Bike oder Pedelec zu bestreiten. Ein flächendeckendes Netz an Verleih- und Akkuladestationen garantiert eine entspannte Radtour und rundet das vielfältige Angebot für Radreisende ab.

Radreiseveranstalter

Eurobike, Mühlstr. 20, A-5162 Obertrum am See, ✆ 0043/6219/7444, Infohotline Deutschland: ✆ 0800/5889718 (gratis aus Deutschland), Fax: 8272, office@eurobike.at, www.eurobike.at

Feuer und Eis Touristik GmbH™, Südliche Hauptstr. 33, D-83700 Rottach-Egern, ✆ 0049/8022/66364-0, Fax: 66364-19, hallo@feuerundeis.de, www.feuer-eis-touristik.de

Zu diesem Buch

Dieser Radreiseführer enthält alle Informationen, die Sie für den Radurlaub durch das Voralpenland im Westen des Allgäus benötigen: Exakte Karten, ein ausführliches Übernachtungs- und Serviceverzeichnis, Stadt- und Ortspläne und die wichtigsten Informationen zu touristischen Attraktionen und Sehenswürdigkeiten.

Und das alles mit der **bikeline-Garantie**: die Routen in unseren Büchern sind von unserem professionellen Redaktionsteam auf ihre Fahrradtauglichkeit geprüft worden.

Um höchste Aktualität zu gewährleisten, nehmen wir nach der Befahrung Korrekturen von Lesern bzw. offiziellen Stellen bis Redaktionsschluss entgegen, die dann jedoch teilweise nicht mehr an Ort und Stelle verifiziert werden können.

Die Karten

Die Detailkarten sind im Maßstab 1:50.000 erstellt. Dies bedeutet, dass 1 Zentimeter auf der Karte einer Strecke von 500 Metern in der Natur entspricht. Zusätzlich zum genauen Routenverlauf informieren die Karten auch über die Beschaffenheit des Bodenbelages (befestigt oder unbefestigt), Steigungen (leicht oder stark), Entfernungen sowie über kulturelle, touristische und gastronomische Einrichtungen entlang der Strecke.

Beachten Sie, dass die empfohlene Hauptroute immer in Rot und Violett, Varianten und Ausflüge hingegen in Orange dargestellt sind. Die genaue Bedeutung der einzelnen Symbole wird in der Legende auf den Seiten 4, 5 und 6 erläutert.

Höhen- und Streckenprofil

Das in der Einleitung dargestellte Höhen- und Streckenprofil gibt Ihnen einen grafischen Überblick über die Steigungsverhältnisse, die Länge und die wichtigsten Orte entlang der Radrouten. Es können in diesem Überblick nur die markantesten Höhenunterschiede dargestellt werden, jede einzelne kleinere Steigung wird in dieser grafischen Darstellung nicht berücksichtigt. Die Steigungs- und Gefälleverhältnisse entlang der Routen finden Sie im Detail mit Hilfe der Steigungspfeile in den genauen Karten.

Der Text

Der Textteil beinhaltet kurze Ortsinfos und Ortsbeschreibungen sowie kompakte Textpassagen mit relevanten Streckeninformationen. Unter dem jeweiligen Ortsbalken finden Sie folgende Informationen aufgelistet: Adresse der Einrichtung, Öffnungszeiten-Kategorie, Telefonnummer, Weblink und Kurzbeschreibung

Öffnungszeiten – Kategorien

- Öffnungszeiten
- frei zugänglich
- täglich
- häufig (5-6 Tage/Wo.)
- durchschnittlich (3-4 Tage/Wo.)
- selten (bis 2 Tage/Wo.)
- nach tel. Anfrage

Diese Angaben gelten während der Radsaison und dienen als Orientierungshilfe. Die tagesaktuellen Öffnungszeiten finden Sie über den Weblink.

Weblink

Im Ortsdatenblock bei dem jeweiligen touristischen Eintrag befindet sich nach dem @ Symbol eine sechsstellige Zahlen- und Buchstabenkombination *(z. B. @ abc123).* Die Eingabe dieser Weblink-ID auf unserer Internetseite www.esterbauer.com leitet Sie direkt auf die entsprechende Webseite weiter und ersetzt somit die mühsame Eingabe ellenlanger Webadressen.

Übernachtungs- und Serviceverzeichnis

Auf den letzten Seiten dieses Radtourenbuches sind zu fast allen Orten entlang der Strecke eine Vielzahl von Übernachtungsmöglichkeiten aufgelistet, vom einfachen Zeltplatz bis zum 5-Sterne-Hotel. Zusätzlich finden Sie umfangreiche Informationen zu Radwerkstätten, Radverleihstationen und RadSERVICE-Punkten.

WÜRTTEMBERGISCHES ALLGÄU
Willkommen in der RadReiseRegion Naturschatzkammern
Über blühende Hügelmeere im Württembergischen Allgäu schweben
• 13 Rundtouren von 33 km bis 61 km
• E-Bike Ladestationen & Service Stationen
• Zahlreiche bett&bike Betriebe
• Regionale Spezialitäten & Einkehrmöglich-keiten
Jetzt informieren:
www.wuerttembergisches-allgaeu.info
Tourismus Württembergisches Allgäu
Bindstraße 10 | 88239 Wangen | Tel. +49 7522 74211
info@wuerttembergisches-allgaeu.info

Tour 1 Museen, Moor, mehr 61,5 km

HM/km: ↗ 6,0 (370m) ↘ 6,0 (370m) Radweg: 14 % Unbefestigt: 11 % Verkehr: 6 %

Entlang der Rundtour erkunden Sie die spannende Natur- und Kulturgeschichte der Region. Von der Urzeit, als die verlandeten Eismassen des Rheingletschers die Landschaft modellierten und so die Grundlage für das Naturphänomen Wurzacher Ried schufen, über barocke Baumeister bis zu Bauernschaft - sie alle haben das Bild des Allgäus mitgeprägt. Sie radeln durch ein großes Freilichtmuseum mit Freiblicken auf die Alpenkette, durch eine facettenreiche Landschaft vorbei an Feuchtwiesen, Wäldern und Mooren.

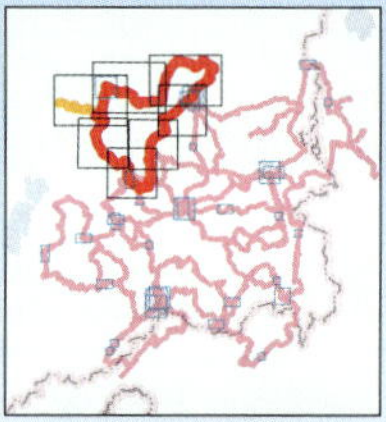

Charakteristik

Start/Ziel: Bad Wurzach

Wegbeschaffenheit: Die Route verläuft großteils auf befestigten bzw. asphaltierten Straßen und Radwegen. Kurze unbefestigte Passagen sind gut befahrbar.

Verkehr: Die Tour verläuft meist auf ruhigen Straßen dahin, mit etwas mehr Verkehr ist nur in den Städten zu rechnen.

Beschilderung: Durchgehend einheitliche Beschilderung.

Steigungen: Die hügelige Strecke birgt einige, teils auch kräftigere Steigungen.

An- und Abreise: Kein direkter Bahnanschluss, aber aus allen Richtungen mit der Bahn bis nach Aulendorf, Biberach, Ravensburg und Leutkirch, und weiter mit dem Bus erreichbar. PKW: Autobahn Frankfurt-Karlsruhe-Stuttgart-Ulm oder A 7, aus der Schweiz über die B 30 Richtung Ravensbug/Ulm, aus Österreich von Lindau über die A 96 Richtung Memmingen. Parken: Kurhaus am Kurpark, Kirchbühlstr.1.

Anschlusstour(en): 2, 3, 5, 6

TIPP Tauchen Sie vor Beginn der Radtour in das Vermächtnis der Gletscher und in den einzigartigen Lebensraum Moor ein. In der interaktiven Erlebnisausstellung MOOR EXTREM, dem Oberschwäbischen Torfmuseum und entlang des Torflehrpfades begeben Sie sich auf eine spannende Entdeckungsreise durch das Wurzacher Ried, das größte zusammenhängende, intakte Hochmoor Mitteleuropas.

Sie verlassen Bad Wurzach in Richtung **Krattenweiler** und Ziegelbach. Zwischen Feldern und Wiesen hindurch fahren Sie am Vogelschutzgebiet Rohrsee vorbei.

1 Bad Wurzach

Vorwahl: 07564

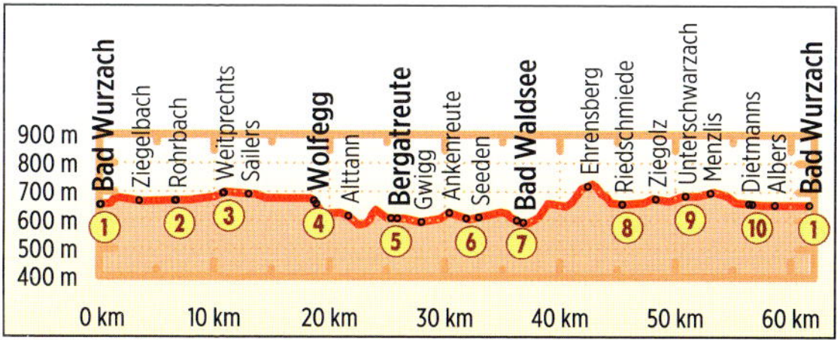

ⓘ Bad Wurzach Info, Rosengarten 1, ✆ 302150, @ yik851

🏛 **Oberschwäbisches Torfmuseum**, Dr. Harry-Wiegand-Str. 4/1, Am ehemaligen Zeiler Torfwerk, ✆ 3167 Das Museum mit Torfbahn und der Lehrpfad (1,5 km) im Wurzacher Ried bringen Ihnen die unterschiedlichen Lebensräume im Moor und den Torfabbau näher. Die Fahrzeiten des Torfbähnle erfahren Sie hier: @ hgj288

🏛 **Sepp-Mahler-Museum**, Ravensburger Str. 21, Leprosenhaus, ✆ 1728 Der Maler und Autor Sepp Mahler wurde 1901 in der Wohnstube des Leprosenhauses geboren. Neben dem originalen Mobiliar werden Bilder, Zeichnungen, Texte, Handschriften und Dokumente aus 60 Schaffensjahren gezeigt. @ ewx536

🏛 **Uhrmacher-Museum**, Marktstr. 20, ✆ 91157 Historische Uhrmacherwerkstätte

Beim Naturschutzzentrum Wurzacher Ried in Bad Wurzach

und Uhren verschiedener Epochen dokumentieren das Handwerk um 1900. @ qsv677

Kath. Pfarrkirche St. Verena, Rosengarten 2. Erbaut 1775-1777, mit markanter Turmfassade, im Innenraum ein bedeutendes Deckenfresko des Malers Andreas Brugger aus Langenargen. @ nnx688

Wallfahrtskirche auf dem Gottesberg, Gottesberg 1, ✆ 948920. In einer Seitenkapelle der Barockkirche (1709) befindet sich die Heilig-Blut-Reliquie. @ qsw213

Schloss Bad Wurzach, Marktstr. 9, ✆ 302150 Sehenswert sind vor allem das barocke Treppenhaus (1723-28) und das schöne Deckenfresko, beides Juwele der Oberschwäbischen Barockstraße. Die Schlosskapelle wird erstmals 1422 urkundl. erwähnt. Wahrzeichen von Bad Wurzach. @ xjk435

Galerie im „Maria Rosengarten", Rosengarten 3, ✆ 302150 Mehrmals jährlich wechselnde Kunstausstellungen. @ faf634

Leprosenhaus, Ravensburger Str. 59, ✆ 302150 Das Haus vor den Toren der Stadt diente im 13. Jh. als Isoliersta-

Bad Wurzach
B 465
Dr.-Harry-Wiegand-Str.
Biberacher Str.
Oberriedstr.
Bauhofstr.
Bahnhofstr.
Graf-Leopold-Str.
Riedhofstr.
Wohnmobilstellplatz
Riedhalde
Moorenstr.
Brachvogelw.
Birkhahnstr.
Zaunkönigw.
Kuckucksw.
Reischberghalde
Finkenw.
Naturschutzzentrum
Amselw.
Lerchenw.
Wiesenw.
Memminger Str.
St. Verena
Wurzacher Schloss/Barocktreppenhaus
Uhrmacher-Museum
Schulstr.
Parkstr.
Marktstr.
Ravensburger Str.
Uhlandstr.
Jördanstr.
Bachtelw.
Seerosenw.
Vorstadtstr.
Enzianstr.
Trollblumenw.
Espenw.
Gottesbergw.
Klosterw.
Friedhofw.
Kreuzbergw.
Hochmoosw.
Leprosenhaus
ler-Museum
Breitew.
Leutkircher Str.
Kolbstr.
Scheelstr.
Alte Str.
Mühltorstr.
Alte Str.
Achbergstr.
Hochgratstr.
Hochvogelw.
Wallfahrtskirche
L 314
Wurzacher Ach
Allgäustr.
Grüntenstr.
Niedermühlew.
Ziegelwiesenw.
Hoher Rain
Ziegelbacher Berg
705
Achberg
685
Basiskarte © OpenStreetMap Contributors

Bohlenpfad durch das Wurzacher Ried

tion für Leprakranke und später als Lazarett. Es ist ein seltenes Denkmal der Sozial- u. Medizingeschichte aus dem Mittelalter. Am Leprosenberg fanden einst Hexenverbrennungen statt. Im 17. Jh. wurde das Gebäude abgerissen und als Unterkunft für die Torfstecher neu aufgebaut. Im ältesten Gebäude der Stadt befinden sich ein Museum zur Geschichte des Hauses, das Sepp-Mahler-Museum und eine Gartenanlage mit Kräutern. @ sks355

Naturschutzzentrum Wurzacher Ried, Rosengarten 1, ✆ 302190 Die interaktive Erlebnisausstellung „MOOR EXTREM" bringt dem Besucher die Besonderheiten des Wurzacher Rieds und die Extreme der Moorlandschaft auf einzigartige Weise näher. Modern, interaktiv, multimedial... Lassen Sie sich überraschen! @ mfy844

Hallenbad Bad Wurzach, Kirchbühlstr. 3, ✆ 302150. Mit Kinderbecken und Ruheliegen.

1a
NSG Wurzacher Ried
Achkanal
Riedsee
Moorweiher
Haidgauer Torfwerk
Torflehrpfad
Hist. Torfbähnle
Oberschwäbisches Torfmuseum
B465
Naturschutzzentrum
Vitalium-Therme
St. Verena
Bad Wurzach
Leprosenhaus
Sepp-Mahler-Museum
Wallfahrtskirche
Gottesbergweg
L314
Riedschmiede
Aussichtsplattform Haidgauer Quellseen
Oberried
Milchbar
Ziegelbacher Berg
705
Achberg
685
Prozessionsweg
Krattenweiler
Truschwende
Ziegelbach
Gensen
Bechtingers
L317a
Himbach
Geboldingen
Beutels
Ziegelberg
765
Brugg
Rohrbach

Vitalium - Therme, Karl-Wilhelm-Heck Str. 8, ✆ 3042300 Thermalbad, Sauna und Wellnessoase. @ ghu232

In Bad Wurzach hat Gesundheit Geschichte gemacht. Das vielfältige Angebot des Kurortes reicht von klassischen Mooranwendungen in Deutschlands modernster Moorbadeabteilung bis zur Entspannungs- und Bewegungstherapie. Und das nicht erst seit kurzem – Bad Wurzach ist das älteste staatlich anerkannte Moorheilbad in Baden-Württemberg und zugleich eines der jüngsten Thermalbäder. Auch kulturell hat die Stadt einiges zu bieten. So besticht das einstige Residenzstädtchen mit seinem Schloss, das für sein barockes Treppenhaus berühmt ist, und eine der „schönsten Hauskapelle der Welt" im Kloster Maria Rosengarten.

Ziegelbach (Bad Wurzach)

2 Rohrbach (Bad Wurzach)

Rohr (Bad Wurzach)

Vogelschutzgebiet Rohrsee. Der Rohrsee ist Landschafts- und Naturschutzgebiet und große Brutstätte für Möwen. Das seichte, 55 ha große Gewässer ist in der Kalteiszeit in einem Toteisloch entstanden.

Pfarrkirche St. Martin in Eintürnenberg

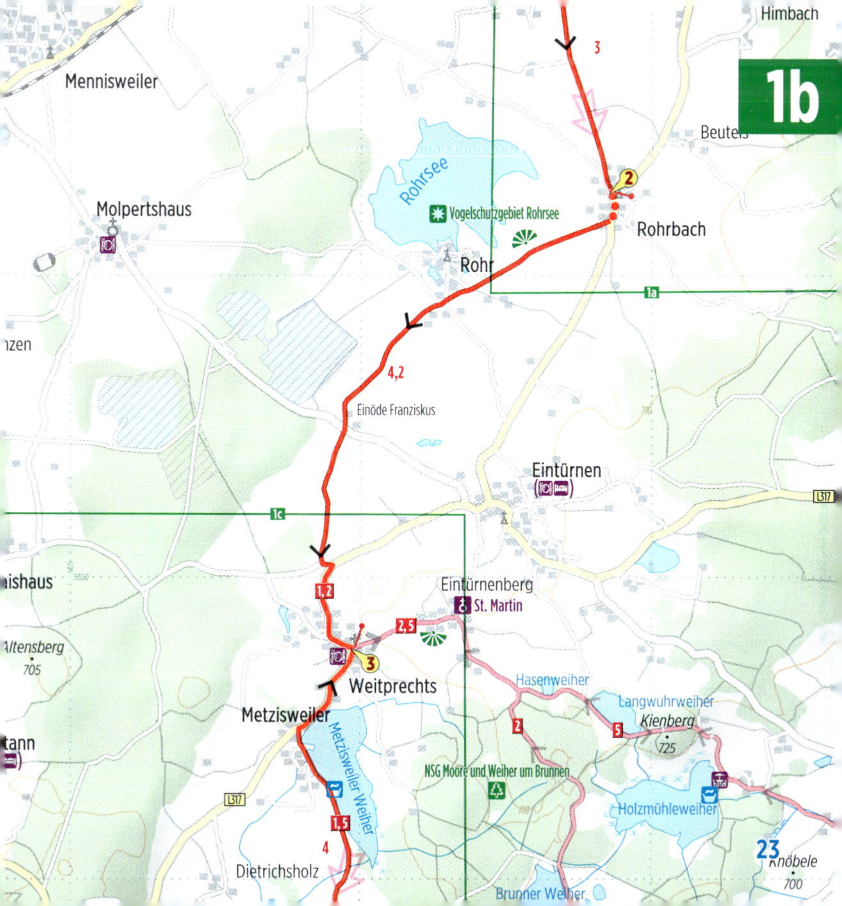
1b
Himbach
Mennisweiler
3
Rohrsee
Vogelschutzgebiet Rohrsee
2
Rohrbach
Molpertshaus
Rohr
1a
4,2
Einöde Franziskus
Eintürnen
L317
1c
Eintürnenberg
St. Martin
1,2
2,5
3
Weitprechts
705
Hasenweiher
Langwuhrweiher
Kienberg
725
2
5
Metzisweiler
Metzisweiler Weiher
NSG Moore und Weiher um Brunnen
Holzmühleweiher
L317
1,5
4
Dietrichsholz
Brunner Weiher
700

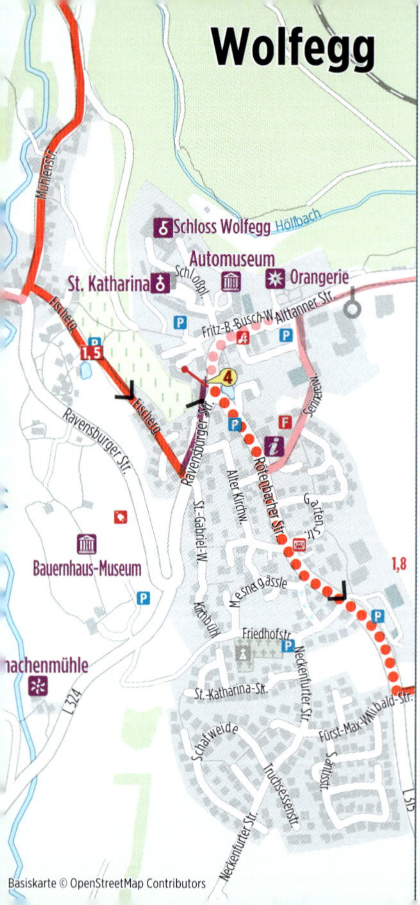

Basiskarte © OpenStreetMap Contributors

Auf ruhigen Straße radeln Sie weiter nach Wolfegg. Die Route führt vorbei an Feuchtwiesen und Weihern mit Bademöglichkeiten, dazwischen eröffnet sich immer wieder ein herrlicher Blick auf die Alpenkette.

3 Weitprechts (Bad Wurzach)

Eintürnenberg (Bad Wurzach)

St. Martin, Rathausstr. 1. Die von Weitem sichtbare barocke Pfarrkirche blickt auf eine 1.000-jährige Geschichte zurück.

Metzisweiler (Bad Wurzach)

Metzisweiler Weiher, Moosweg 7. Liegewiese und Sanitäranlagen.

Stockweiher (Wolfegg)

Stockweiher. Badesee mit Liegewiese u. Toilette.

4 Wolfegg

Vorwahl: 07527

Wolfegg Information, Rötenbacher Str. 13, ✆ 960151, @ row727

Automuseum, Fritz-B. Busch-Weg 1, ✆ 9210390 Autoausstellung mit Schwerpunkt 60er, 70er und 80er Jahre. @ ybf136

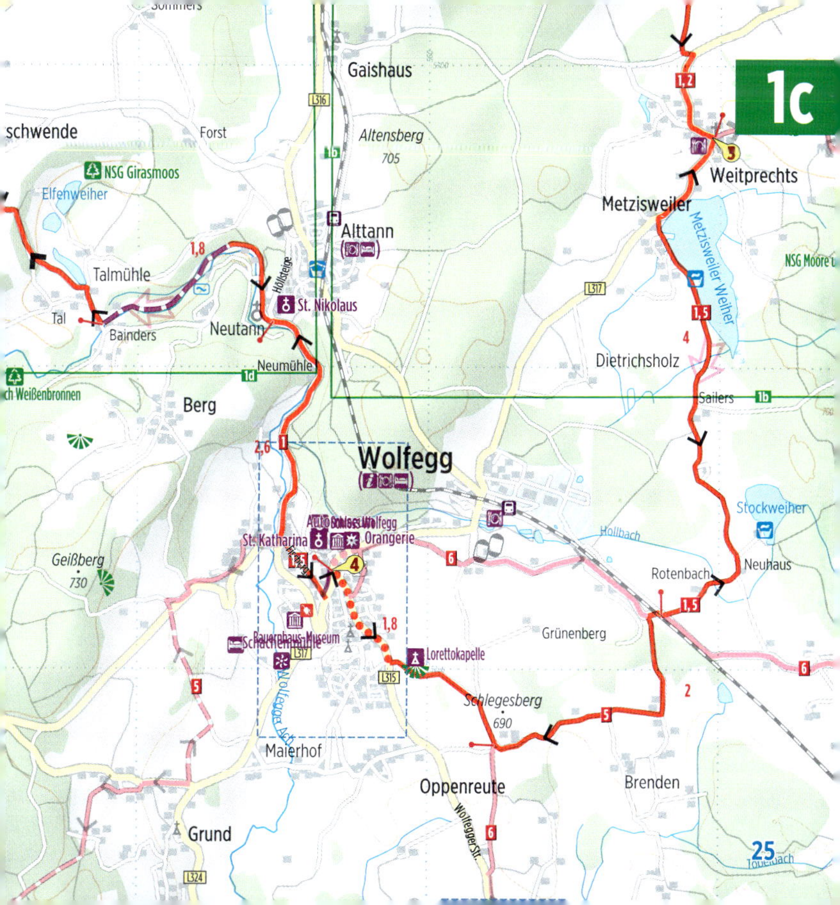
1c
Gaishaus
Altensberg
705
schwende
Forst
NSG Girasmoos
Elfenweiher
Talmühle
Tal
Bainders
Neutann
Alttann
St. Nikolaus
Höllsteige
Neumühle
Weitprechts
Metzisweiler
Metzisweiler Weiher
NSG Moore
Dietrichsholz
Sailers
Berg
Weißenbronnen
Wolfegg
Schloss Wolfegg
St. Katharina
Orangerie
Geißberg
730
Hollbach
Stockweiher
Neuhaus
Rotenbach
Grünenberg
Bauernhaus-Museum
Schachenmühle
Lorettokapelle
Schlegesberg
690
Wolfegger Ach
Maierhof
Oppenreute
Brenden
Wolfegger Str.
Grund
L316
L317
L315
L324
1,8
1,2
1,5
2,6
4
2
5
6
1b
1d

Backhaus aus Bergatreute im Bauernhaus-Museum Wolfegg

Bauernhaus-Museum, Vogter Str. 4, ✆ 95500 Das lebendige Freilichtmuseum mit historischen Bauernhäusern, Ausstellungen und verschiedenen Programmen widmet sich dem ländlichen Leben vergangener Jahrhunderte. @ eet815

Pfarrkirche St. Katharina, Chorherreng. 5, ✆ 6213 Eine der prachtvollsten Barockkirchen in Oberschwaben. @ lgb155

Loretokapelle, Rötenbacher Str., ✆ 960151. Seit 1711 wurde die Kapelle baulich nicht mehr verändert. @ dtd417

Schloss Wolfegg, Schloss 1, ✆ 9680. Renaissance-Schloss aus dem 16. Jh., in Privatbesitz. @ xqf281

Schachenmühle, Schachenmühle 1, ✆ 6263 Die Ursprünge der Mühle gehen in das 13. Jh. zurück. @ lxp214

Orangerie & Arboretum, Alttannerstr. 9, im Fürstlichen Hofgarten. Die im 18. Jh.

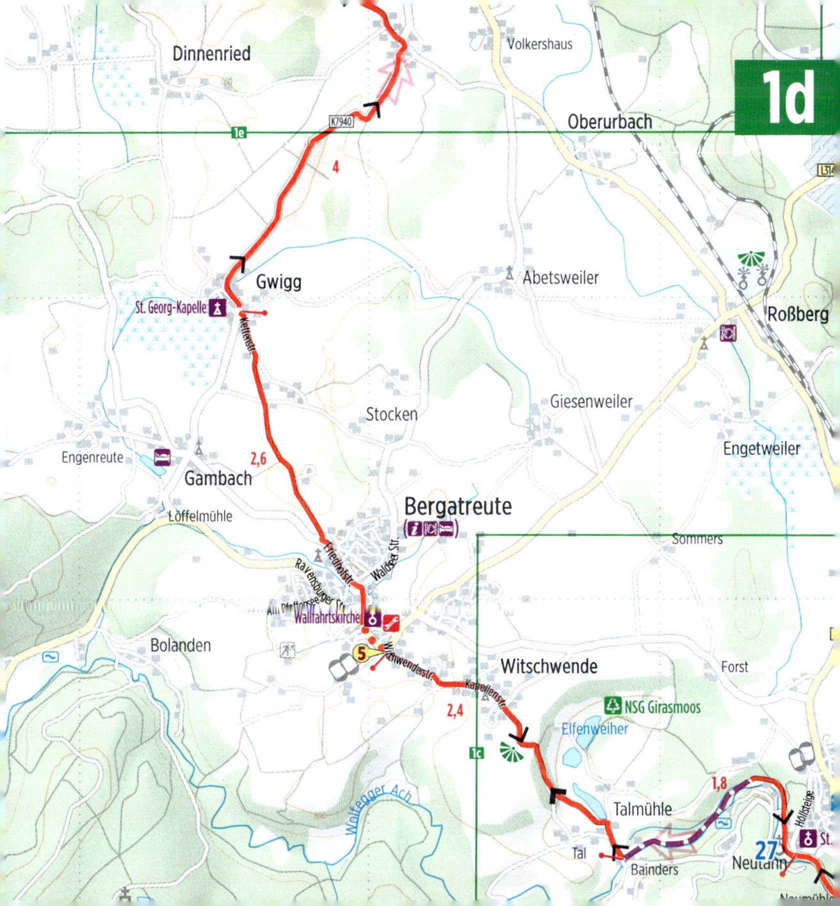

1d
Dinnenried
Volkershaus
Oberurbach
K7940
1e
4
Gwigg
St. Georg-Kapelle
Abetsweiler
Roßberg
Keltenstr.
Stocken
Giesenweiler
Engenreute
Gambach
2,6
Engetweiler
Bergatreute
Löffelmühle
Sommers
Friedhofstr.
Waldseer Str.
Ravensburger Str.
Wallfahrtskirche
Bolanden
5
Witschwende
Forst
Wolfegger Ach
Kapellenstr.
2,4
NSG Girasmoos
Elfenweiher
1c
1,8
Talmühle
Höllsteige
Tal
Bainders
27
Neutann

erbaute Orangerie war Teil eines um 1628 bezeugten Lustgartens. Heute wird sie für Veranstaltungen und Ausstellungen genutzt. Das Arboretum mit alten exotischen Bäumen zeugt von der einstigen Pracht des Hofgartens. @ ofe133

Bergab, entlang der Wolfegger Ach und an Alttann vorbei, erreichen Sie auf einem unbefestigten Abschnitt in **Bainders** den tiefsten Punkt der Tour. Mit einem stärkeren Anstieg und weiter hügelig radeln Sie auf asphaltierten Straßen nach Bergatreute.

Alttann (Wolfegg)

Vorwahl: 07527

St. Nikolaus, Kirchberg 30, ✆ 6213. Die Kirche, deren ältester Teil aus dem 13. Jh. stammt, wurde auf den Fundamenten der Burg der Ritter von Tanne erbaut. Das heutige Erscheinungsbild entstand im 18. Jh. Vom Friedhof eröffnet sich ein wunderbarer Blick über die Höll und das Achtal.

Hallenbad, Waldseer Str. 36, ✆ 290. Hallenbad, Sauna und Fitnessraum. @ ilc326

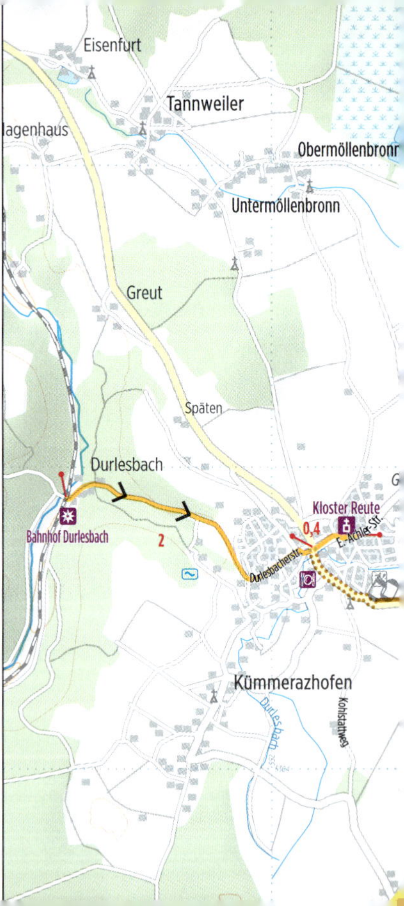

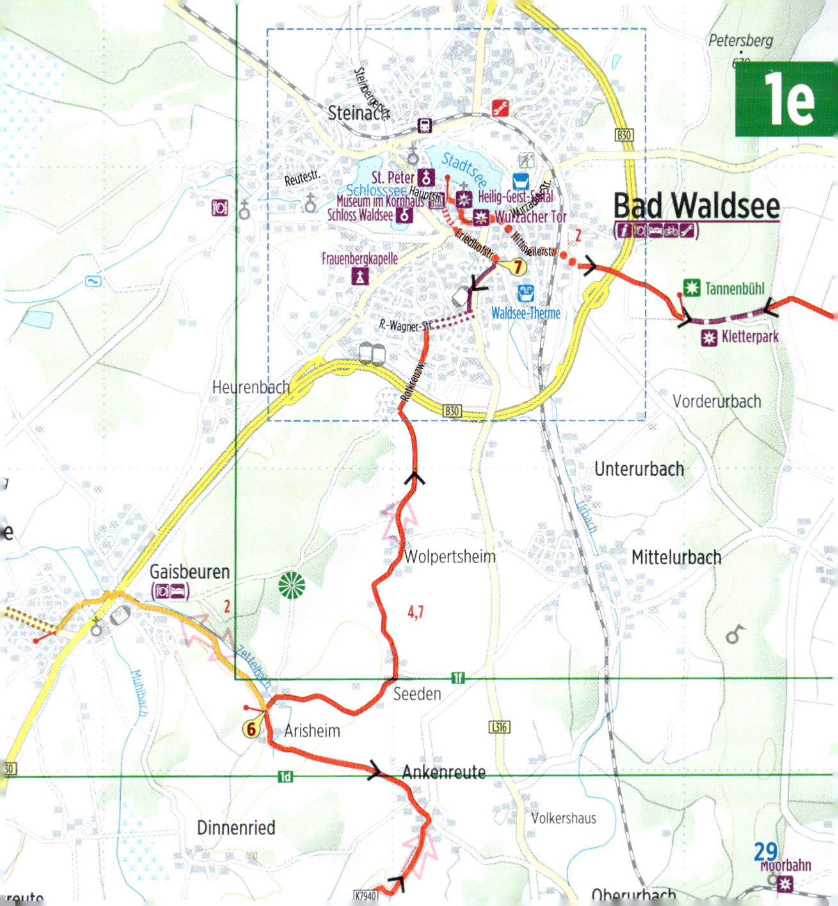
1e
Petersberg
Steinach
Steinbergerstr.
Reutestr.
Stadtsee
St. Peter
Schlosssee
Hauptstr.
Museum im Kornhaus
Schloss Waldsee
Heilig-Geist-Spital
Wurzacher Tor
Wurzacher Str.
Bad Waldsee
Hittisweilerstr.
Friedhofstr.
2
7
Frauenbergkapelle
Waldsee-Therme
Tannenbühl
Kletterpark
R.-Wagner-Str.
B30
Heurenbach
Rotkreuzw.
Vorderurbach
Unterurbach
Urbach
Wolpertsheim
Mittelurbach
Gaisbeuren
2
4,7
Zettelbach
Mühlbach
1f
Seeden
6
Arisheim
L316
1d
Ankenreute
Dinnenried
Volkershaus
29
Moorbahn
K7940
Oberurbach

Witschwende (Bergatreute)

Bainders

5 Bergatreute

Vorwahl: 07527

Bergatreute Info, Ravensburgerstr. 20, ✆ 92160, @ swu251

Wallfahrtskirche St. Philippus und Jakobus, Ravensburgerstr. 22. Sehenswerte barocke Kirche von 1697. @ ouh834

Gwigg (Bergatreute)

St. Georg, St. Georg Weg. Ein barockes Kleinod in Oberschwaben. 1353 erstmals urkundlich erwähnt.

6 Arisheim

AUSFLUG In Arisheim bietet sich ein Ausflug ins Moordorf Reute und zum berühmten Bahnhof Durlesbach an.

Gaisbeuren (Bad Waldsee)

Reute (Bad Waldsee)

Vorwahl: 07524

Kloster Reute, Klosterg. 6, ✆ 7080 Franziskanerinnen Kloster aus dem frühen 19. Jh., das aufgrund der Lehren und des Lebens von Elisabeth Aichler (15. Jh.) gegründet wurde. Ausstellungsräume dokumentieren die Geschichte der Franziskanerinnen von Reute und das Leben der „Guten Beth". @ iwa851

Ehem. Bahnhof Durlesbach. Der 1849 eröffnete Bahnhof wurde durch das Volkslied „Auf de schwäbsche Eisebahne" bekannt. In dem seit 1984 geschlossenen Gebäude ist eine Galerie untergebracht, eine Skulpturengruppe und eine Dampflok mit Waggons stellen die Szene aus dem Lied dar. @ cqj882

7 Bad Waldsee

Vorwahl: 07524

Tourist-Information, Ravensburger Str. 3, ✆ 941342, @ drd222

Erwin Hymer Museum, Robert-Bosch-Str. 7, ✆ 97667600 Museum zur Geschichte, Gegenwart und Zukunft des mobilen Reisens. @ nvy174

Fasnet- und Ölmühlenmuseum, Bleichestr. 3, ✆ 941342 Die originale Ölmühle aus dem Jahr 1829 erzählt ihre Geschichte. Im Obergeschoss lassen Masken, Kostüme und Bilderchronik die Tradition des bunten Treibens lebendig

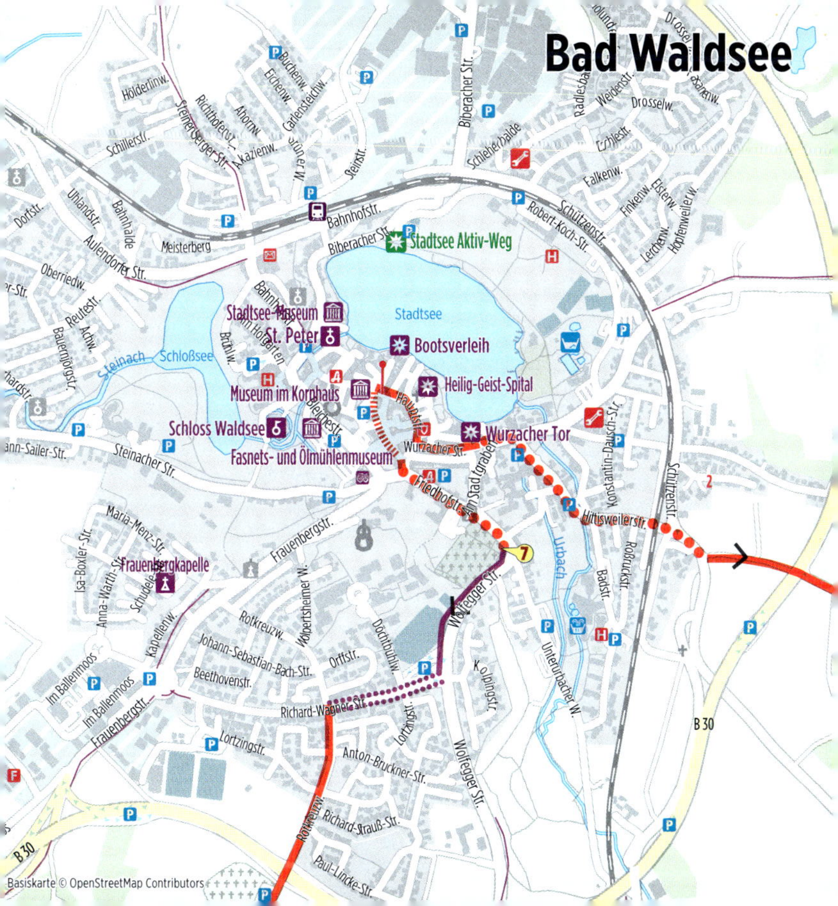

Bad Waldsee
Stadtsee Aktiv-Weg
Stadtsee
Stadtsee-Museum
St. Peter
Bootsverleih
Schloßsee
Steinach
Museum im Kornhaus
Heilig-Geist-Spital
Schloss Waldsee
Wurzacher Tor
Fasnets- und Ölmühlenmuseum
Frauenbergkapelle
Urbach
B 30
Bahnhofstr.
Biberacher Str.
Robert-Koch-Str.
Schützenstr.
Hauptstr.
Wurzacher Str.
Friedhofstr.
Am Stadtgraben
Hittisweilerstr.
Steinacher Str.
Frauenbergstr.
Wolfegger Str.
Richard-Wagner-Str.
Rotkreuzw.
Lortzingstr.
Kolpingstr.
Unterurbacher W.
Badstr.
Konstantin-Dausch-Str.
Basiskarte © OpenStreetMap Contributors

werden und dokumentieren das Brauchtum der Waldseer Fasnet. Besuch nur im Rahmen einer Führung möglich. Führungen finden 14-tägig am Mittwoch statt. @ hde281

- 🏛 **Museum im Kornhaus**, Rathauspl., Hauptstr. 40, ✆ 94-1719, ✆ 48228 Ⓔ Sammlungen über Kunst, Geschichte und Kultur der Stadt und der Region. @ sqb832
- 🏛 **Spätzlemuseum**, Elchenreute 1, ✆ 0170/1402460. Alles rund um typisch schwäbische Spätzle. @ end333
- 🏛 **Stadtsee-Museum**, Hinterer Klosterhof 3, im Stadtarchiv, ✆ 49851, ✆ 941342 Ⓖ© Sammlung von Tauchfunden aus dem Waldseer Stadtsee; von Waffen über

Bad Waldsee,
Blick vom Stadtweiher zur Kirche St. Peter

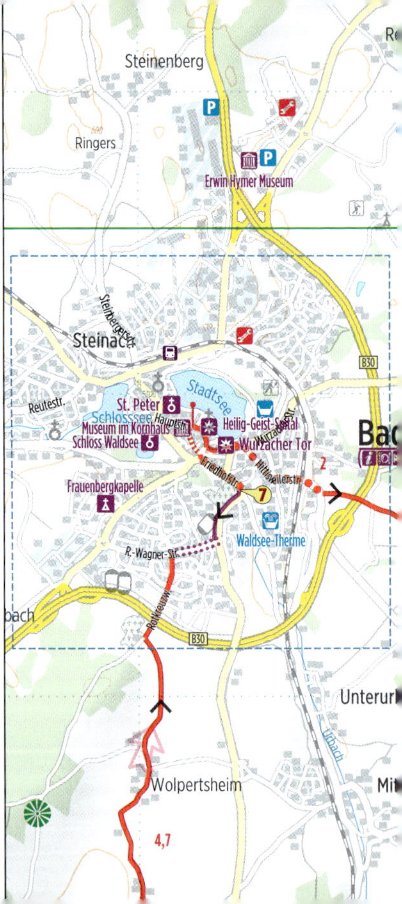

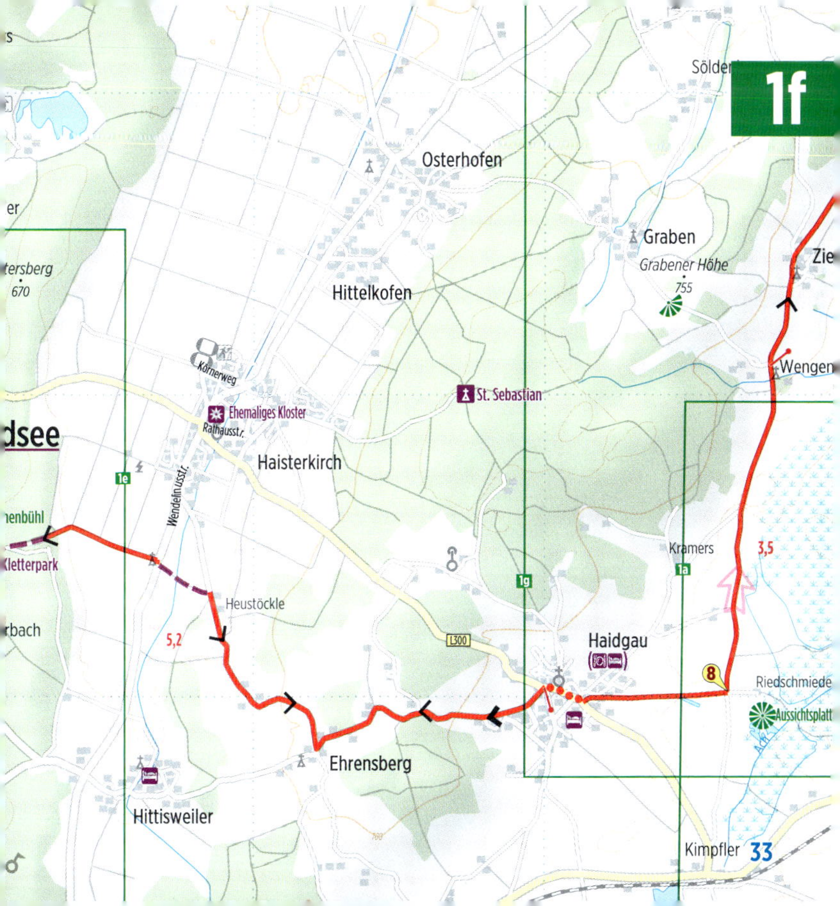
1f
Osterhofen
Graben
Grabener Höhe
755
Hittelkofen
Körnerweg
St. Sebastian
Wengen
Ehemaliges Kloster
Rathausstr.
Haisterkirch
Wendelinusstr.
1e
1g
1a
Kramers
3,5
Heustöckle
5,2
L300
Haidgau
8
Riedschmiede
Ehrensberg
Hittisweiler
Kimpfler
33
670

Schröpfköpfe bis zum italienischen Prunkglas. @ ltb255

Stiftskirche St. Peter, Hauptstr./Klosterhof, ✆ 990910. Die Doppeltürme der Kirche aus dem Jahr 1766 sind Wahrzeichen der Stadt. Dominikus Zimmermann, der Erbauer der Wieskirche, schuf hier den Hochaltar, das Chorgestühl und den Sakristeischrank. @ cxo425

Frauenbergkapelle, Frauenbergstr. 44 Die geschichtsträchtige Kapelle (Bj. 1471) birgt kostbare Schätze der Waldseer Bildhauerfamilie Zürn. @ jon125

Schloss Waldsee, ✆ 07527/40170, ✆ 07527/968271. Das Wasserschloss war bis Ende des 20. Jhs. von Mitgliedern der Familie zu Waldburg-Wolfegg und Waldsee bewohnt. Heute wird es für Veranstaltungen wie Hochzeiten und Feiern genutzt. @ lat664

Abenteuer-Kletterpark, Tannenbühl 2, ✆ 4011275 9 Parcours mit insgesamt 170 Übungen. @ saw244

Bootsverleih am Stadtsee, Wettg. 18, ✆ 0160/4121137

Heilig-Geist-Spital, Hauptstr. 29. Gehört zu den ältesten Gebäuden der Stadt (13. Jh.) mit neugotischer Fassade.

Rathausplatz. Mit spätgotischem Rathaus (1426).

Wurzacher Tor, Wurzacher Str. 29. Letztes erhaltenes Stadttor aus dem 15. Jh.

Stadtsee Aktiv-Weg, Seeweg, ✆ 941342. Rundweg von 1,6 km Länge mit sieben Mitmachstationen - von der Wassertretstelle über den Garten der Sinne bis hin zur Pflanzenheilkunde. @ isg856

Strand- und Freibad, Robert-Koch-Str. 1, ✆ 49845, @ ojj883

Waldsee-Therme, Badstr. 16, ✆ 941221 Thermenlandschaft, Saunawelt und Medical Wellness. @ bvc352

Die Kur steht in Bad Waldsee, das sich als Moorheilbad und Kneippkurort einen Namen gemacht hat, im Mittelpunkt. Seit 1994 befindet sich hier die Waldsee-Therme mit dem heißesten Thermalwasser Oberschwabens: Aus bis zu 1.750 Metern Tiefe tritt das schwefel- und fluoridhaltige Thermalwasser mit einer Temperatur von fast

Haidgauer Quellseen

64 Grad Celsius zu Tage. Doch auch die über 700 Jahre zurückgehende Geschichte der Stadt verleiht ihr einen besonderen Reiz. Auf einem Stadtbummel durch den historischen Kern mit seinem hochgiebeligen Rathaus, dem benachbarten Kornhaus und dem Wurzacher Torturm laden die gemütlichen Cafés und Restaurants zum Verweilen ein.

Nach Bad Waldsee folgt ein konditionell anspruchsvoller Abschnitt mit einem stetigen Anstieg durch das bewaldete Naherholungsgebiet **Tannenbühl** und weiter bis **Ehrensberg.** Mit einer rasanten Abfahrt nach Haidgau und weiter im hügeligen Verlauf durch grüne Wiesen, Wälder, Moore und vorbei an Feuchtwiesen des Wurzacher Rieds erreichen Sie Dietmanns.

Haisterkirch (Bad Waldsee)

- **St. Sebastian**, Sebastiansweg. Die Wallfahrtskapelle wurde Ende des 19. Jhs. erbaut. Die Deckengemälde stammen von Gerhard Fugel.
- **Ehemaliges Kloster**, Rathausstr. 1. 1736 als Sommersitz der prämonstratensischen Reichsabtei zu Rot an der Rot erbaut, heute Sitz der Ortsverwaltung und Schule.

Haidgau (Bad Wurzach)

Haidgauer Quellseen, Riedschmiedestr. 3/2. Reizvolles Quellenseegebiet mit türkis schillernden Quelltöpfen und Aussichtsplattform. @ exj544

TIPP **8** Hier haben Sie Zutritt zum südwestlichen Teil des Wurzacher Rieds und den türkis schimmernden Haidgauer Quellseen. Wanderwege führen durch ein Mosaik aus Hoch- und Niedermoorflächen, Streuwiesen und Moorwäldern.

9 Unterschwarzach (Bad Wurzach)

Vorwahl: 07564

Ortsverwaltung Unterschwarzach, Fichtenstr. 19, ✆ 91091, @ lgh478

Dietmanns (Bad Wurzach)

St. Ulrich und Margaret, Ochsenhausener Str. 31. Die Pfarrkirche ist ein barockes Kleinod. @ ins878

10 In Dietmanns zweigt die Route auf einen unbefestigten, gut befahrbaren Radweg am Rande des Wurzacher Rieds ab. Nach ca. 5 km erreichen Sie den Ausgangspunkt Ihrer Radtour in Bad Wurzach.

Bad Wurzach

1g
Unterschwarzach
Knetzenweiler
Unterluizen
Oberluizen
Menzlis
5,7
Dietmanns
St. Ulrich und Margaret
Willis
Wurzacher Ried
Albers
5
Röthele
735
Wölfilsberg
730
L265
Obergreut
Dietmannser-Ach
1a
NSG Wurzacher Ried
Achkanal
Riedsee
Moorweiher
Torfwerk
Torflehrpfad
Hist. Torfbähnle
B465
Oberschwäbisches Torfmuseum
Naturschutzzentrum
Vitalium-Therme
St. Verena
2,3
Gottesbergweg
Bad Wurzach
Leprosenhaus
Sepp-Mahler-Museum
Wallfahrtskirche
L314
Oberried
1,2
3,4
Milchbar
Untergreut
37
L309

Tour 2 Schwarzes Gold 41,2 km

HM/km: ↗ 4,3 (179m) ↘ 4,3 (179m) Radweg: 2 % Unbefestigt: 1 % Verkehr: 4 %

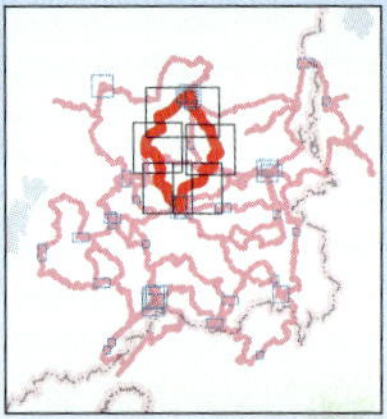

Namensgeber dieser Runde ist das Moor, das Schwarze Gold des Allgäus. Der komplexe Mikrokosmos ist Lebensraum für eine seltene Tier- und Pflanzenwelt und durch die Speicherung von CO_2 Klimaretter zugleich. Mit wenigen Steigungen und weitläufigen Blicken bis zu den Alpen radeln Sie entlang von Becken und Senken vorbei an Mooren, Feuchtwiesen, Moorwäldern, Seen und Weihern. Im Burgermoos und dem Wurzacher Ried tauchen Sie in ein einzigartiges Ökosystem ein.

Charakteristik

Start/Ziel: Bahnhof Kißlegg

Wegbeschaffenheit: Die Route verläuft überwiegend auf befestigten bzw. asphaltierten ruhigen Straßen und Wegen.

Verkehr: Nur in Kißlegg und Bad Wurzach ist mit etwas mehr Verkehrsaufkommen zu rechnen.

Beschilderung: Die Rundtour ist einheitlich beschildert.

Steigungen: Die Strecke verläuft leicht hügelig im stetigen Bergauf und Bergab.

An- und Abreise: Mit dem PKW erreichen Sie Kißlegg über die A 96 München-Lindau. Parken: Bahnhofstr./Zeppelinstr. in direkter Nähe zum Bahnhof oder Parkplatz Feuerwehrhaus (Parkstraße). Gute Vernetzung mit ÖPNV: Bahnknotenpunkt für die Strecken München-Memmingen-Lindau und Ulm-Aulendorf-Ravensburg-Friedrichshafen, gute Anbindung an das öffentliche Nahverkehrsnetz und das BODO-Netz

Anschlusstour(en): 2, 3, 5, 6

Kißlegg, Blick auf das Neue Schloss

1 Die Rundtour startet am Bahnhof von Kißlegg und führt am Strandbad und dem Obersee vorbei nach Rötsee. Sie radeln auf ruhigen Straßen durch eine idyllische Moor- und Wiesenlandschaft.

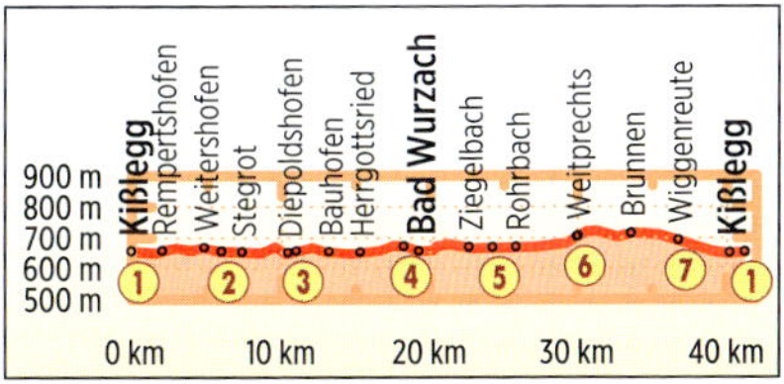

TIPP Der Luftkurort Kißlegg ist eingebettet in eine herrliche Seenlandschaft und liegt an der Oberschwäbischen Barockstraße. Neben dem Familienerlebnispfad Burgermoos, Naturseen und Badeweiher laden zahlreiche Sehenswürdigkeiten ein, die herrliche Landschaft und das barocke Kleinod zu entdecken.

Kißlegg

Vorwahl: 07563

Gäste- und Bürgerbüro, Schloßstr. 8, Neues Schloss, ✆ 936142, @ kkh584

Heimatmuseum im Neuen Schloss, Schloßstr. 8, ✆ 936142 Hier werden

Panorama von Kißlegg

neben sakralen Kunst- und Kulturgütern bäuerliche Arbeitsgeräte und Gebrauchsgegenstände zur Käseherstellung gezeigt. @ kqi287

St. Gallus und Ulrich, Herrenstr. 9 Barocke Pfarrkirche aus 1548 mit dem Augsburger Silberschatz. @ mlg753

Altes Schloss, Fürst-Maximilian Str. 8. Das Schloss wurde in der zweiten Hälfte des 16. Jhs. erbaut. Es ist im Besitz der gräflichen Familie zu Waldburg-Wolfegg und Waldsee. Eine Besichtigung ist nicht möglich. @ vhx133

Neues Schloss, Schloßstr. 8, ✆ 936142 Der dreigeschossige Bau wurde in den Jahren 1721-27 nach einem Entwurf des Füssener Baumeisters Johann Georg Fischer errichtet. Es können die barocken Räumlichkeiten und wechselnde Kunstausstellungen besichtigt werden. Öffentliche Schlossführungen finden Sa, So u. Feiertagen jeweils um 15 Uhr statt. @ lym424

Kaffeerösterei Cafésito, Friedrich-List-Str. 16, ✆ 1802444 Traditionelle handwerkliche Kaffeerösterei mit Café, Werksverkauf und Röstereiführungen der OWB-Werkstätten. @ tcv742

s' Käslädle, Wangener Str. 42, Zaisenhofen, ✆ 9092639, ✆ 913600 Neben dem Mozzarella aus dem Allgäu, ein Produkt der Kißlegger Käsefreunde, gibt

es viele Käsesorten zu schmecken und entdecken. @ fme345

- **Arrisrieder Moos**, Südlicher Einstieg bei Hilpertshofen ㉔ Ein Naturpfad über Holzbohlen durch das Moor erläutert anhand von Erlebnisstationen 10.000 Jahre Moorgeschichte, Flora und Fauna, den Torfabbau und die Wiedervernässung des Gebietes. Hier ist kein Radfahren erlaubt! @ lny285
- **Erlebnispfad Burgermoos**, Le-Pouliguen-Str. 4, ✆ 936142 ㉔ Über Holzbohlenwege führt der 3,9 km lange Naturerlebnispfad mit Mitmachstationen und Aktionsfeldern an Resten der Torffabrik vorbei. Radfah-

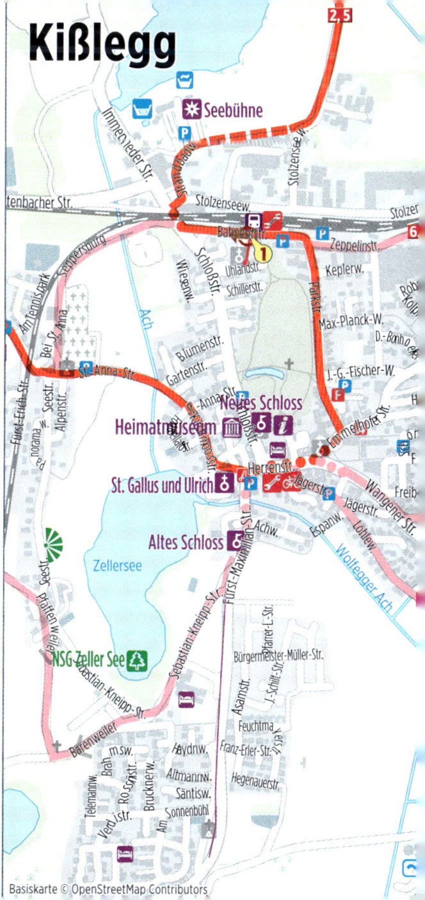

Mountainbiker im Würtembergischen Hügelland

ren ist auf dem Pfad nicht erlaubt. @ oyh257

Strandbad Obersee, Am Obersee 2, ✆ 180967, ✆ 936123 Naturbadesee mit Tretboot-, Ruderboot-, Kajak- u. SUP-Verleih, Warmwasser- und Kleinkinderbecken, Umkleide, Kiosk, Spielplatz u.v.m. @ usg773

Seebühne, Am Obersee 2, ✆ 936142 In den Sommermonaten finden auf der Seebühne im Kißlegger Strandbad regelmäßig Veranstaltungen statt.

2 Rötsee (Kißlegg)

Maria Königin der Engel, Rötsee 2, ✆ 07563/91330. Der St.Jakob-Pilger Ratperonius hat auf einem Landstrich im Ried im 10. Jh. eine Klause und eine Kirche errichtet. Seit dieser Zeit ist die Wallfahrtskirche das Ziel vieler Pilger. @ pls426

Nach dem Ort Rötsee halten Sie sich rechts und folgen der **K 7902** Richtung Diepoldshofen. Linker Hand haben Sie Anschluss an **Tour 5** und geradeaus an **Tour 3**.

2a
St.-Rochus-Str.
Oberburkardshofen
Stegrot
Volkenbühl
675
Grundlenach
L265
Neurötsee
Rötsee
Sonthofen
Rötsee
Maria Königin der Engel
NSG Gründlenried - Rötseemoos
2b
2,3
5
3
9
2,5
Gerstenberg
655
Moosbach
Ellerazhofen
Weitershofen
2e
Immenrieder Ach
Hasenfeld
Rot
Rempertshofen
6
Reipertshofen
Volkertsbühl
665
Menzlings
K7902
Obersee
Roterberg
700
2,5
Seebühne
Spitzbühl
705
6,7
Unterrot
Rot
Emmelhofen
Oberrot
St.-Anna-Str.
Neues Schloss
St. Gallus und Ulrich
Kißlegg
Altes Schloss
Bremberg
Roterweiher
6
Löhleweg
7
43
Zeller See

3 Diepoldshofen (Leutkirch im Allgäu)

Vorwahl: 07561

- **Pferdles Museum**, Pfarrer-Lamprecht-Str. 4, ✆ 984154 Sammlung der Künstlerin Dorothea Schrade von Spielzeug-Pferden, Kunst und auch Bildern zum Thema „Pferd“. @ hjk625
- **St. Johann Baptist**, Achtalstr. 14, ✆ 1303. Neugotische Kirche, erbaut 1846 mit altem Turm.
- **Galerie im Pfarrhaus**, Pfarrer-Lamprecht-Str. 1, ✆ 984154 Wechselnde Gemäldeausstellungen der Künstlerin Dorothea Schrade und Besichtigung des barocken Pfarrhauses. @ pwd368

Bis Bad Wurzach begleitet Sie die Wurzacher Ach durch die malerische voralpine Allgäuer Hügellandschaft.

Bauhofen (Bad Wurzach)

Truschwende (Bad Wurzach)

4 An der Kreuzung mit der Straße **Gottesbergweg** zweigt rechts die Tour 3 ab. Ihre Route zweigt links ab, quert die Landesstraße **L 314** und führt geradewegs nach Bad Wurzach.

TIPP Im Wurzacher Ried, dem größten zusammenhängenden, intakten Hochmoor Mitteleuropas, tauchen Sie in den wundersamen und komplexen Mikrokosmos Moor ein und wandeln auf den Spuren der Torfstecher. Durch das Relikt nacheiszeitlicher Urlandschaft, einem Mosaik aus Hoch- und Niedermoorflächen, Streuwiesen und Moorwäldern, führt ein ausgedehntes Wegenetz über schmale Pfade und Bohlenwege.

Bad Wurzach

Vorwahl: 07564

- **Bad Wurzach Info**, Rosengarten 1, ✆ 302150, @ yik851
- **Oberschwäbisches Torfmuseum**, Dr. Harry-Wiegand-Str. 4/1, Am ehemaligen Zeiler Torfwerk, ✆ 3167 Das Museum mit Torfbahn und der Lehrpfad (1,5 km) im Wurzacher Ried bringen Ihnen die unterschiedlichen Lebensräume im Moor und den Torfabbau näher. Die Fahrzeiten des Torfbähnle erfahren Sie hier: @ hgj288
- **Sepp-Mahler-Museum**, Ravensburger Str. 21, Leprosenhaus, ✆ 1728 Der

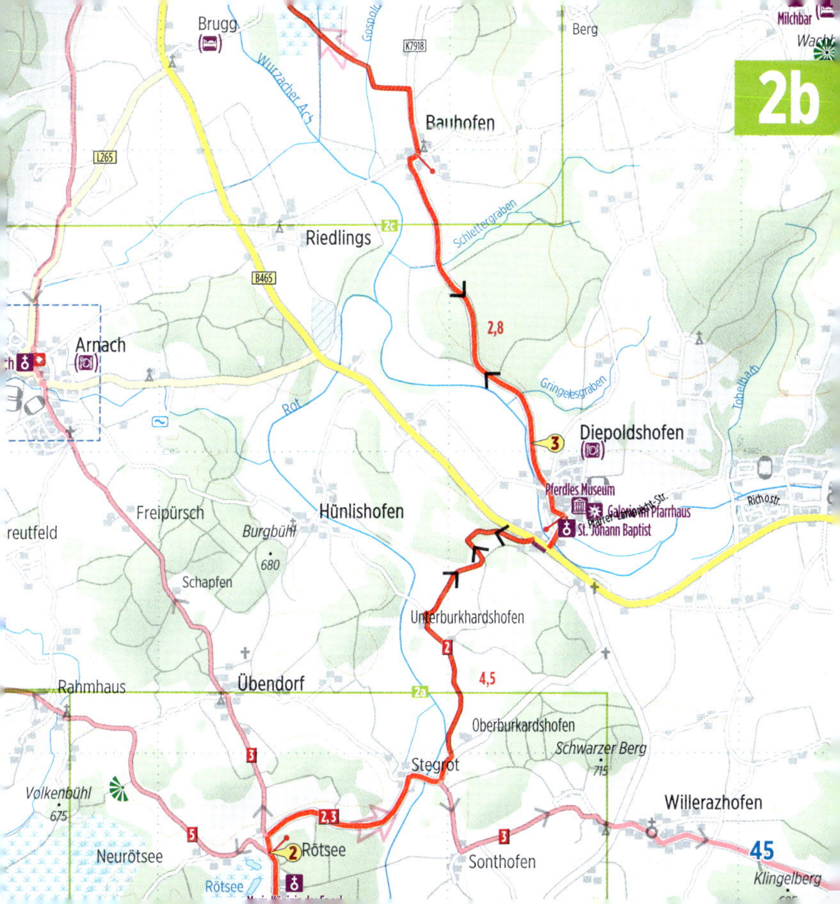

2b
Brugg
Berg
Milchbar
Wacht
K7918
Gospold
Wurzacher Ach
Bauhofen
L265
Riedlings
2c
Schlettergraben
B465
2,8
Arnach
Gringelesgraben
Tobelbach
Rot
Diepoldshofen
3
Pferdles Museum
Galerie im Pfarrhaus
Pfarrer-Lanz-Str.
Richostr.
St. Johann Baptist
Freipürsch
Hünlishofen
reutfeld
Burgbühl
680
Schapfen
Unterburkhardshofen
2
4,5
Rahmhaus
Übendorf
2a
Oberburkardshofen
Schwarzer Berg
715
3
Stegrot
Volkenbühl
675
Willerazhofen
2,3
5
3
45
Neurötsee
Rötsee
Sonthofen
Klingelberg
Rötsee

Maler und Autor Sepp Mahler wurde 1901 in der Wohnstube des Leprosenhauses geboren. Neben dem originalen Mobiliar werden Bilder, Zeichnungen, Texte, Handschriften und Dokumente aus 60 Schaffensjahren gezeigt. @ ewx536

Uhrmacher-Museum, Marktstr. 20, ✆ 91157 Historische Uhrmacherwerkstätte und Uhren verschiedener Epochen dokumentieren das Handwerk um 1900. @ qsv677

Kath. Pfarrkirche St. Verena, Rosengarten 2. Erbaut 1775-1777, mit markanter Turmfassade, im Innenraum ein bedeutendes Deckenfresko des Malers Andreas Brugger aus Langenargen. @ nnx688

Wallfahrtskirche auf dem Gottesberg, Gottesberg 1, ✆ 948920. In einer Seitenkapelle der Barockkirche (1709) befindet sich die Heilig-Blut-Reliquie. @ qsw213

Schloss Bad Wurzach, Marktstr. 9, ✆ 302150 Sehenswert sind vor allem das barocke Treppenhaus (1723-28) und das schöne Deckenfresko, beides Juwele der Oberschwäbischen Barockstraße. Die Schlosskapelle wird erstmals 1422

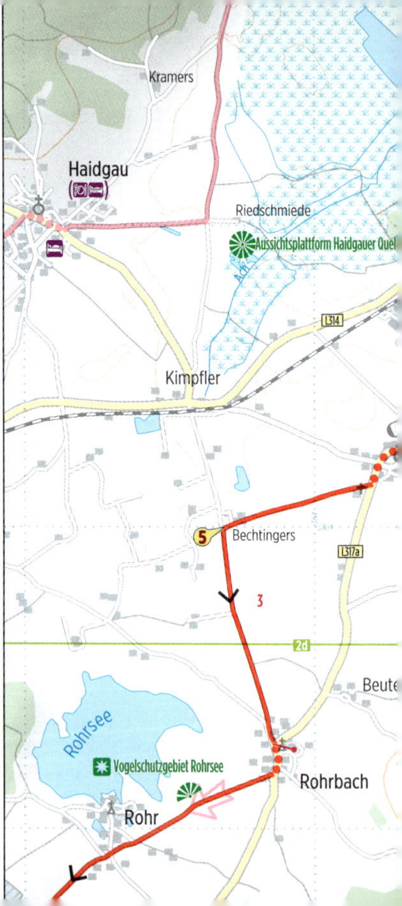

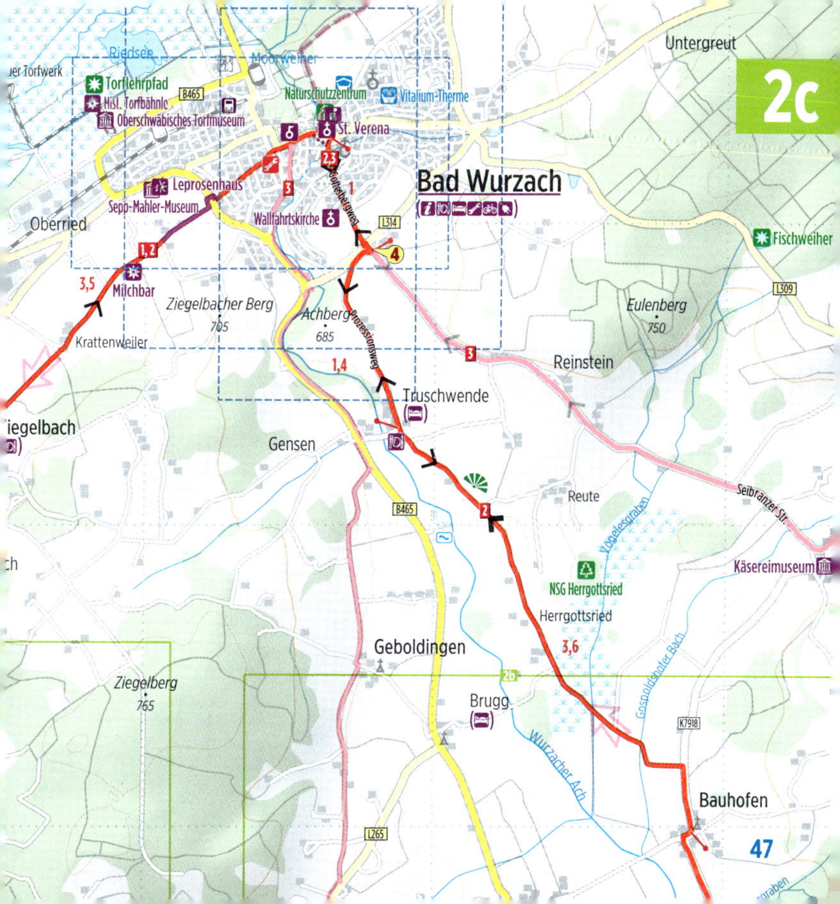

2c
Untergreut
Riedsee
Moorweiher
uer Torfwerk
Torflehrpfad
Hist. Torfbähnle
Oberschwäbisches Torfmuseum
B465
Naturschutzzentrum
Vitalium-Therme
St. Verena
2,3
Gottesbergweg
1
3
Leprosenhaus
Sepp-Mahler-Museum
Wallfahrtskirche
Bad Wurzach
L314
4
Oberried
1,2
3,5
Milchbar
Ziegelbacher Berg
705
Achberg
685
Prozessionsweg
Krattenweiler
Fischweiher
L309
Eulenberg
750
Reinstein
1,4
Truschwende
iegelbach
Gensen
Reute
Seibranzer Str.
B465
2
Vögelesgraben
ch
Käsereimuseum
NSG Herrgottsried
Herrgottsried
3,6
Geboldingen
2b
Gospoldshofer Bach
Ziegelberg
765
Brugg
K7918
Wurzacher Ach
Bauhofen
L265
graben

urkundl. erwähnt. Wahrzeichen von Bad Wurzach. @ xjk435

- **Galerie im „Maria Rosengarten"**, Rosengarten 3, ✆ 302150 Ⓔ Mehrmals jährlich wechselnde Kunstausstellungen. @ faf634
- **Leprosenhaus**, Ravensburger Str. 59, ✆ 302150 ⒼⒸ Das Haus vor den Toren der Stadt diente im 13. Jh. als Isolierstation für Leprakranke und später als Lazarett. Es ist ein seltenes Denkmal der Sozial- u. Medizingeschichte aus dem Mittelalter. Am Leprosenberg fanden einst Hexenverbrennungen statt. Im 17. Jh. wurde das Gebäude abgerissen und als Unterkunft für die Torfstecher neu aufgebaut. Im ältesten Gebäude der Stadt befinden sich ein Museum zur Geschichte des Hauses, das Sepp-Mahler-Museum und eine Gartenanlage mit Kräutern. @ sks355

Schloss Bad Wurzach

Bad Wurzach

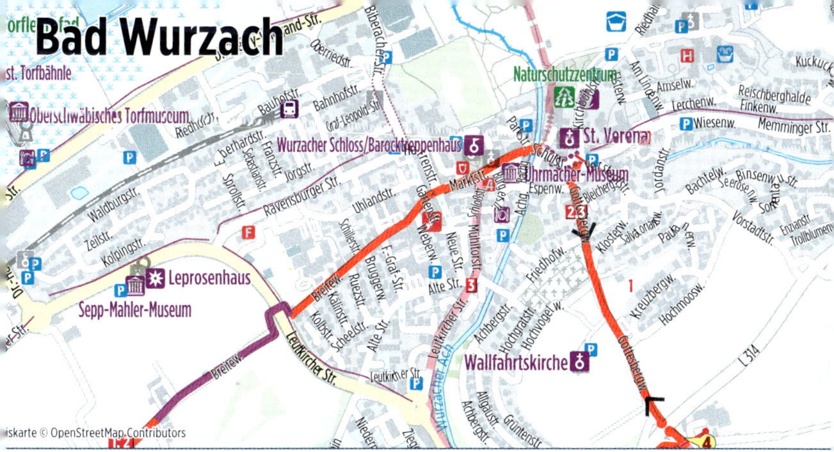

🌲 **Naturschutzzentrum Wurzacher Ried**, Rosengarten 1, ✆ 302190 Die interaktive Erlebnisausstellung „MOOR EXTREM" bringt dem Besucher die Besonderheiten des Wurzacher Rieds und die Extreme der Moorlandschaft auf einzigartige Weise näher. Modern, interaktiv, multimedial... Lassen Sie sich überraschen! @ mfy844

Hallenbad Bad Wurzach, Kirchbühlstr. 3, ✆ 302150. Mit Kinderbecken und Ruheliegen.

Vitalium - Therme, Karl-Wilhelm-Heck Str. 8, ✆ 3042300 Thermalbad, Sauna und Wellnessoase. @ ghu232

In Bad Wurzach hat Gesundheit Geschichte gemacht. Das vielfältige Angebot des Kurortes reicht von klassischen Mooranwendungen in Deutschlands modernster Moorbadeabteilung bis zur Entspannungs- und Bewegungstherapie. Und das nicht erst seit kurzem – Bad Wurzach ist das älteste staatlich anerkannte Moorheilbad in Baden-Württemberg und zugleich eines der jüngsten Thermalbäder. Auch kulturell hat die Stadt einiges zu bieten. So besticht das einstige Residenzstädtchen mit seinem Schloss, das für sein barockes Treppenhaus berühmt ist, und eine der „schönsten Hauskapelle der Welt“ im Kloster Maria Rosengarten.

Sie verlassen Bad Wurzach in Richtung Krattenweiler und Ziegelbach. Zwischen Feldern und Wiesen hindurch fahren Sie am Vogelschutzgebiet Rohrsee vorbei.

Ziegelbach (Bad Wurzach)

5 Bechtingers

Rohrbach (Bad Wurzach)

Rohr (Bad Wurzach)

Vogelschutzgebiet Rohrsee. Der Rohrsee ist Landschafts- und Naturschutzgebiet und große Brutstätte für Möwen. Das seichte, 55 ha große Gewässer ist in der Kalteiszeit in einem Toteisloch entstanden.

Auf ruhigen Straßen radeln Sie durch Weitprechts und Eintürnenberg nach Brunnen. Es eröffnen sich immer wieder herrliche Blicke auf das Alpenpanorama.

6 Weitprechts (Bad Wurzach)

In Weitprechts haben Sie Anschluss an **Tour 1** und **Tour 5**.

TIPP An heißen Tagen lockt der Metzisweiler Weiher mit einer Abkühlung im erfrischend kühlen Wasser. Die Badestelle mit flachem Zugang besitzt eine gepflegte, schattige Liegewiese und Sanitäranlagen.

Halten Sie sich an der Kreuzung links. Es folgt ein sportlicher Anstieg Richtung Eintürnenberg.

Eintürnenberg (Bad Wurzach)

St. Martin, Rathausstr. 1. Die von Weitem sichtbare barocke Pfarrkirche blickt auf eine 1.000-jährige Geschichte zurück.

Die Route führt durch das Naturschutzgebiet Moore und Weiher um Brunnen nach Holdenreute und weiter am Burgermoos entlang zum Endpunkt in Kißlegg.

AUSFLUG Am Waldrand bietet sich ein Abstecher zu den Weihern der Kißlegger Seenplatte an. Halten Sie sich links Richtung Immenried

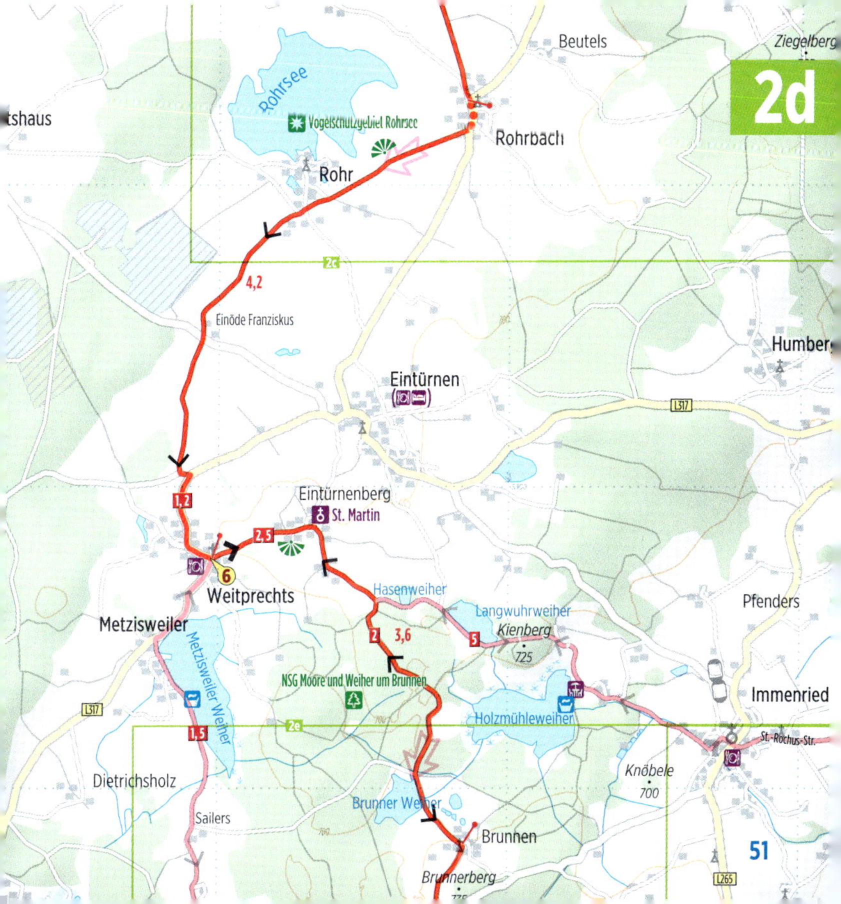
2d
Beutels
Ziegelberg
Rohrsee
Vogelschutzgebiet Rohrsee
Rohrbach
tshaus
Rohr
2c
4,2
Einöde Franziskus
Humberg
Eintürnen
L317
1,2
Eintürnenberg
St. Martin
2,5
6
Weitprechts
Metzisweiler
Hasenweiher
Langwuhrweiher
Kienberg
725
Pfenders
2
3,6
5
Metzisweiler Weiher
NSG Moore und Weiher um Brunnen
Immenried
Holzmühleweiher
2e
1,5
St.-Rochus-Str.
Knöbele
700
Dietrichsholz
Brunner Weiher
Sailers
Brunnen
Brunnerberg
L265

Erlebnispfad Burgermoos

und folgen der Streckenführung von Tour 5.

Immenried (Kißlegg)

Kißlegger Seenplatte, ✆ 07563/936142. Von Immenried aus entdeckt man Holzmühle-, Langwuhr-, Hasen- und Brunner Weiher. Zwei Radrouten u. ein Wanderweg durch die facettenreiche Landschaft mit Bademöglichkeit lassen Sie die Kißlegger Seenplatte hautnah erleben. Hinweistafeln liefern Informationen zur Entstehungsgeschichte, Ökologie und dem Sanierungsprogramm der Seen. @ qex872

TIPP Das Naturschutzgebiet um Brunnen umfasst verschiedene Moortypen und Weiher. Es liegt in der Endmoränenlandschaft und besteht aus Hoch-, Verlandungs- und Versumpfungsmooren.

Holdenreute (Kißlegg)

7 Wiggenreute

Kißlegg

2e
Brunner Weiher
Sailers
Brunnen
Brunnerberg
735
Knöbele
700
St.-Rochus-Str.
L265
Wucherer
2d
Stockweiher
Neuhaus
Holdenreute
Buschel
Oberreute
Staibshof
Gerstenberg
655
NSG Gründlenried -
Grundlenbach
Immenrieder Ach
Hase
Rempertshofen
Wiggenreute
Matzenweiler
Höllenbach
Tobelbach
Lenzers
Obertiefental
Obersee
Seebühne
2a
L330
Reute
Finken Weiher
Krumbach
Erlebnispfad Burgermoos
St. Anna
St.-Anna-Str.
Neues Schloss
St. Gallus und Ulrich
Altes Schloss
Burgermoos
Kißlegg
Löhleweg
Zeller See
NSG Zeller See
Oberriedgarten
Riedgarter Mühlbach
Emm
53
1,5
2
3
6
2,6
2,5
6,7
2,4
5,6
7

Tour 3 Land in Sicht 49,8 km

HM/km: ↗ 6,0 (298m) ↘ 6,0 (298m) Radweg: 14 % Unbefestigt: 0 % Verkehr: 5 %

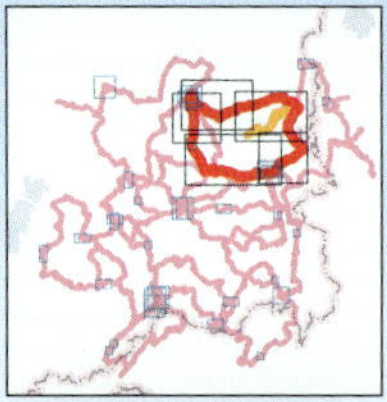

Gemäß dem Motto „ Herzklopfen trifft Freigeist“ entdecken Sie die weite Landschaft mit ihren bewaldeten Hügeln, sattgrünen Tälern, Becken und Senken. Steil bergauf und rasant hinunter durchfahren Sie das weit schwingende Hügelmeer, das sich vor ca. 20.000 Jahren durch die Gletscher formte. Auf dem Weg durch schattige Waldstücke, entlang sonniger Getreidefelder und vorbei an Weihern und Seen radeln Sie an weit verstreuten Einödhöfen und kleinen Dörfern vorbei. Herrliche Blicke auf die Nagelfluhkette bis hin zur Zugspitze hinterlassen prägende Eindrücke.

Charakteristik

Start:/Ziel: Bad Wurzach

Wegbeschaffenheit: Die Route ist durchgehend asphaltiert.

Verkehr: Die Strecke verläuft meist auf ruhigen Radwegen und Nebenstraßen, mit etwas mehr Verkehr ist nur in den Städten zu rechnen.

Beschilderung: Durchgehend einheitlich beschildert.

Steigungen: Die Tour für sportlich ambitionierte Radfahrer und E-Biker geeignet.

An- und Abreise: Kein direkter Bahnanschluss, aber aus allen Richtungen mit der Bahn bis nach Aulendorf, Biberach, Ravensburg und Leutkirch, und weiter mit dem Bus erreichbar. PKW: Autobahn Frankfurt-Karlsruhe-Stuttgart-Ulm oder A 7, aus der Schweiz über die B 30 Richtung Ravensbug/Ulm, aus Österreich von Lindau über die A 96 Richtung Memmingen. Parken: Kurhaus am Kurpark, Kirchbühlstr.1.

Anschlusstour(en): 1, 2, 4, 6, 7

1 Die Rundtour startet bei der Bad Wurzach Info und führt vorbei am **Gottesberg** bergab nach Gospoldshofen. Mit einem sportlichen Anstieg auf 758 Höhenmeter ü. NN erreichen Sie bei Seibranz den höchsten Punkt der Tour, bevor es nach einem hügeligen Verlauf ab Langensteig rasant hinab nach Aichstetten geht. Hier befindet sich mit 615 Höhenmetern ü. NN der tiefste Punkt der Strecke.

Bad Wurzach s. S. 44

Gospoldshofen (Bad Wurzach)

Vorwahl: 07564

Käsereimuseum, Simon-Göser Str. 11, ✆ 3583 Schaukäserei mit Käsereimuseum und Sennerstüble. Wie kommen die Löcher in den Käse? Hier können Sie

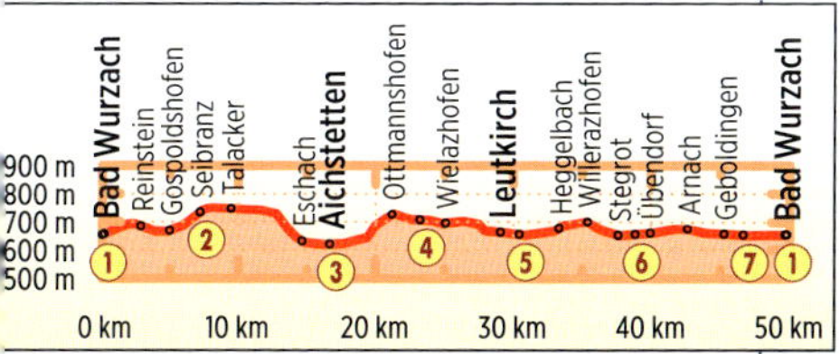

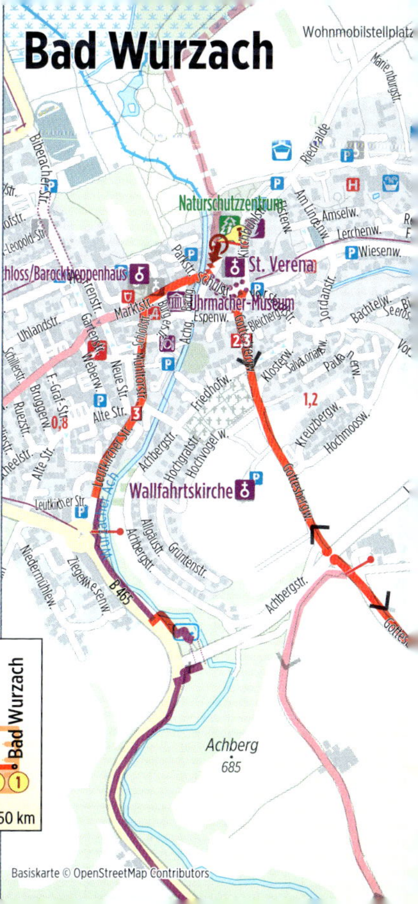

Käsereimuseum in Gospoldshofen

dem Käsemeister über die Schulter schauen und anschließend eine zünftige Vesper genießen. Wie wurde Käse früher hergestellt? Das Museum stellt drei Käsereien verschiedener Epochen aus. @ pdj312

2 Seibranz (Bad Wurzach)

Kartause Marienau, Talacker 1. Die Kartause Marienaue ist das einzige in

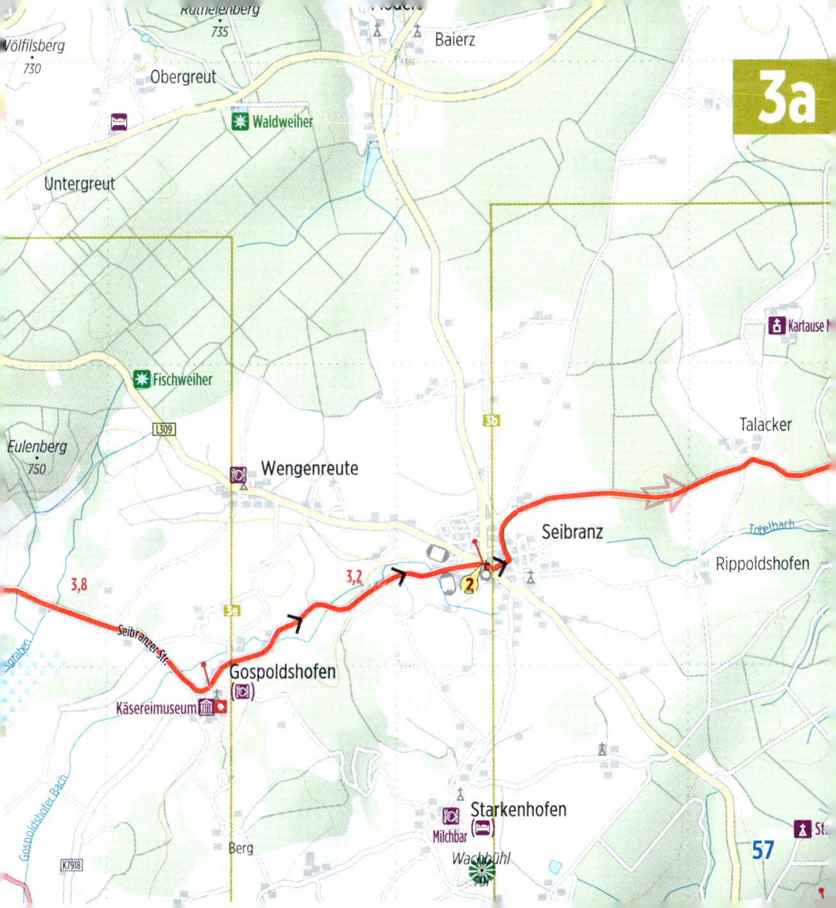
3a
Baierz
Wölfilsberg
730
735
Obergreut
Waldweiher
Untergreut
Kartause
Fischweiher
Eulenberg
750
L309
Wengenreute
3b
Talacker
Seibranz
Tobelbach
Rippoldshofen
3,8
3,2
2
3e
Seibranzer Str.
Gospoldshofen
Käsereimuseum
Starkenhofen
Milchbar
Berg
Wachbühl
Gospoldshofer Bach
K7918

Deutschland noch bewohnte und betriebene Kloster des Schweigeordens der Kartäuser. Die Anlage wurde 1962 bis 1964 als Doppel-Kartause, d. h. mit zweimal zwölf Einsiedeleien, erbaut. Eine Besichtigung ist nicht möglich! @ utt561

Schattige Wälder und eine von Feldern und Wiesen geprägte Landschaft geleiten Sie. Schon von Weitem erblickt man den markanten Turm der Kirche Sankt Michael in Aichstetten.

3 Aichstetten

Rochuskapelle, Blutsberg. Schlichte, kleine im 18. Jh. erbaute Kapelle. Sie wird auch Besenkapelle genannt, da von Hautkrankheiten geheilte Personen einen Rutenbesen in die Kapelle stellten.

Schloss Altmannshofen, Schloßbergweg 3. Leicht erhöht, in der Mitte des Dorfes, befindet sich die in der ersten Hälfte des 17. Jhs. erbaute Schlossanlage. Das dreigeschossige Schloss mit vier Ecktürmen wird heute als Wohnhaus genutzt.

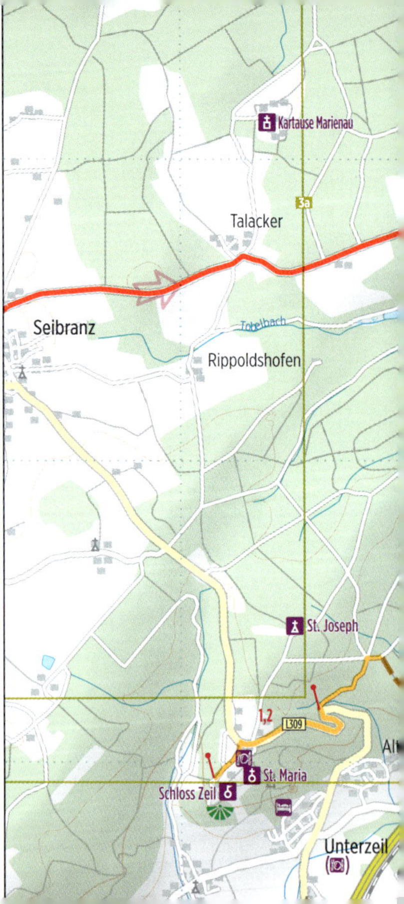

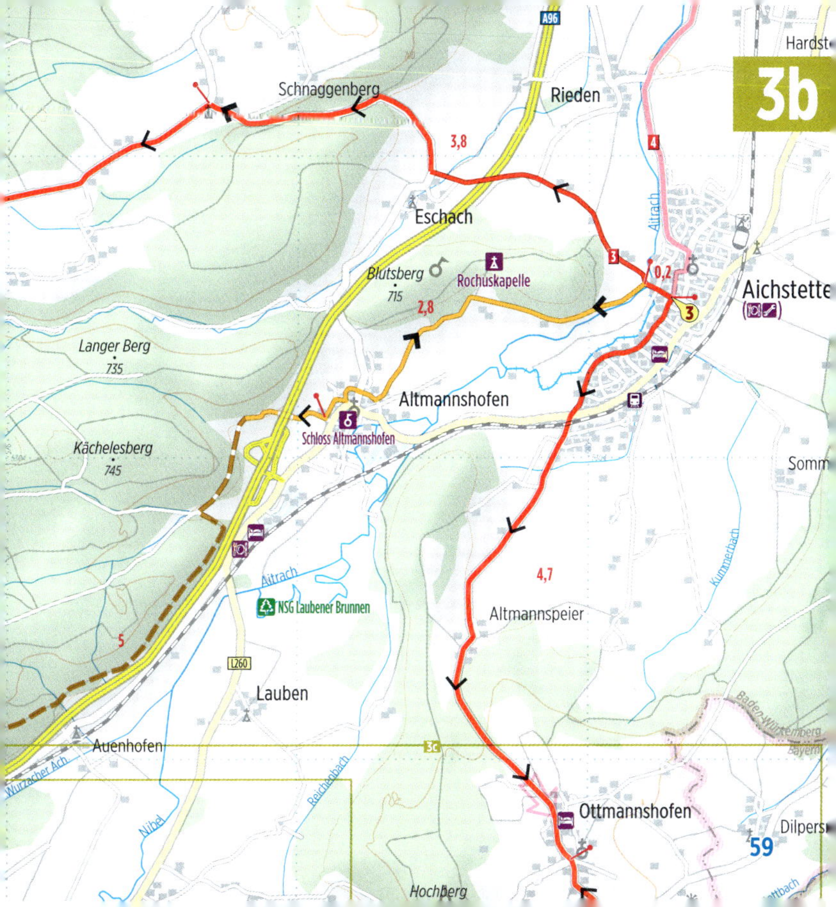
3b
A96
Hardst
Schnaggenberg
Rieden
3,8
Eschach
Aitrach
Blutsberg
715
Rochuskapelle
2,8
0,2
3
Aichstette
Langer Berg
735
Altmannshofen
Schloss Altmannshofen
Kächelesberg
745
Somm
Aitrach
NSG Laubener Brunnen
4,7
Kummerbach
Altmannspeier
5
L260
Lauben
Auenhofen
3c
Baden-Württemberg
Bayern
Wurzacher Ach
Reichenbach
Nibel
Ottmannshofen
Dilpers
59
Hochberg

Ausblick von Schloss Zeil auf Leutkirch im Allgäu und das Alpenpanorama

AUSFLUG In Aichstetten bietet sich ein Ausflug zum Schloss Zeil an. Die Route führt über Altmannshofen und weiter auf einem schattigen Forstweg direkt zum Schloss Zeil.

Unterzeil (Leutkirch im Allgäu)

Vorwahl: 07561

- **Pfarrkirche St. Maria**, Schloss Zeil. Die Kirche und das Stift wurden im Jahre 1612 nach Vorgaben des Bauherrn Truchsess Froben von Waldburg-Zeil fertiggestellt und eingeweiht. @ fds747
- **Schloss Zeil**, Schloss Zeil 6, ✆ 870. Das Renaissance-Schloss wurde Anfang des 16. Jhs. von Truchsess Froben Waldburg-Zeil erbaut. Reste der alten Burg sind noch im Unteren Hof zu sehen. Die Schlossanlage befindet sich in Privatbesitz, die Außenanlagen sind jedoch zu besichtigen. Von der Aussichtsterrasse bietet sich ein herrlicher Blick über das Allgäu und zu den Alpen. @ hmn664

Von Aichstetten radeln Sie für 4,7 km stetig bergauf nach Ottmannshofen. Hügelig und durch ein schattiges Waldstück verläuft die Route im Rechtsbogen Richtung Leutkirch.

Ottmannshofen (Leutkirch im Allgäu)

4 An der **Rotis Kreuzung** nach dem Waldstück biegen Sie rechts ab Richtung Balterazhofen. Es folgt ein sportlicher Anstieg auf die **Balterazhofer Höhe** der mit einer herrlichen Aussicht auf das Alpenpanorama und die Allgäuer Voralpen entlohnt wird.

3c
Ottmannshofen
Hochberg
745
3b
Kohlstattbach
Wurzacher Ach
Reichenbach
Kühel
ailand
Niederhofen
4
4,5
Bimm
Hasenberg
Siebenbrünnen
K7917
Waldkapelle
Balterazhofer Höhe
725
3d
Leutkirch
im Allgäu
Schillerhöhe
680
L260
Balterazhofen
3,4
2,6
Wielazhofen
NSG Reps- und Ochsenweiher
Repsweiher
Ochsenweiher
Eschach
Naturlehrpfad
Neumühlebach
Gotisches Haus
Galerie im Kornhaus
Wilhelmshöhe
Stadtweiher
NSG Moosmühle
Kesselbrunn
St. Martin
3,7
K 7916
4,7
L308
2
Elektrotechnisches Museum
Kemptener Str.
Wohnmobilstellplatz
Freihalde
Adrazhofen
6
Eschach
Krählohweiher
Rathausstr.

Altstadt von Leutkirch im Allgäu

Balterazhofen (Leutkirch im Allgäu)

Waldkapelle. Nach einem kurzen Fußweg eröffnet sich ein imposanter Blick auf die Nagelfluhkette mit dem markanten Hochgrat bis hin zur Zugspitze.

Nach all der Anstrengung rollen Sie gemütlich durch den Wald und am Stadtweiher vorbei nach Leutkirch.

INS ZENTRUM In Leutkirch zweigt die Hauptroute am Postplatz links auf die Brücke über die Eschach ab und folgt der Wangener Straße. Rechts, entlang der Marktstraße, kommen Sie ins sehenswerte Altstadtzentrum.

Leutkirch im Allgäu

Vorwahl: 07561

- **Touristinfo**, Marktstr. 32, Gotisches Haus, ☎ 87154, @ sbt668
- **Elektrotechnisches Museum**, Eichenstr. 3, ☎ 912047, ☎ 985349 © Zeitreise durch die Entwicklung des elektrischen Stromes. @ hpc738
- **Galerie im Kornhaus**, Kornhausstr. 1, ☎ 87171 © Die Galerie zeigt wechselnde Ausstellungen überregionaler zeitgenös-

Leutkirch im Allgäu

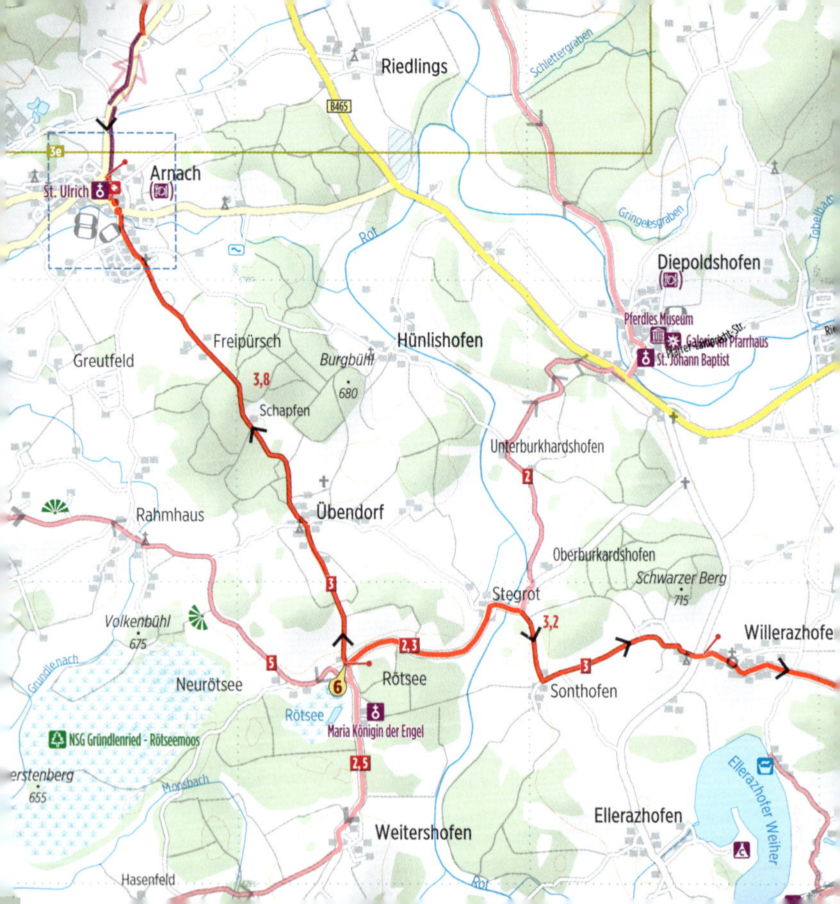

Riedlings
Schlettergraben
B465
3e
Arnach
St. Ulrich
Rot
Gringelesgraben
Tobelbach
Diepoldshofen
Pferdles Museum
St. Johann Baptist
Freipürsch
Hünlishofen
Greutfeld
Burgbühl
3,8
680
Schapfen
Unterburkhardshofen
2
Übendorf
Rahmhaus
Oberburkardshofen
Schwarzer Berg
715
3
Stegrot
3,2
Volkenbühl
675
2,3
Willerazhofe
5
3
Neurötsee
6
Rötsee
Sonthofen
Rötsee
Maria Königin der Engel
NSG Gründlenried - Rötseemoos
2,5
655
Ellerazhofen
Ellerazhofer Weiher
Weitershofen
Hasenfeld
Rot

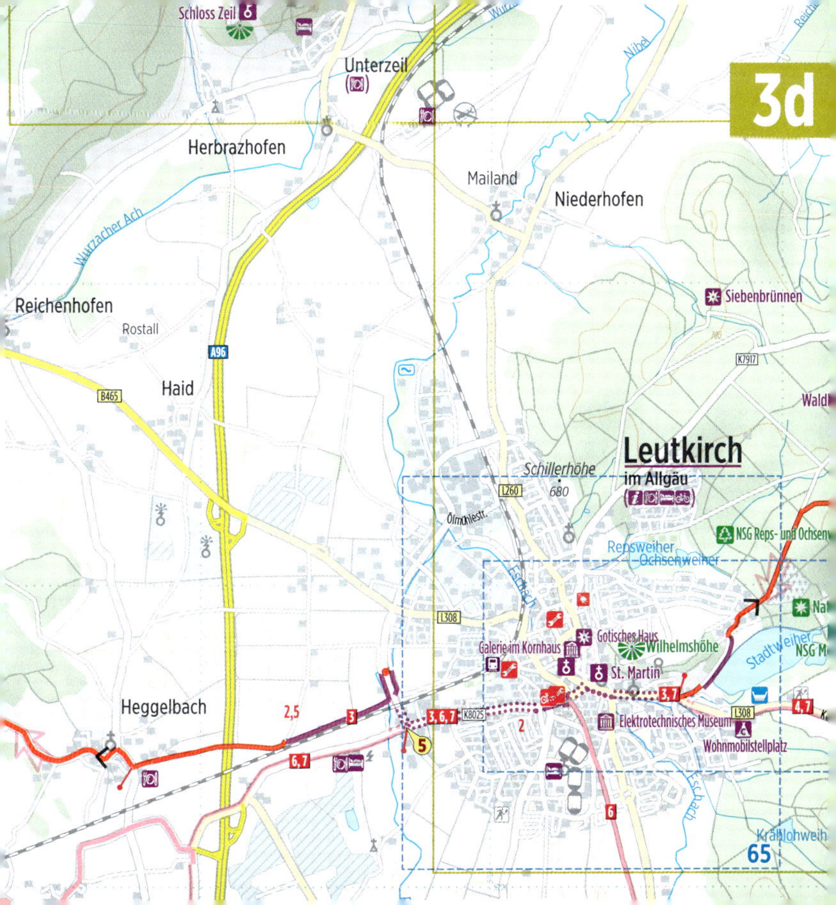
3d
Schloss Zeil
Unterzeil
Herbrazhofen
Mailand
Niederhofen
Nibel
Wurzacher Ach
Reichenhofen
Rostall
Haid
A96
B465
Siebenbrünnen
K7917
Waldl
Leutkirch
im Allgäu
Schillerhöhe
680
L260
Ölmühlestr.
NSG Reps- und Ochsen
Repsweiher
Ochsenweiher
Eschach
L308
Gotisches Haus
Wilhelmshöhe
Galerie im Kornhaus
St. Martin
Stadtweiher
NSG M
Heggelbach
2,5
3
3, 6, 7
K8025
2
3, 7
4, 7
5
6, 7
Elektrotechnisches Museum
Wohnmobilstellplatz
6
Krählohweih
65

sischer Kunst sowie Ausstellungen regionaler Künstler. @ ggh856

Museum im Bock, Gänsbühl 9, ✆ 87154 Das Museum erzählt die Geschichte der Stadt, ihrer Bewohner und der umliegenden Voralpenlandschaft. @ ror521

Dreifaltigkeitskirche, Evangelische Kirchg. 19. Die Kirche (1613-15) war im überwiegend katholischen Oberschwaben die erste Predigtsaalkirche.

Stadtpfarrkirche St. Martin, Marienpl. 2, ✆ 8489570. Die Kirche (1519) ist als „Leutekirche" namensgebend für die Stadt und beherbergt neben Resten der gotischen Ausstattung Kunstwerke von Albert Burkart. @ ehw424

Galluskapelle, Winterberg, an der A 96, ✆ 71187. Die Autobahnkapelle auf dem 745 m hohen Winterberg wurde im Jahr 2000 eingeweiht und bietet eine grandiose Bergsicht von der Aussichtsplattform. @ hpk256

Pulverturm, Oberer Graben. Der Turm aus dem 17. Jh. diente zur Lagerung von Schießpulver.

Gotisches Haus, Marktstr. 32, ✆ 87154. Das mächtige Gebäude wurde im ausgehenden Mittelalter (1377-1379) erbaut.

Historische Stadtführung, Marktstr., ✆ 87154. Im Mittelpunkt der Führung durch die historische Altstadt Leutkirchs stehen das Rokoko-Rathaus mit seinem prächtig ausgestatteten historischen Sitzungssaal, der mittelalterliche Bockturm und das Gotische Haus sowie das geistliche Viertel mit dem alten Kloster und der früheren „Leutekirche" Sankt Martin. @ eki584

Kneipp'sche Wassertretanlage, Balterazhofer Str. Tretbecken mit natürlichem Quellwasser. @ cax278

Naturpfad Stadtweiher, Beim Freibad, ✆ 87172 Auf dem 2,25 km langen Rundgang wird die Geschichte des Weihers, die Nutzungen, Naturschutzaspekte sowie der Stadtwald vorgestellt. @ tgd511

Freibad Stadtweiher, Kemptener Str. 65, ✆ 3204, @ vhn125

Schwimmhalle Oberer Graben, Oberer Graben, ✆ 87154, @ cvd845

Mit ihren acht Ortschaften und 175 Quadratkilometern Ausdehnung bildet die Große Kreisstadt eine der größten Gemeinden Baden-Württembergs. Schmuckstück der Stadt an der Oberschwäbischen Barockstraße ist das aus dem Jahr 1740 stammende Rathaus mit seinem beeindruckenden Ratssaal und den besonderen Stuckarbeiten. Die sanierte Altstadt mit ihren gemütlichen Gasthäusern und Cafés lädt zu einem entspannenden Bummel ein.

Galluskapelle in Leutkirch im Allgäu

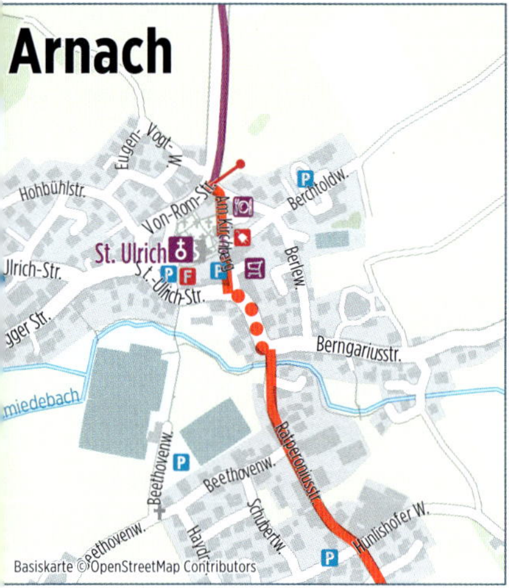

Entlang der **Wangener Straße** radeln Sie auf dem straßenbegleitenden Radstreifen bis zur Kreuzung beim Caravan-Center. **5** Die Hauptroute zweigt rechts ab in die **Hermann-Neuner-Straße**, geradeaus haben Sie Anschluss an die **Touren 6** und **7**.

Willerazhofen (Leutkirch im Allgäu)

Vorbei an Feuchtwiesen und bewaldeten Kuppen rollen Sie bergab nach Rötsee. Es folgt ein kontinuierlicher Anstieg nach Arnach Der letzte Abschnitt zurück nach Bad Wurzach verläuft ohne nennenswerte Steigungen durch das Tal der Wurzacher Ach.

6 Rötsee (Kißlegg)

Maria Königin der Engel, Rötsee 2, ✆ 07563/91330. Der St.Jakob-Pilger Ratperonius hat auf einem Landstrich im Ried im 10. Jh. eine Klause und eine Kirche errichtet. Seit dieser Zeit ist die Wallfahrtskirche das Ziel vieler Pilger. @ pls426

Arnach (Bad Wurzach)

St. Ulrich, St. Ulrich-Str. 4. Die heutige Barockkirche wurde von 1744 - 1749 nach Plänen des Baumeisters Johann Georg Fischer aus Füssen erbaut. @ pci886

Brugg (Bad Wurzach)

7 Truschwende (Bad Wurzach)

Bad Wurzach

Hist. Torfbahnle
Oberschwäbisches Torfmuseum
St. Verena
Bad Wurzach
Leprosenhaus
Sepp-Mahler-Museum
Wallfahrtskirche
Oberried
Gottesbergweg
L314
Milchbar
Ziegelbacher Berg
705
Achberg
685
Prozessionsweg
Krattenweiler
Eulenberg
750
Reinstein
L309
Tischweiher
Truschwende
egelbach
Gensen
Reute
Seibranzer Str.
Käsereimuseum
B465
Vögelesgraben
NSG Herrgottsried
Herrgottsried
Geboldingen
Ziegelberg
765
Brugg
Gospoldshofer Bach
K7918
Wurzacher Ach
Bauhofen
L265
Riedlings
Schlettergraben
B465
Humberg
3a
3d
0,8
1,2
2,3
3,2
3,8
4

Tour 4 Illerblick 47,6 km

HM/km: ↗ 6,4 (306m) ↘ 6,4 (306m) Radweg: 13 % Unbefestigt: 3 % Verkehr: 4 %

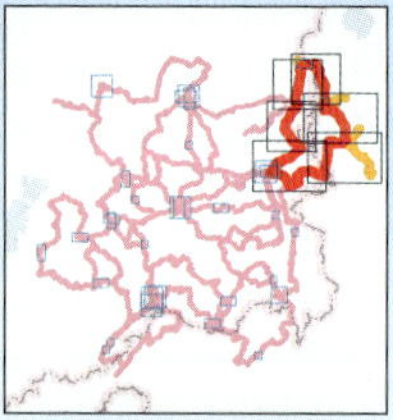

Auf einem Drittel des Weges geleitet Sie die Iller auf historischen Pfaden durch terrassierte, flachkuppige Weiten. Die Landschaft unterscheidet sich deutlich vom sonst sehr hügeligen Voralpenland. Als wichtige Lebensader hat der Alpenfluss die Siedlungsgeschichte, das Leben der Menschen und die Region stark beeinflusst. Bereits 400 v. Chr. ließen sich hier die Kelten nieder. Später veränderten die Bewirtschaftung und Flößerei das Erscheinungsbild des Illertals. Mit Blick auf die Alpenkette radeln Sie entlang und in der Nähe des Flusses und wandeln auf den Spuren der Vorfahren.

Charakteristik

Start/Ziel: Aitrach

Wegbeschaffenheit: Die Route verläuft großteils auf asphaltierten Straßen und Radwegen. Der unbefestigte Bahntrassenradweg nach Illerbeuren ist gut befahrbar.

Verkehr: Es geht meist auf ruhigen Radwegen und Straßen dahin, mit etwas mehr Verkehr ist nur in den Städten zu rechnen.

Beschilderung: Der Route ist einheitlich und durchgehend beschildert.

Steigungen: Die Strecke verläuft hügelig im steten Auf und Ab.

An- und Abreise: Mit dem PKW über die A 96 aus Richtung München und Lindau, Parken direkt am Rathaus. Der Bhf. Marstetten-Aitrach liegt an der Bahnstrecke Lindau-Memmingen.

Anschlusstour(en): 3, 7

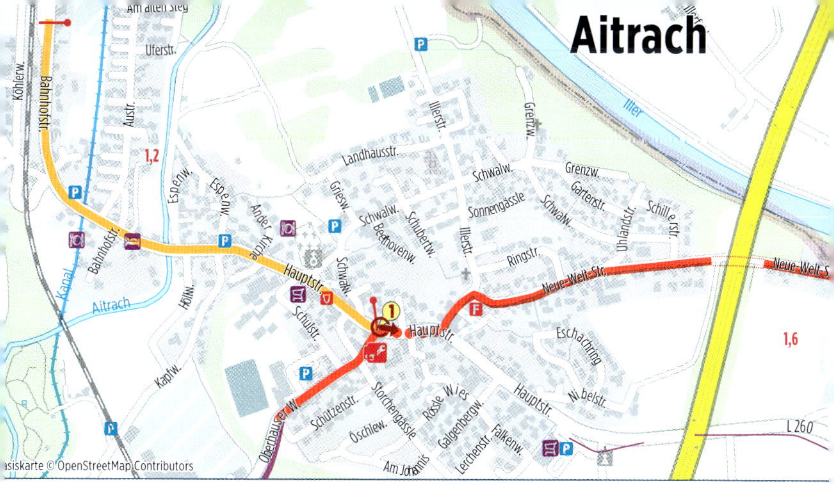

1 Die Rundtour startet am Rathaus in Aitrach. Wenn Sie mit der Bahn anreisen, folgen Sie der **Bahnhofstraße** und weiter dem Verlauf der **Hauptstraße** bis zum linksseitigen Abzweig in die **Neue-Welt-Straße.**

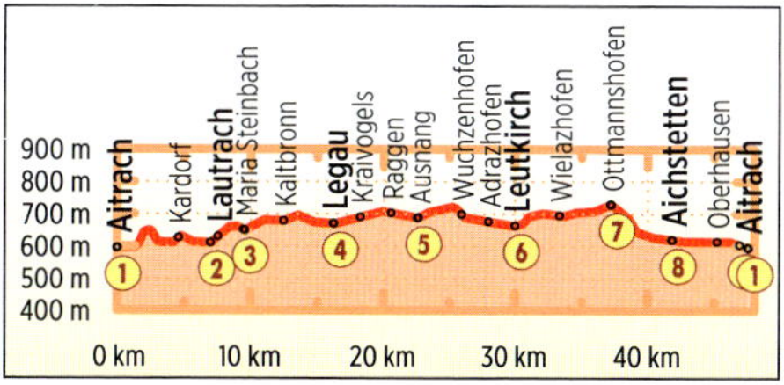

Aitrach

Vorwahl: 07565

Burgruine Marstetten, Schlossbergstr. (24) Die Spornburg wurde im 11. Jh. erbaut, im Dreißigjährigen Krieg von schwedischen Truppen zerstört und nicht wieder aufgebaut. Die Vorburg ist bewohnt, der ältere Teil kann besichtigt werden.

Bauernhofmuseum in Illerbeuren

NSG Kiesgrube Aitrach. Das rund 13,4 ha große Naturschutzgebiet mit zwei vom Grundwasser gespeisten Baggerseen ist Lebensraum für gefährdete Tier- und Pflanzenarten. Mit Vogelbeobachtungsstand und Infotafel.

Kilis kleiner Wasserfall. Dort, wo sich der Füllenbach über das lehmige Illerhochufer in die Iller ergießt, findet sich ein kleiner Wasserfall.

Aitrach-See, ✆ 98000. Ehem. Kiesgrube mit Badestelle und Naturschutzzone. @ hxw776

Ferthofen (Memmingen)

Schloss Illerfeld, Illerfeld 2. Das Schloss wurde 1784 erbaut und 1820-1830 erweitert. Die Außenanlage mit Park ist frei zugänglich.

Tulpenbaumallee. Die Tulpenbaumallee wurde 1880 als Weg zum Schloss angelegt. In den 1980er Jahren wurden nochmals 30 Tulpenbäume gepflanzt. Besonders zur Blütezeit im Juni ist die unter Naturschutz stehende Allee ein beliebtes Ausflugsziel.

Volkratshofen (Memmingen)

4a
Priemen
Schloss Illerfeld
Tulpenbaumallee
Hitze
Marstetten
L314
Röhrenk
Iller
1,2
1
1,6
Ferthofen
9
Aitrach
NSG Kiesgrube Aitrach
Kilis kleiner Wasserfall
2,8
4f
Ehem. Bahntras
5,7
Oberhausen
Kanuverleih
Kardorf
Illerstausee
Iller
Vogelbeobachtungsstation
Schnall
2,2
Greuth
Breitenbach
St2009
Hardsteig
4b
Iller
Illerbeuren
L260
Schwäbisches Bauernhofmuseum
Gromerhof
Lautrach
Maria Himmelfahrt
Kronburger Str.
2
0,8
73
2
4
4e
Aitrach
Schloss Lautrach

Kardorf (Kronburg)

- **Kanuverleih Allgäu Iller**, Ferthoferstr. 10, ✆ 0170/6282700 Kanuverleih zwischen Kempten und Kardorf. @ ywo585

AUSFLUG **2** Von Illerbeuren aus bietet sich ein Ausflug zum Renaissance-Schloss Kronburg und zur Brauerei Kronburg an. Biegen Sie dazu an der Kreuzung an der Illerstraße links ab.

Die Hauptroute verläuft rechts und zweigt kurz darauf links in den Bahntrassenradweg der ehemaligen Bahnstrecke Legau-Memmingen ab.

Illerbeuren (Kronburg)

Vorwahl: 08394

- **Gemeindeamt**, Museumstr. 1, ✆ 206, @ fdk745
- **Illerfähre Wagsberg**, Wagsberg 8, OT Wagsberg, ✆ 665, Mai-Okt. n. V. @ jly662
- **Schwäbisches Bauernhofmuseum**, Museumstr. 8, ✆ 1455, ✆ 9260119 Das Museum informiert über die ländliche Baukultur und zeigt mehr als 30 alte Bauernhäuser aus 4 Jahrhunderten sowie Möbel und Hausrat. Auch selten gewordene Haustierrassen und alte Kulturpflanzen sind zu sehen. @ cdr557
- **Maria Himmelfahrt**, Schlotterg. 2, ✆ 224. Die römisch-kath. Kirche wurde ursprünglich im 14. Jh. errichtet und im 18. Jh. barock umgestaltet sowie mit einem Anbau versehen. Anfang des 20. Jhs. erfolgte eine neugotische Umgestaltung.

Blick auf Schloss Kronburg

Gromerhof, Museumstr. 4, ✆ 594. Der Gromerhof wurde bereits 1373 urkundlich erwähnt. Heute ist das Gebäude in Teilen wieder in den ursprünglichen Zustand versetzt und zum Museumsgasthaus ausgebaut worden. Es werden schwäbische Speisen serviert. Mit Biergarten. @ vnd561

Historische Eisenbahnbrücke. Die 90 m lange Illerbrücke wurde 1903/1904 erbaut und im Jahr 2019 völlig neu saniert. Der Radweg führt direkt über das historische Bauwerk.

Illerbeuren ist ein Ortsteil von dem westlich gelegenen Kronburg. Im Zentrum des recht kleinen Ortes befindet sich das Schwäbische Bauernhofmuseum – es wurde bereits 1955 gegründet und ist eines der ältesten Freilichtmuseen Deutschlands. Gründer des Museumsdorfes war Hermann Zeller. Die ältesten der hier zu besichtigenden Häuser und Höfe stammen aus dem 17. Jahrhundert. Mit den Gebäuden, dem Interieur, den Handwerksstätten und Landmaschinen sowie Spezialsammlungen und Ausstellungen wird ein anschaulicher Eindruck vom bäuerlichen Leben über 4 Jahrhunderte vermittelt. Zudem kann Handwerkern über die Schulter geschaut werden, alte Haustierrassen und Kulturpflanzensorten sind zu sehen und Feste sowie Veranstaltungen lassen das Museum lebendig werden. Für viele Besucher sind die Bauerngärten sogar ein besonderer Anziehungspunkt.

Kronburg

Vorwahl: 08394

Heiligste Dreifaltigkeit, Illerbeurer Str. 11. Die Kirche stammt aus dem Jahr 1583. Das Innere wurde 1786 klassizistisch umgestaltet und 2015 renoviert.

Schloss Kronburg, Burgstr. 1, ✆ 271. Das Schloss ist eines der schönsten Renaissance-Schlösser in Bayern. Bereits im 13. Jh. wurde eine gleichnamige Burg an diesem Standort erwähnt. Die heutige Schlossanlage stammt aus dem Anfang des 18. Jhs. und ist in Privatbesitz. Der Schlosshof ist ganzjährig geöffnet, das Schloss selbst kann von Mai-Okt. nur im Rahmen von Gruppenführungen nach tel. Anm. besichtigt werden. @ eri878

Brauerei Kronburg, Hauptstr. 21, ✆ 237 Die Traditionsbrauerei mit Gasthof und Biergarten wird seit 1891 von der Familie Schweighart geführt und ist ein beliebtes Ausflugsziel. Brauerei-Führung auf Anfrage. @ iln318

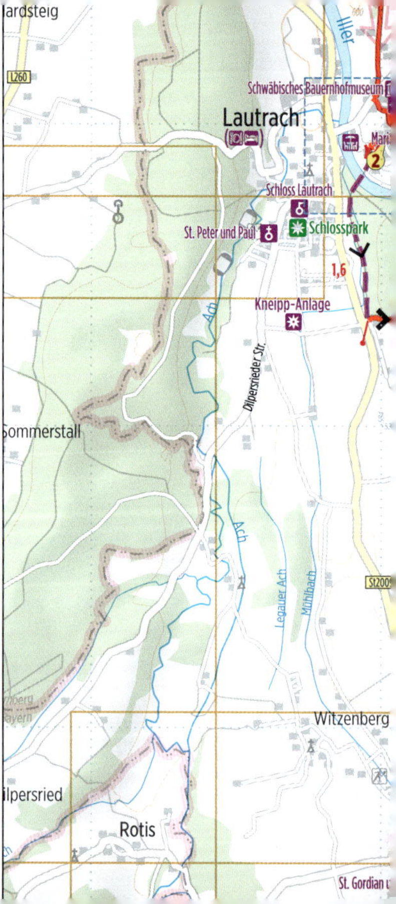

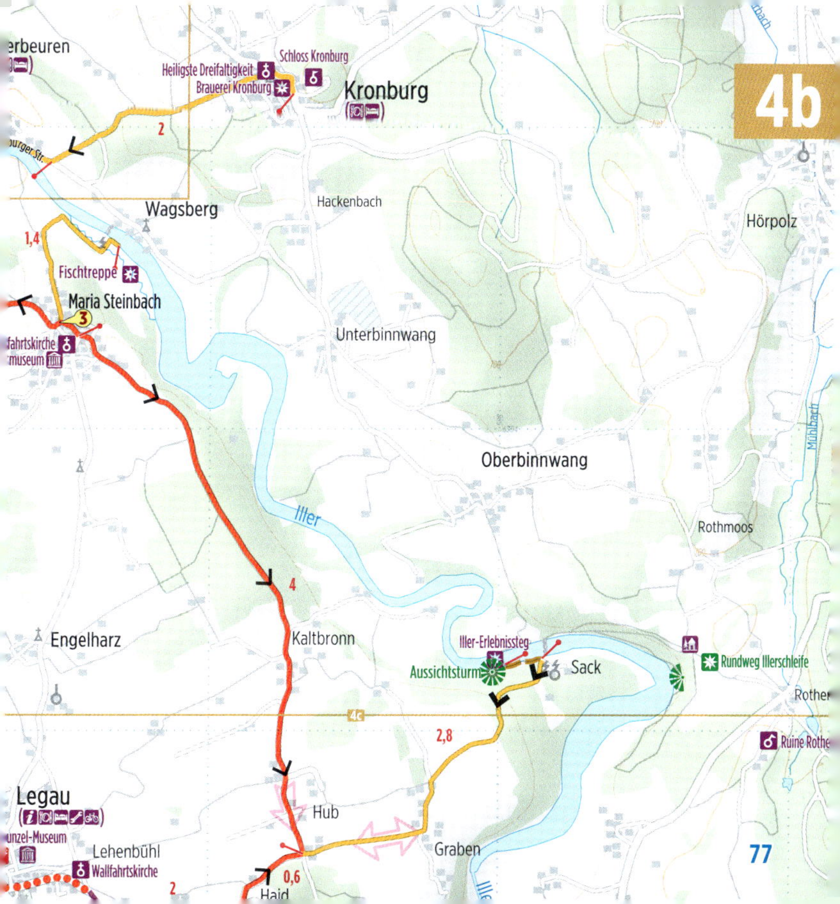

4b
erbeuren
Heiligste Dreifaltigkeit
Schloss Kronburg
Brauerei Kronburg
Kronburg
2
Wagsberg
Hackenbach
Hörpolz
1,4
Fischtreppe
Maria Steinbach
3
fahrtskirche
museum
Unterbinnwang
Oberbinnwang
Iller
Rothmoos
4
Kaltbronn
Engelharz
Iller-Erlebnissteg
Aussichtsturm
Sack
Rundweg Illerschleife
Rother
4c
2,8
Ruine Rothe
Legau
Hub
unzel-Museum
Lehenbühl
Wallfahrtskirche
Graben
2
0,6
Haid
Mühlbach

Lautrach

St. Peter und Paul, Kirchtalstr. 4. Die denkmalgeschützte röm. kath. Pfarrkirche aus dem 18. Jh. ist als Langhaus mit vier Fensterachsen und zwei Kapellen angelegt. Sie ist sowohl von außen als auch von innen sehenswert. Die Glocke stammt aus dem Jahr 1092.

Schloss Lautrach, Schlossstr. 1. Als Ersatz für das abgebrannte „Alte Schloss" entstand zwischen 1781 und 1784 auf Anordnung des Fürstabtes von Kempten das „Neue Schloss". Zuerst prunkvolle Residenz, Jagdschloss und Demonstration fürstäbtlicher Macht, fiel es 1803 im Zuge der Säkularisation an den bayerischen Staat. 1838 wurde das Schloss zu einer Bildungsanstalt für höhere Töchter ausgebaut, später in den 1920er Jahren als Treffpunkt und Wirkungsstätte der modernen Wissenschaft genutzt. Heute ist das imposante dreistöckige Gebäude ein Tagungs- und Seminarhotel. @ uyf241

Schlosspark, Schlossstr. Weitläufige Parkanlage mit barocken Figuren, einem

Schloss Lautrach

Wasserspiel, Bänken und schmucken Blumenrabatten.

AUSFLUG **3** Von Maria Steinbach aus lohnt sich ein Abstecher zur sehenswerten Fischtreppe an der Iller.

Maria Steinbach (Legau)

Vorwahl: 08394

Wallfahrtsmuseum, Kirchhof 4, in der Wallfahrtskirche, ✆ 9240 © Viele Votivtafeln und Informationen zur Geschichte der Wallfahrt. @ vfs886

Wallfahrtskirche, Kirchhof 4. Der Bau der reich ausgestatteten Kirche begann 1749. Die Fertigstellung des Innenausbaus dauerte bis 1765 an.

Fischtreppe, nordöstl. des Ortes an der Iller. Der sehr aufwändig gebaute Umgehungskanal ermöglicht den Fischen neben der Staustufe das Passieren flussauf- und flussabwärts.

Sack (Legau)

Iller-Erlebnissteg. Eine 80 m lange Stahlseil-Hängebrücke für Fußgänger überspannt die Iller. Vom luftigen Aussichtsturm lässt sich die Fischtreppe gut überblicken.

Iller-Durchbruch (Altusried)

Ruine Kalden. Die ehem. Höhenburg stand 90 m oberhalb der Iller. Eine bereits 1128 erwähnte Burg wurde im 15. Jh. zerstört. Von dem Folgebau aus dem Jahr 1515 sind heute Grundmauern und ein Teil des Turmes erhalten.

Hängebrücke, am Iller-Durchbruch. Die Fußgänger- und Radfahrerbrücke wurde als frei schwebende Hängekonstruktion aus Stahl erbaut und hat eine Spannbreite von 84 m. @ jne118

Iller-Durchbruch. 60 m hohe Felsen säumen die Iller, die sich hier über Jahrhunderte einen Weg durch die Gesteinsmassen geschaffen hat.

4 Legau

Vorwahl: 08330

Gemeindeamt, Marktpl. 1, ✆ 94010, @ itc431

Rapunzel-Museum, Rapunzelstr. 1, ✆ 5290 Mit urigen Originalteilen aus den Anfängen von Rapunzel Naturkost. Das 1974 in Legau gegründete Unternehmen bietet hochwertige Bio-Lebensmittel an. Betriebsbesichtigung auf Anfrage möglich, mit Restaurant. Eröffnung des Besucherzentrums 2022. @ pfx314

St. Gordian und Epimachus, Hauptstr. 31, ✆ 265. In der Kirche befinden sich Bauteile, die bis in das 13. Jh. zurückgehen. @ mqk474

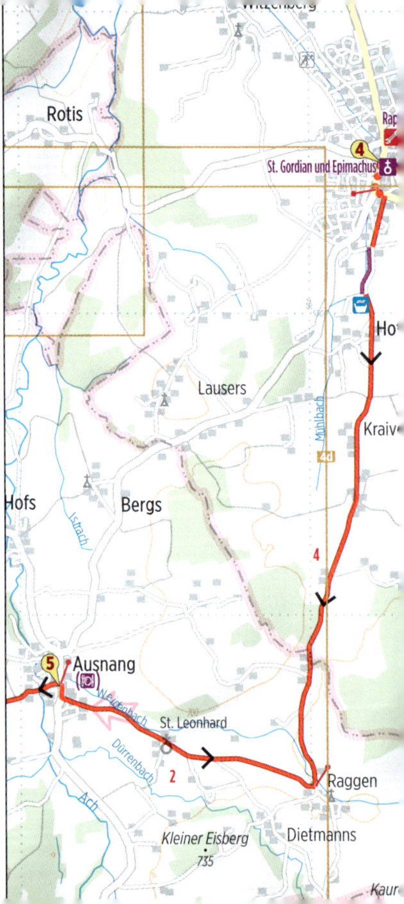

4c
Ruine Rothenstein
Hub
Graben
Lehenbühl
Wallfahrtskirche
Haid
Iller
Umweltstation Unterallgäu
Ehrensberg
Straß
Bettrichs
Moos
Fluhmühle
Unterlandholz
Grub
Wurms
Oberlandholz
Betzers
Ruine Kalden
Iller-Durchbruch
Kalden
Diesenbach
St2009
2,8
0,6
2
2,4
3,4
1
4b

Wallfahrtskirche Maria Schnee, Lehenbühlstr. 39. Seit etwa 1600 fanden zu diesem Ort Wallfahrten statt. Die heutige Kirche (1715-18) ersetzte eine Marienkapelle aus dem 16. Jh.

Umweltstation Unterallgäu, Haid 20, ✆ 2469970. Die Umweltstation für erlebnis- und umweltpädagogische Bildung bietet diverse Kurse und Veranstaltungen an. Mit Kanu- und Radverleih. @ hor518

Freibad Legau, Hofstatt 295, ✆ 94010. Chlorfreies Naturfreibad. @ nir418

Hofstatt

Raggen

Iller - Fluss mit Geschichte

Die Iller entspringt als Zusammenfluss dreier Gebirgsbäche bei Oberstdorf im oberen Allgäu und mündet bei Ulm in die Donau. Während der gebirgige Oberlauf von starker Strömung, Wirbeln und Stromschnellen geprägt ist, fließt die Iller im Unterlauf recht behäbig dahin, da sie durch etliche Staustufen gezähmt ist. Das Leben der Menschen und das Erscheinungsbild der Region wurden von ihr schon zu Frühzeiten beeinflusst. Als wichtige Lebensader siedelten bereits die Kelten 400 v. Chr. im Illertal

Iller-Durchbruch bei Altusried

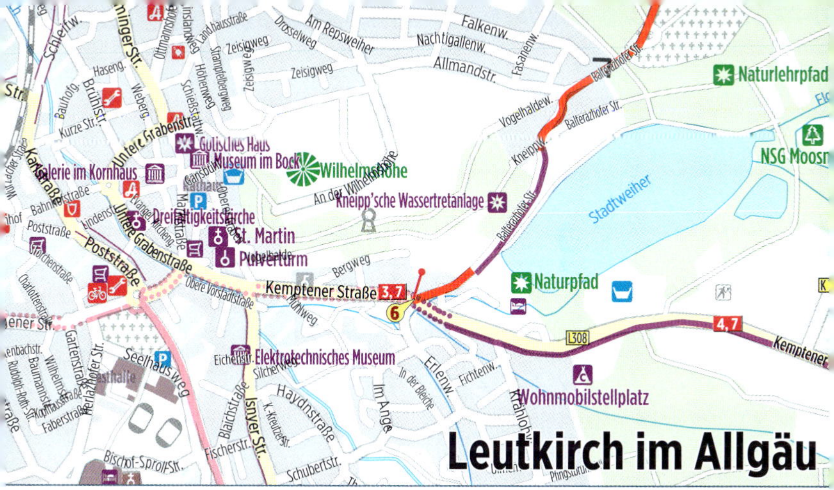

und für die Römer war sie ein wichtiger Teil ihres Verteidigungssystems Donau-Iller-Rhein-Limes, bevor sie von den Germanen vertrieben wurden. Die heutige Struktur der terrassenförmigen, flachkuppigen Weite blieb von der Bewirtschaftung nach der Besiedelung von Flößern, Handwerkern und Waldbesitzern erhalten. Nach ständig wiederkehrenden Überschwemmungen wurde im Jahr 1859 eine Begradigung und Sanierung des Flusslaufs von Memmingen bis Ulm beschlossen und 1893 vollendet. Etwa ab Mitte des 19. Jahrhunderts ersetzten Turbinen die Wasserräder der Mühlen und Fabriken. Nach Stilllegung der Fabriken begann dann der Bau von Kleinkraftwerken zwecks Stromgewinnung aus Wasserkraft. Heute werden insgesamt dreizehn Laufkraftwerke an Staustufen und Seitenkanälen der Iller zur Energiegewinnung betrieben.

5 Ausnang

Freihalde (Leutkirch im Allgäu)

Freihalde (Leutkirch im Allgäu)

Adrazhofen (Leutkirch im Allgäu)

6 Leutkirch im Allgäu

Vorwahl: 07561

- **Touristinfo,** Marktstr. 32, Gotisches Haus, ✆ 87154, @ sbt668
- **Elektrotechnisches Museum,** Eichenstr. 3, ✆ 912047, ✆ 985349 Ⓒ Zeitreise durch die Entwicklung des elektrischen Stromes. @ hpc738
- **Galerie im Kornhaus,** Kornhausstr. 1, ✆ 87171 Die Galerie zeigt wechselnde Ausstellungen überregionaler zeitgenössischer Kunst sowie Ausstellungen regionaler Künstler. @ ggh856
- **Museum im Bock,** Gänsbühl 9, ✆ 87154 Das Museum erzählt die Geschichte der Stadt, ihrer Bewohner und der umliegenden Voralpenlandschaft. @ ror521
- **Dreifaltigkeitskirche,** Evangelische Kirchg. 19. Die Kirche (1613-15) war im überwiegend katholischen Oberschwaben die erste Predigtsaalkirche.
- **Stadtpfarrkirche St. Martin,** Marienpl. 2, ✆ 8489570. Die Kirche (1519) ist als „Leu-

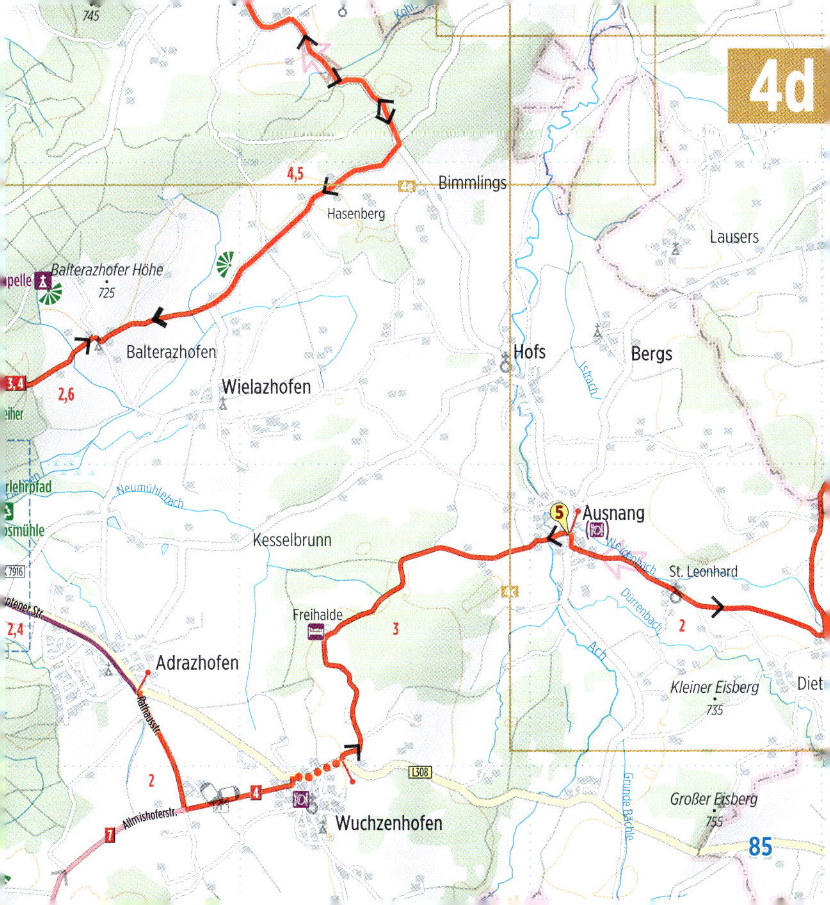
4d
745
4,5
Bimmlings
Hasenberg
Lausers
Balterazhofer Höhe
725
Balterazhofen
3,4
2,6
Wielazhofen
Hofs
Bergs
Istrach
Neumühlebach
Ausnang
5
Kesselbrunn
St. Leonhard
Dürrenbach
Freihalde
3
2
Adrazhofen
Ach
Kleiner Eisberg
735
Diet
2,4
Rathausstr.
L308
2
4
Allmishoferstr.
7
Wuchzenhofen
Großer Eisberg
755
Grunde Bächle
K7916

tekirche" namensgebend für die Stadt und beherbergt neben Resten der gotischen Ausstattung Kunstwerke von Albert Burkart. @ ehw424

Galluskapelle, Winterberg, an der A 96, ✆ 71187. Die Autobahnkapelle auf dem 745 m hohen Winterberg wurde im Jahr 2000 eingeweiht und bietet eine grandiose Bergsicht von der Aussichtsplattform. @ hpk256

Pulverturm, Oberer Graben. Der Turm aus dem 17. Jh. diente zur Lagerung von Schießpulver.

Gotisches Haus, Marktstr. 32, ✆ 87154. Das mächtige Gebäude wurde im ausgehenden Mittelalter (1377-1379) erbaut.

Historische Stadtführung, Marktstr., ✆ 87154. Im Mittelpunkt der Führung durch die historische Altstadt Leutkirchs stehen das Rokoko-Rathaus mit seinem prächtig ausgestatteten historischen Sitzungssaal, der mittelalterliche Bockturm und das Gotische Haus sowie das geistliche Viertel mit dem alten Kloster und der früheren „Leutekirche" Sankt Martin. @ eki584

Kneipp'sche Wassertretanlage, Balterazhofer Str. (24) Tretbecken mit natürlichem Quellwasser. @ cax278

Naturpfad Stadtweiher, Beim Freibad, ✆ 87172 (24) Auf dem 2,25 km langen Rundgang wird die Geschichte des Weihers, die Nutzungen, Naturschutzaspekte sowie der Stadtwald vorgestellt. @ tgd511

Freibad Stadtweiher, Kemptener Str. 65, ✆ 3204 (☀), @ vhn125

Schwimmhalle Oberer Graben, Oberer Graben, ✆ 87154 (☰), @ cvd845

Mit ihren acht Ortschaften und 175 Quadratkilometern Ausdehnung bildet die Große Kreisstadt eine der größten Gemeinden Baden-Württembergs. Schmuckstück der Stadt an der Oberschwäbischen Barockstraße ist das aus dem Jahr 1740 stammende Rathaus mit seinem beeindruckenden Ratssaal und den besonderen Stuckarbeiten. Die sanierte Altstadt mit ihren gemütlichen Gasthäusern und Cafés lädt zu einem entspannenden Bummel ein.

4e
Eschach
Blutsberg
715
Rochuskapelle
Aichstetten
Aitrach
4a
3
8
4f
Altmannshofen
Schloss Altmannshofen
Sommerstall
4,7
Altmannspeier
Kummerbach
Aitrach
NSG Laubener Brunnen
L260
Lauben
Baden-Württemberg
Bayern
Reichenbach
Ottmannshofen
Dilpersried
Rotis
7
Hochberg
745
4d
Kohlstattbach
87
4,5
Siebenbrünnen

Blick auf den Bockturm in Leutkirch im Allgäu

Balterazhofen (Leutkirch im Allgäu)

Waldkapelle. Nach einem kurzen Fußweg eröffnet sich ein imposanter Blick auf die Nagelfluhkette mit dem markanten Hochgrat bis hin zur Zugspitze.

7 Ottmannshofen (Leutkirch im Allgäu)

8 Aichstetten

Rochuskapelle, Blutsberg. Schlichte, kleine im 18. Jh. erbaute Kapelle. Sie wird auch Besenkapelle genannt, da von Hautkrankheiten geheilte Personen einen Rutenbesen in die Kapelle stellten.

Schloss Altmannshofen, Schloßbergweg 3. Leicht erhöht, in der Mitte des Dorfes, befindet sich die in der ersten Hälfte des 17. Jhs. erbaute Schlossanlage. Das dreigeschossige Schloss mit vier Ecktürmen wird heute als Wohnhaus genutzt.

Aitrach

Marstetten
Iller
1,2
1
1,6
4f
Aitrach
9
Treherz
NSG Kiesgrube Aitrach
Kilis kleiner Wasserfall
2,8
5,7
Oberhausen
Kanuverleih
Illerstause
Falchenbach
Vogelbeobachtungsstation
Breitenbach
A96
St2009
Hardsteig
Schnaggenberg
Rieden
L260
4
Lautrach
4e
Eschach
4a
Aitrach
Schloss Lau
3
Blutsberg
715
Rochuskapelle
St. Peter und Paul
89
Aichstetten
8
Schmiddisbächle
L314

Tour 5 Fürstliche Seen 48 km

HM/km: ↗ 5,2 (248m) ↘ 5,2 (248m) Radweg: 7 % Unbefestigt: 12 % Verkehr: 3 %

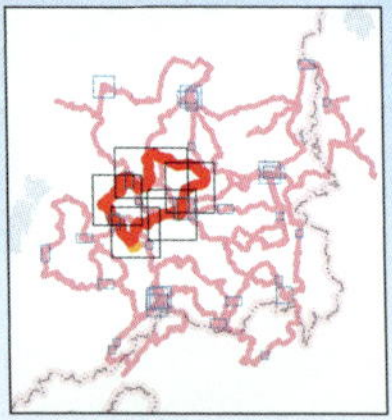

Das Fürstenland hat viel zu bieten. Prächtige Bauwerke der Fürsten der Linie Waldburg - Burgen, Schlösser und Kirchen - und Naturjuwele säumen den Weg und erzählen von der bewegten Vergangenheit. Weiher und Seen laden zum Sprung ins kühle Nass ein. Im Mosaik aus Wiesen, Wäldern, Bächen und Mooren funkeln sie wie grüne Edelsteine. Das wasserreiche Gebiet ist Lebensraum für seltene Tiere und Pflanzen und viele Flächen und Wälder befinden sich noch heute in fürstlichem Besitz.

Charakteristik

Start/Ziel: Region Waldburg - Vogt

Wegbeschaffenheit: Die Route verläuft auf befestigten bzw. asphaltierten Radwegen und Straßen, kurze unbefestigte Abschnitte sind gut befahrbar.

Verkehr: Die Strecke führt großteils über verkehrsarme Straßen, mit etwas mehr Verkehr ist nur in den Städten zu rechnen.

Beschilderung: Einheitliche, durchgehende Beschilderung.

Steigungen: Die Strecke ist mit steilen Anstiegen und rasanten Abfahrten konditionell anspruchsvoll.

An-/Abreise: Die Gemeinde Vogt ist Teil der Region Waldburg und liegt im Dreieck zwischen Ravensburg-Wangen-Wolfegg. Sie verfügt als Schnittpunkt über beste Anbindungen für Pkw, Bahn (Bhf. Kißlegg, Wolfegg) und Bus in alle Richtungen. Parken: Parkplatz Sporthalle (Allgäutorhalle).

Anschlusstour(en): 1, 2, 3, 6, 7, 9

Fürstliche Seen

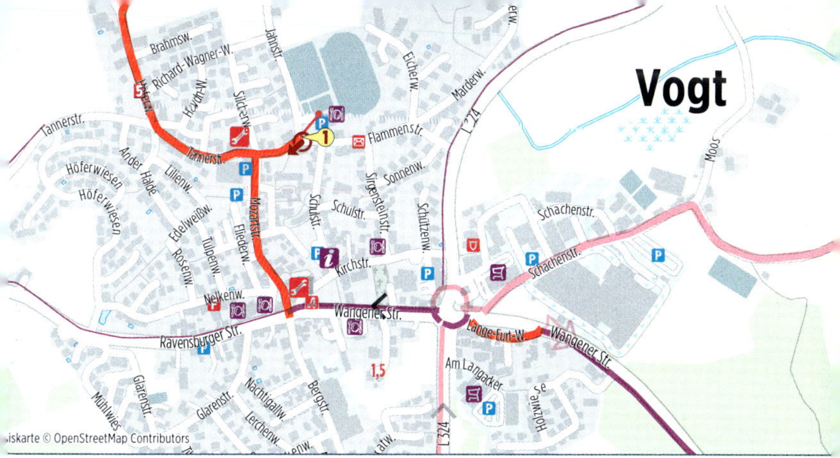

Die Rundtour startet am Parkplatz der Sporthalle Vogt und führt südwärts entlang der Mozartstraße.

1 Vogt

Vorwahl: 07529

Gästeamt Vogt, Kirchstr. 11, ✆ 2090, @ euq776

Ehem. Rittergut Mosisgreut, Rittergut Mosisgreut 1. Das Jagdschlösschen mit mittelalterlichem Vorgängerbau aus dem 16. Jh. wurde originalgetreu restauriert und befindet sich in Privatbesitz. Es ist umgeben von einem historischen Gebäudeensemble mit ehem. Ziegelei-, Käsereigebäude,

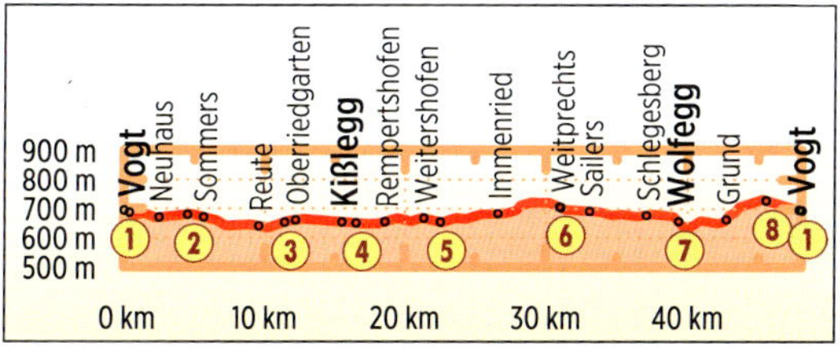

Blick auf Kißlegg, Zellersee und Obersee

Burggraben sowie einer gotischen Kapelle.

Naturfreibad Holzmühleweiher, ✆ 20928. Moorsee mit Liegewiese und Sanitäranlagen.

AUSFLUG **2** In Grub bietet sich ein Ausflug zum Naturbadeweiher in Karsee an.

Karsee (Wangen im Allgäu)

Vorwahl: 07506

Ortsverwaltung, Seestr. 1, ✆ 265, @ ufb867

Skulpturenweg, Seestr., Parkplatz beim Sportpl. Kunstentdeckungsreise rund um den Karsee. Wegeplan mit Informationen im Infokasten beim Startpunkt. @ cup245

Die Hauptroute zweigt links ab und führt über Streusiedlungen und kleine Ortschaften stetig bergauf nach Unterriedgarten.

Unterriedgarten (Kißlegg)

TIPP **3** In Unterriedgarten ist ein Anschluss an Tour 6 gegeben.

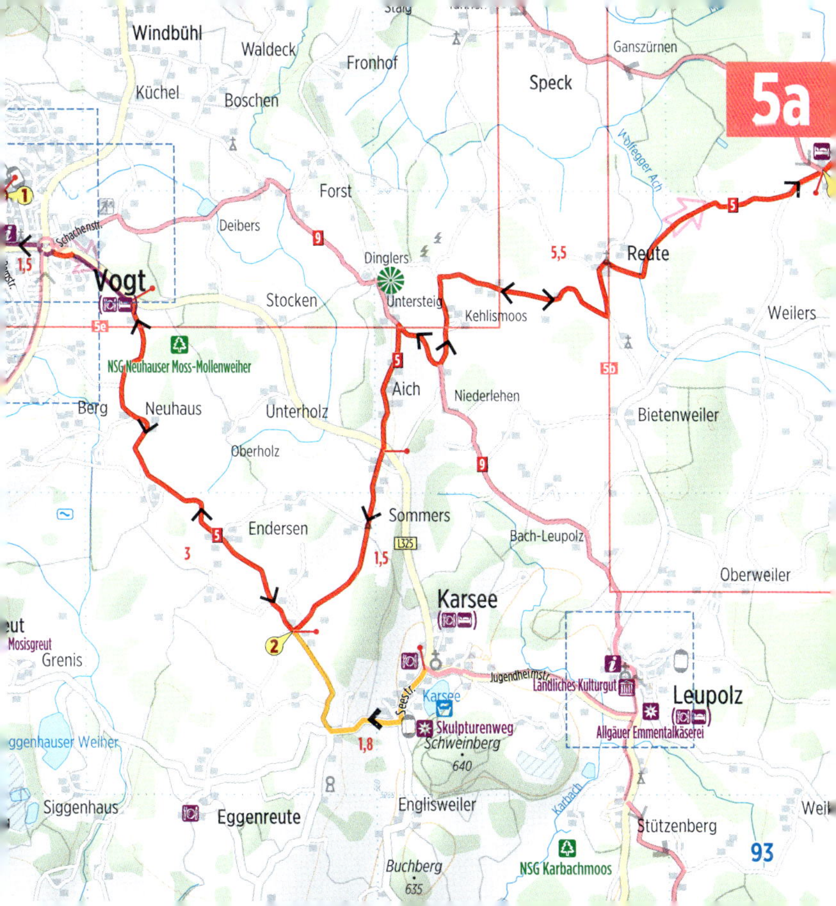

5a
Windbühl
Waldeck
Fronhof
Speck
Ganszürnen
Küchel
Boschen
Wolfegger Ach
Forst
Deibers
Schachenstr.
Dinglers
Untersteig
Kehlismoos
Reute
Weilers
Vogt
Stocken
NSG Neuhauser Moss-Mollenweiher
Aich
Niederlehen
Bietenweiler
Berg
Neuhaus
Unterholz
Oberholz
Sommers
Endersen
Bach-Leupolz
Oberweiler
L325
Karsee
Mosisgreut
Grenis
Jugendheimstr.
Ländliches Kulturgut
Leupolz
Seestr.
Karsee
Skulpturenweg
Schweinberg
640
Allgäuer Emmentalkäserei
Siggenhaus
Eggenreute
Englisweiler
Karbach
Stützenberg
Buchberg
635
NSG Karbachmoos
1,5
5,5
1,5
3
1,8
5e
5b

Sie rollen gemütlich durch Oberriedgarten und das Burgermoos bergab nach Kißlegg.

4 Kißlegg

Vorwahl: 07563

Gäste- und Bürgerbüro, Schloßstr. 8, Neues Schloss, ✆ 936142, @ kkh584

Heimatmuseum im Neuen Schloss, Schloßstr. 8, ✆ 936142 Hier werden neben sakralen Kunst- und Kulturgütern bäuerliche Arbeitsgeräte und Gebrauchsgegenstände zur Käseherstellung gezeigt. @ kqi287

St. Gallus und Ulrich, Herrenstr. 9 Barocke Pfarrkirche aus 1548 mit dem Augsburger Silberschatz. @ mlg753

Altes Schloss, Fürst-Maximilian Str. 8. Das Schloss wurde in der zweiten Hälfte des 16. Jhs. erbaut. Es ist im Besitz der gräflichen Familie zu Waldburg-Wolfegg und Waldsee. Eine Besichtigung ist nicht möglich. @ vhx133

Neues Schloss, Schloßstr. 8, ✆ 936142 Der dreigeschossige Bau wurde in den Jahren 1721-27 nach einem Entwurf des Füssener Baumeisters Johann Georg Fischer errichtet. Es können die barocken Räumlichkeiten und wechselnde Kunstausstellungen besichtigt werden. Öffentliche Schlossführungen finden Sa, So u. Feiertagen jeweils um 15 Uhr statt. @ lym424

Kaffeerösterei Cafésito, Friedrich-List-Str. 16, ✆ 1802444 Traditionelle handwerkliche Kaffeerösterei mit Café, Werksverkauf und Röstereiführungen der OWB-Werkstätten. @ tcv742

s' Käslädle, Wangener Str. 42, Zaisenhofen, ✆ 9092639, ✆ 913600 Neben dem Mozzarella aus dem Allgäu, ein Produkt der Kißlegger Käsefreunde, gibt es viele Käsesorten zu schmecken und entdecken. @ fme345

Arrisrieder Moos, Südlicher Einstieg bei Hilpertshofen Ein Naturpfad über Holzbohlen durch das Moor erläutert anhand von Erlebnisstationen 10.000 Jahre Moorgeschichte, Flora und Fauna, den Torfabbau und die Wiedervernässung des Gebietes. Hier ist kein Radfahren erlaubt! @ lny285

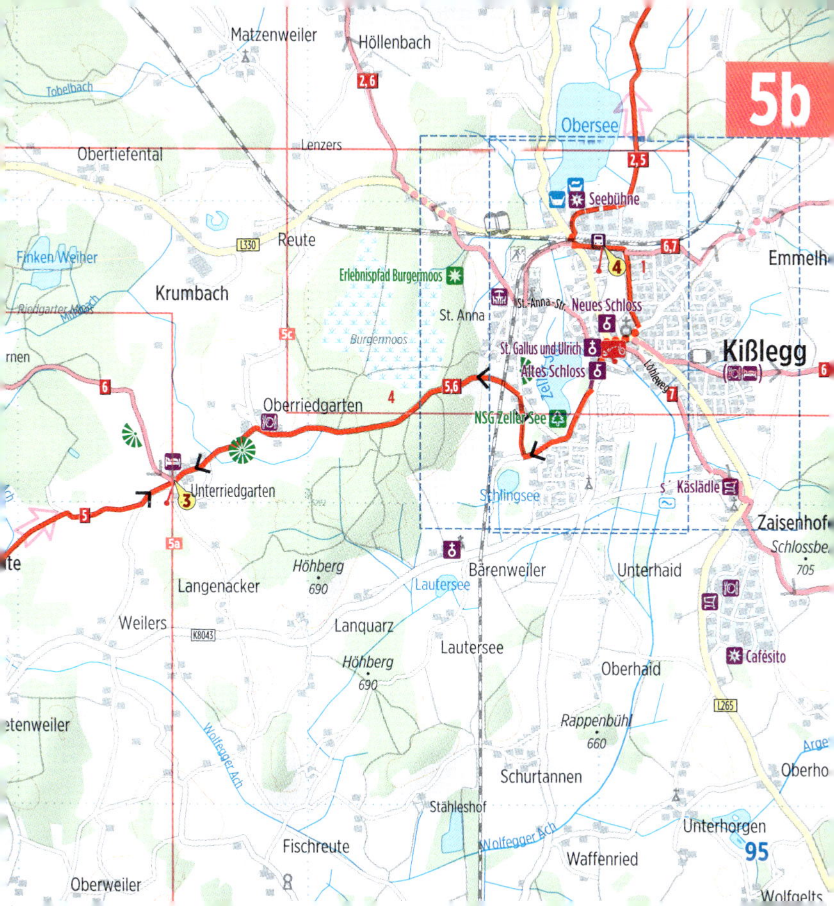
5b
Matzenweiler
Höllenbach
Tobelbach
Obersee
Lenzers
Obertiefental
Seebühne
Reute
L330
Finken Weiher
Erlebnispfad Burgermoos
Emmelh
Krumbach
St.-Anna-Str.
Neues Schloss
St. Anna
Riedgarter Moos
Burgermoos
St. Gallus und Ulrich
Kißlegg
Altes Schloss
Löhleweg
Oberriedgarten
NSG Zeller See
Zeller See
Unterriedgarten
Schlingsee
Käslädle
Zaisenhof
Schlossberg
705
Höhberg
690
Bärenweiler
Unterhaid
Langenacker
Lautersee
Weilers
K8043
Lanquarz
Lautersee
Höhberg
690
Oberhaid
Cafésito
L265
Rappenbühl
660
Wolfegger Ach
Schurtannen
Oberho
Stähleshof
Unterhorgen
Wolfegger Ach
Fischreute
Waffenried
95
Oberweiler
Wolfgelts

Arrisrieder Moos

Erlebnispfad Burgermoos, Le-Pouliguen-Str. 4, ✆ 936142 Ⓐ Über Holzbohlenwege führt der 3,9 km lange Naturerlebnispfad mit Mitmachstationen und Aktionsfeldern an Resten der Torffabrik vorbei. Radfahren ist auf dem Pfad nicht erlaubt. Ⓦ oyh257

Strandbad Obersee, Am Obersee 2, ✆ 180967, ✆ 936123 Ⓐ Naturbadesee mit Tretboot-, Ruderboot-, Kajak- u. SUP-Verleih, Warmwasser- und Kleinkinderbecken, Umkleide, Kiosk, Spielplatz u.v.m. Ⓦ usg773

Seebühne, Am Obersee 2, ✆ 936142 Ⓒ In den Sommermonaten finden auf der Seebühne im Kißlegger Strandbad regelmäßig Veranstaltungen statt.

Am Schlosspark und Bahnhof vorbei radeln Sie Richtung Strandbad. Mit Blick auf den Obersee verlassen Sie Kißlegg und folgen der Straße nach **Stolzensee**. Kleine Waldstücke, Felder, Feuchtwiesen und Streusiedlungen begleiten Sie nach Rötsee.

Kißlegg

Seebühne
Neues Schloss
Heimatmuseum
St. Gallus und Ulrich
Altes Schloss
Zellersee
NSG Zeller See
s´ Käslädle
Emmelhofer Bach
Ach
Wolfegger Ach
Löhlebach
Rötenbacher Str.
Stolzenseew.
Bahnhofstr.
Zeppelinstr.
Max-Eyth-Str.
Emmelhofer Str.
Le Pouliguen-Str.
Seppenburg
Am Tennispark
Bei St. Anna
St.-Anna-Str.
Schloßstr.
Parkstr.
Keplerw.
Max-Planck-W.
Herrenstr.
Jägerstr.
Wangener Str.
Gebrazhofer Str.
Löhlew.
Sichlerw.
Pfaffenweiler
Bärenweiler
Sebastian-Kneipp-Str.
Fürst-Maximilian-Str.
Fürst-Erich-Str.
Seestr.
Alpenstr.
Im Schönblick
Immenrieder Str.
Strandbadw.
Stolzensee w.
Uhlandstr.
Schillerstr.
Wiesenw.
Blumenstr.
Gartenstr.
Robert-Koch-W.
Kolpingstr.
Tulpenstr.
Lilienstr.
Nelkenstr.
Humpisw.
Pestalozziw.
Gutenbergw.
Adlerstr.
Bussardstr.
Falkenstr.
Sperberw.
Franz-Speth-Str.
Pfarrer-Wahr-W.
Freibergw.
Jahnstr.
Espanw.
Achw.
Erlenw.
Lindenw.
Eichenw.
Buchenw.
Bürgermeister-Müller-Str.
Pfarrer-L.-Str.
J.-Schilt-Str.
Asamstr.
Feuchtmayerstr.
Franz-Erler-Str.
Hegenauerstr.
Haydnw.
Altmannw.
Säntisw.
Am Sonnenbühl
Brucknerw.
Telemannw.
Verdistr.
Rossinistr.
Brahmsw.
Löhle
2,5
6,7
7
4
5,6
Basiskarte © OpenStreetMap Contributors

5 Rötsee (Kißlegg)

Maria Königin der Engel, Rötsee 2, ✆ 07563/91330. Der St.Jakob-Pilger Ratperonius hat auf einem Landstrich im Ried im 10. Jh. eine Klause und eine Kirche errichtet. Seit dieser Zeit ist die Wallfahrtskirche das Ziel vieler Pilger. @ pls426

Immenried (Kißlegg)

Kißlegger Seenplatte, ✆ 07563/936142. Von Immenried aus entdeckt man Holzmühle-, Langwuhr-, Hasen- und Brunner Weiher. Zwei Radrouten u. ein Wanderweg durch die facettenreiche Landschaft mit Bademöglichkeit lassen Sie die Kißlegger Seenplatte hautnah erleben. Hinweistafeln liefern Informationen zur Entstehungsgeschichte, Ökologie und dem Sanierungsprogramm der Seen. @ qex872

Eintürnenberg (Bad Wurzach)

St. Martin, Rathausstr. 1. Die von Weitem sichtbare barocke Pfarrkirche blickt auf eine 1.000-jährige Geschichte zurück.

Loretokapelle bei Wolfegg

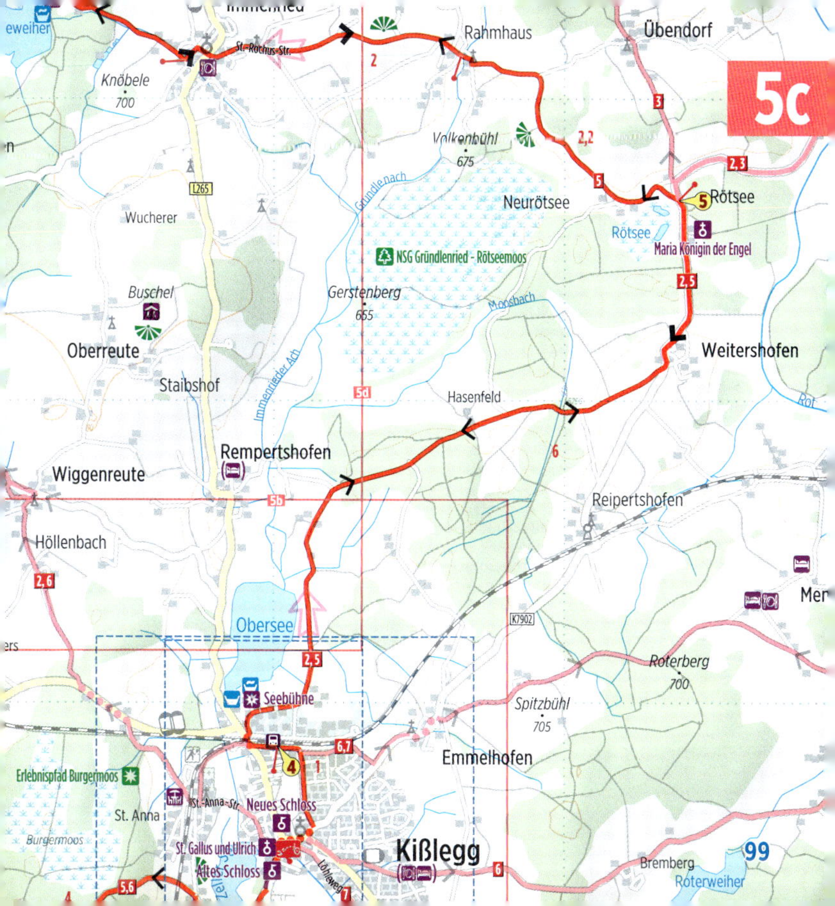
5c
Rahmhaus
Übendorf
St.-Rochus-Str.
Knöbele
700
Volkenbühl
675
Neurötsee
Rötsee
Rötsee
Maria Königin der Engel
L265
Wucherer
Grundlenach
NSG Gründlenried - Rötseemoos
Buschel
Gerstenberg
655
Moosbach
Oberreute
Staibshof
Weitershofen
Immenrieder Ach
5d
Hasenfeld
Rempertshofen
Wiggenreute
5b
Reipertshofen
Höllenbach
Obersee
K7902
Roterberg
700
Spitzbühl
705
Seebühne
Emmelhofen
Erlebnispfad Burgermoos
St.-Anna-Str.
Neues Schloss
St. Anna
Burgermoos
St. Gallus und Ulrich
Kißlegg
Altes Schloss
Löhleweg
Bremberg
Roterweiher
Rot
Mer
2
2,2
2,3
3
5
2,5
6
2,6
2,5
6,7
1
4
6
5,6
7

6 Weitprechts (Bad Wurzach)

Metzisweiler (Bad Wurzach)

Metzisweiler Weiher, Moosweg 7. Liegewiese und Sanitäranlagen.

Stockweiher (Wolfegg)

Stockweiher. Badesee mit Liegewiese u. Toilette.

7 Wolfegg

Vorwahl: 07527

Wolfegg Information, Rötenbacher Str. 13, ✆ 960151, @ row727

Automuseum, Fritz-B. Busch-Weg 1, ✆ 9210390 Ⓣ Autoausstellung mit Schwerpunkt 60er, 70er und 80er Jahre. @ ybf136

Bauernhaus-Museum, Vogter Str. 4, ✆ 95500 Ⓣ Das lebendige Freilichtmuseum mit historischen Bauernhäusern, Ausstellungen und verschiedenen Programmen widmet sich dem ländlichen Leben vergangener Jahrhunderte. @ eet815

Pfarrkirche St. Katharina, Chorherreng. 5, ✆ 6213 Ⓣ Eine der prachtvollsten Barockkirchen in Oberschwaben. @ lgb155

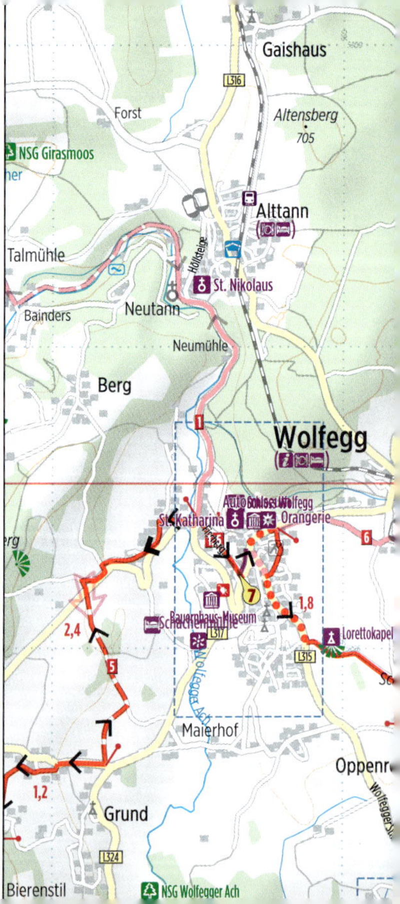

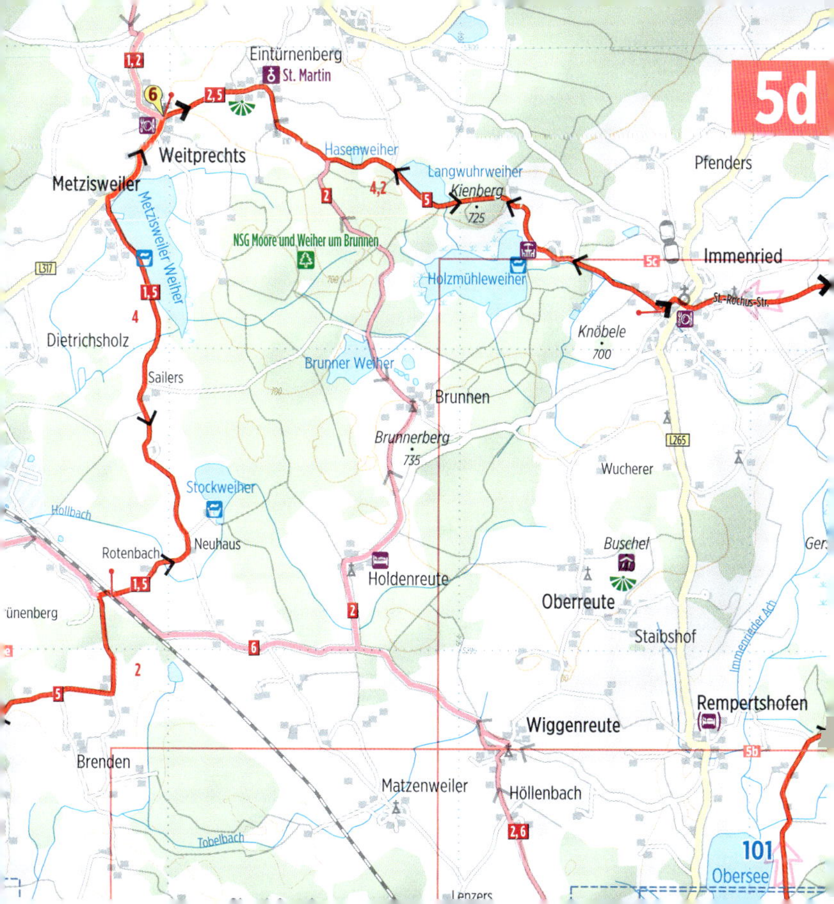
5d
Eintürnenberg
St. Martin
Weitprechts
Metzisweiler
Metzisweiler Weiher
Hasenweiher
Langwuhrweiher
Kienberg
725
Pfenders
Immenried
NSG Moore und Weiher um Brunnen
Holzmühleweiher
St.-Rochus-Str.
Knöbele
700
Dietrichsholz
Sailers
Brunner Weiher
Brunnen
Brunnerberg
735
L317
L265
Wucherer
Stockweiher
Hollbach
Rotenbach
Neuhaus
Holdenreute
Buschel
Oberreute
Staibshof
Immenrieder Ach
Rempertshofen
Wiggenreute
Brenden
Matzenweiler
Höllenbach
Tobelbach
101
Obersee
Lenzers
1,2
2,5
4,2
1,5
2,6
5c
5b

Wolfegg

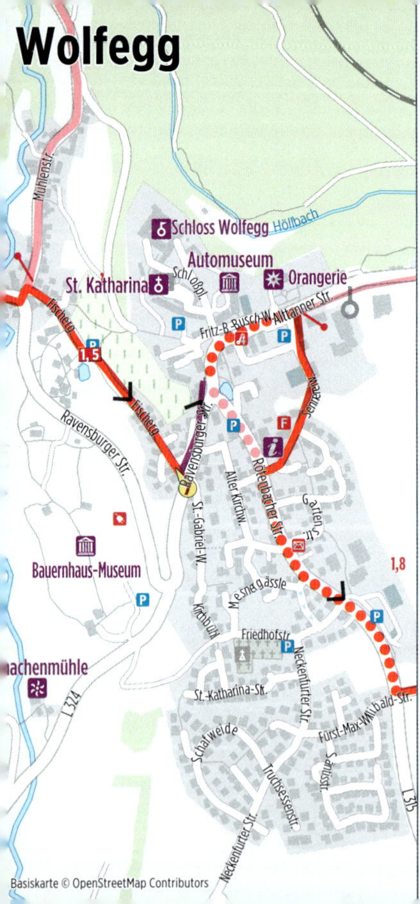

Loretokapelle, Rötenbacher Str., ✆ 960151. Seit 1711 wurde die Kapelle baulich nicht mehr verändert. @ dtd417

Schloss Wolfegg, Schloss 1, ✆ 9680. Renaissance-Schloss aus dem 16. Jh., in Privatbesitz. @ xqf281

Schachenmühle, Schachenmühle 1, ✆ 6263 © Die Ursprünge der Mühle gehen in das 13. Jh. zurück. @ lxp214

Orangerie & Arboretum, Alttannerstr. 9, im Fürstlichen Hofgarten. Die im 18. Jh. erbaute Orangerie war Teil eines um 1628 bezeugten Lustgartens. Heute wird sie für Veranstaltungen und Ausstellungen genutzt. Das Arboretum mit alten exotischen Bäumen zeugt von der einstigen Pracht des Hofgartens. @ ofe133

Grund

Der letzte Abschnitt verläuft überwiegend auf unbefestigten, gut befahrbaren Forstwegen durch den **Altdorfer Wald** zurück zum Ausgangspunkt. **8** An der T-Kreuzung halten Sie sich links Richtung Vogt.

Vogt

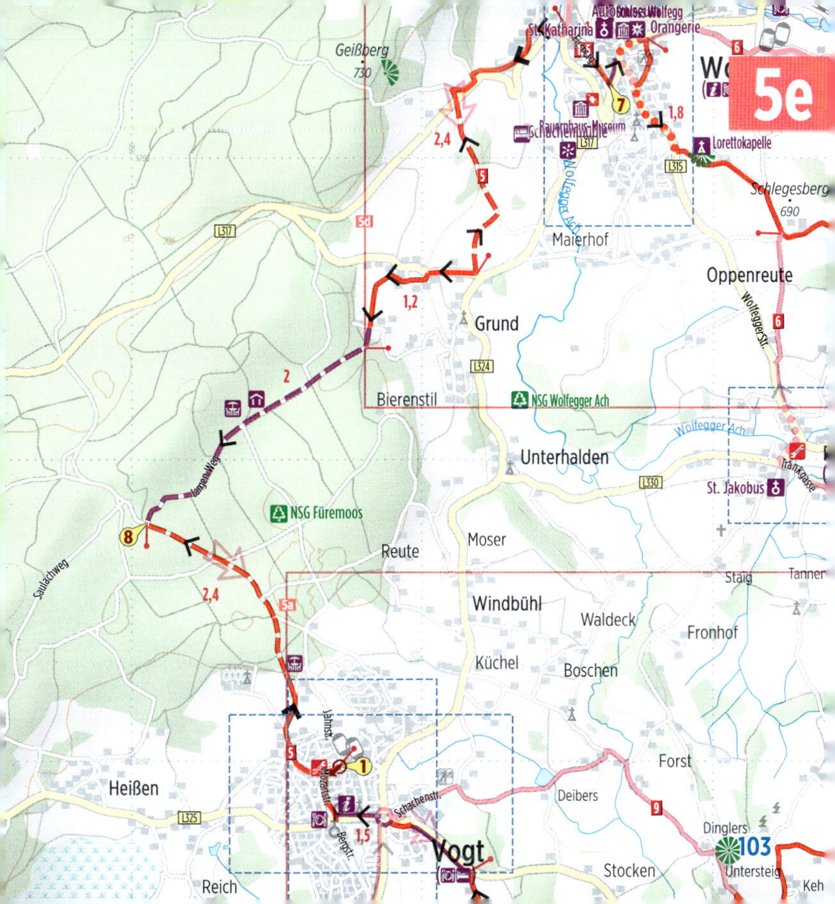

5e
Schloss Wolfegg
St. Katharina
Orangerie
Geißberg
730
Bauernhaus-Museum
Lorettokapelle
Schlegesberg
690
Maierhof
Oppenreute
Wolfegger Str.
Grund
Bierenstil
NSG Wolfegger Ach
Wolfegger Ach
Unterhalden
St. Jakobus
Tränkgasse
Langen Weg
NSG Füremoos
Saulachweg
Reute
Moser
Staig
Tanner
Windbühl
Waldeck
Fronhof
Küchel
Boschen
Jahnstr.
Mozartstr.
Bergstr.
Schachenstr.
Heißen
Forst
Deibers
Dinglers
103
Untersteig
Vogt
Stocken
Reich
Keh
L317
L315
L324
L330
L325
2,4
1,8
1,2
2
1,5
5d
5a

Tour 6 Bauernland 52,6 km

HM/km: ↗ 5,2 (275m) ↘ 5,2 (275m) Radweg: 18 % Unbefestigt: 2 % Verkehr: 7 %

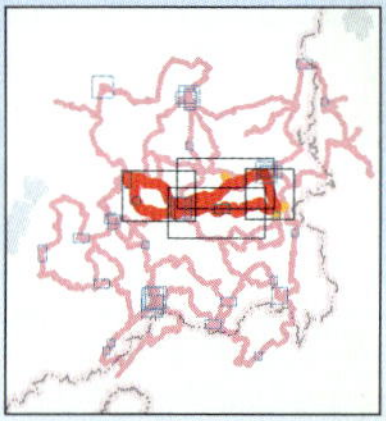

Braunvieh, Bauern und Adel prägen diese Runde. Idyllisch grast das Allgäuer Braunvieh auf den sattgrünen Weiden und hält so das fruchtbare Land von Büschen frei. Bauern formten mit ihrer Bewirtschaftung den einzigartigen Charakter dieser Region und verhalfen dem Adel mit ihrer Arbeit zu Reichtum. Prächtige Gebäude und Museen, wie das Renaissanceschloss und das Bauernhaus Museum in Wolfegg, würdigen die ländliche Kulturgeschichte und begleiten Sie durch die weite Landschaft vorbei an Einödhöfen und mit freiem Blick auf die Alpen.

Charakteristik

Start/Ziel: Wolfegg

Wegbeschaffenheit: Die Route verläuft auf befestigten bzw. asphaltierten Radwegen und verkehrsarmen Straßen.

Verkehr: In Wolfegg ist mit einem stärkeren Verkehrsaufkommen zu rechnen.

Beschilderung: Durchgehend einheitliche Beschilderung.

Steigungen: Steile Anstiege und rasante Abfahrten machen die Strecke zu einer konditionell anspruchsvollen Rundtour.

An-/Abreise: Mit dem PKW über die A 96 oder B 30. Parken: direkt im Ort. Bahnanbindung der Württembergischen-Allgäu-Bahn Richtung Aulendorf mit Anschluss Richtung Friedrichshafen, Ulm und Tübingen, sowie Richtung Kißlegg mit Anschluss nach Memmigen/München und Wangen/Lindau. Busverbindungen nach Ravensburg, Bad Wurzach und Kißlegg.

Anschlusstour(en): 1, 2, 3, 5, 7, 11

Ansicht von Wolfegg mit Blick auf Schloss Wolfegg und Pfarrkirche St. Katharina

Die Tour startet bei der Wolfegg Information und führt über verkehrsarme Straßen über Wiggenreute nach Kißlegg. Einödhöfe, Streuobstwiesen und Landwirtschaft prägen diesen idyllischen Abschnitt bevor Sie in Kißlegg auf prachtvolle Barockbauten treffen.

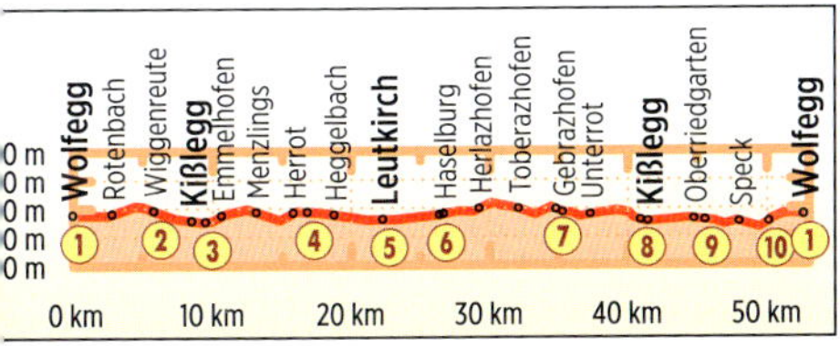

1 Wolfegg

Vorwahl: 07527

Wolfegg Information, Rötenbacher Str. 13, ✆ 960151, @ row727

Automuseum, Fritz-B. Busch-Weg 1, ✆ 9210390 Autoausstellung mit Schwerpunkt 60er, 70er und 80er Jahre. @ ybf136

Bauernhaus-Museum, Vogter Str. 4, ✆ 95500 Das lebendige Freilichtmuseum mit historischen Bauernhäusern, Ausstellungen und verschiedenen Programmen widmet sich dem ländlichen Leben vergangener Jahrhunderte. @ eet815

Pfarrkirche St. Katharina, Chorherreng. 5, ✆ 6213 Eine der prachtvollsten Barockkirchen in Oberschwaben. @ lgb155

Loretokapelle, Rötenbacher Str., ✆ 960151. Seit 1711 wurde die Kapelle baulich nicht mehr verändert. @ dtd417

Schloss Wolfegg, Schloss 1, ✆ 9680. Renaissance-Schloss aus dem 16. Jh., in Privatbesitz. @ xqf281

Schachenmühle, Schachenmühle 1, ✆ 6263 Die Ursprünge der Mühle gehen in das 13. Jh. zurück. @ lxp214

Orangerie & Arboretum, Alttannerstr. 9, im Fürstlichen Hofgarten. Die im 18. Jh. erbaute Orangerie war Teil eines um 1628 bezeugten Lustgartens. Heute wird sie für Veranstaltungen und Ausstellungen genutzt. Das Arboretum mit alten exoti-

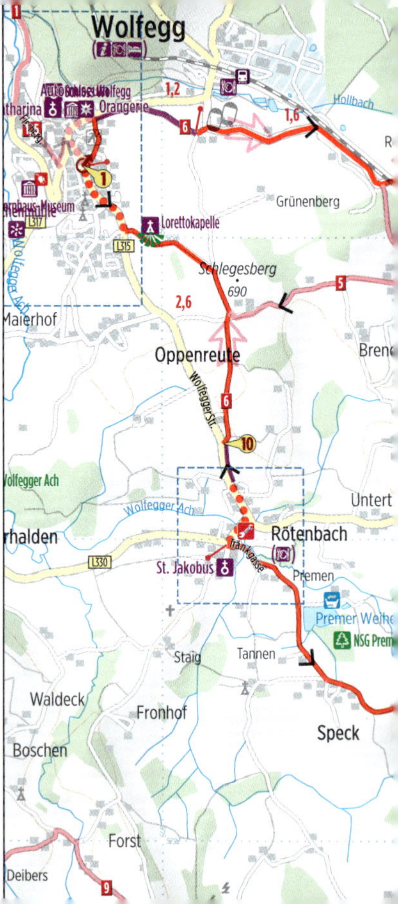

6a
Brunnerberg
735
Stockweiher
Neuhaus
Holdenreute
Wucherer
Duschel
Oberreute
Staibshof
Gerstenberg
655
NSG Grün
Grundlenach
Immenrieder Ach
Hasenfeld
L265
Rempertshofen
Wiggenreute
Höllenbach
Matzenweiler
Tobelbach
Obertiefental
Lenzers
Obersee
Seebühne
K7902
Reute
L330
Krumbach
Erlebnispfad Burgermoos
St. Anna
Burgermoos
St.-Anna-Str.
Neues Schloss
St. Gallus und Ulrich
Altes Schloss
Kißlegg
Emmelhofen
Löhleweg
NSG Zeller See
Oberriedgarten
Unterriedgarten
Schlingsee
Käslädle
Zaisenhofen
Schlossberg
107
2
3
6
2,6
2,5
6b
6d
1,6
6,7
8
5,6
1,5
7
9
5

schen Bäumen zeugt von der einstigen Pracht des Hofgartens. @ ofe133

Holdenreute (Kißlegg)

2 Wiggenreute

3 Kißlegg

Vorwahl: 07563

Gäste- und Bürgerbüro, Schloßstr. 8, Neues Schloss, ✆ 936142, @ kkh584

Heimatmuseum im Neuen Schloss, Schloßstr. 8, ✆ 936142 Hier werden neben sakralen Kunst- und Kulturgütern bäuerliche Arbeitsgeräte und Gebrauchsgegenstände zur Käseherstellung gezeigt. @ kqi287

St. Gallus und Ulrich, Herrenstr. 9 Barocke Pfarrkirche aus 1548 mit dem Augsburger Silberschatz. @ mlg753

Altes Schloss, Fürst-Maximilian Str. 8. Das Schloss wurde in der zweiten Hälfte des 16. Jhs. erbaut. Es ist im Besitz der gräflichen Familie zu Waldburg-Wolfegg und Waldsee. Eine Besichtigung ist nicht möglich. @ vhx133

Neues Schloss, Schloßstr. 8, ✆ 936142 Der dreigeschossige Bau wurde in den Jahren 1721-27 nach einem Entwurf des Füssener Baumeisters Johann Georg Fischer errichtet. Es können die barocken Räumlichkeiten und wechselnde Kunstausstellungen besichtigt werden. Öffentliche Schlossführungen finden Sa, So u. Feiertagen jeweils um 15 Uhr statt. @ lym424

Kaffeerösterei Cafésito, Friedrich-List-Str. 16, ✆ 1802444 Traditionelle handwerkliche Kaffeerösterei mit Café, Werksverkauf und Röstereiführungen der OWB-Werkstätten. @ tcv742

s' Käslädle, Wangener Str. 42, Zaisenhofen, ✆ 9092639, ✆ 913600 Neben dem Mozzarella aus dem Allgäu, ein Produkt der Kißlegger Käsefreunde, gibt es viele Käsesorten zu schmecken und entdecken. @ fme345

Arrisrieder Moos, Südlicher Einstieg bei Hilpertshofen Ein Naturpfad über Holzbohlen durch das Moor erläutert anhand von Erlebnisstationen 10.000 Jahre Moorgeschichte, Flora und Fauna, den Torfabbau und die Wiedervernäs-

Kißlegg

Basiskarte © OpenStreetMap Contributors

Unterburkhardshofen
mmenried
St.-Rochus-Str.
Rahmhaus
Übendorf
Oberburkardshofen
Schwarzer Berg
715
Stegrot
Volkenbühl
675
Grundlenach
Neurötsee
Rötsee
Sonthofen
Rötsee
Maria Königin der Engel
NSG Gründlenried - Rötseemoos
Gerstenberg
655
Moosbach
Weitershofen
Ellerazhofen
Immenrieder Ach
Hasenfeld
Rot
mpertshofen
6d
Reipertshofen
Volkertsbühl
665
5,5
Menzlings
Obersee
K7902
Roterberg
700
Seebühne
Spitzbühl
705
1,6
6,7
Emmelhofen
Unterrot
Rot
6a
Oberrot
Neues Sch
110
Kißlegg
2
3
5
2,3
3
2,5
2,5

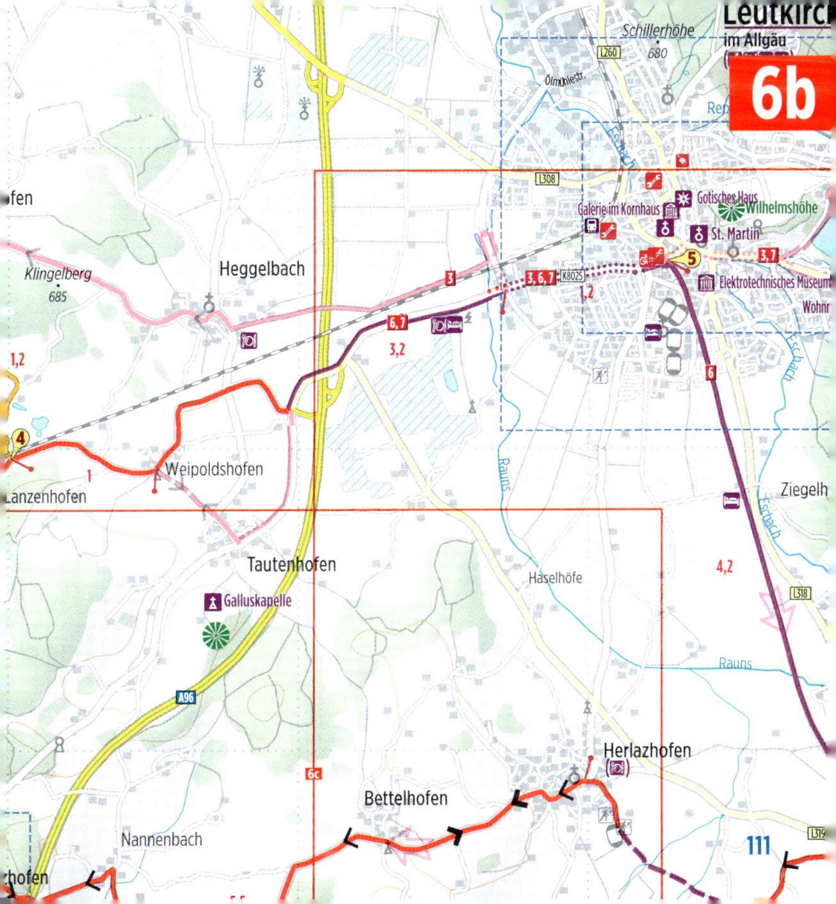
Leutkirch
im Allgäu
6b
Schillerhöhe
680
L260
Ölmühlestr.
Eschach
L308
Gotisches Haus
Galerie im Kornhaus
Wilhelmshöhe
St. Martin
3,7
5
Elektrotechnisches Museum
Wohnr
3
3,6,7
K8025
1,2
Klingelberg
685
Heggelbach
6,7
3,2
1,2
4
Weipoldshofen
1
Lanzenhofen
Rauns
Ziegelh
6
Tautenhofen
Galluskapelle
Haselhöfe
4,2
L318
Rauns
A96
Herlazhofen
6c
Bettelhofen
Nannenbach
111
L319

Kneipp'sche Wassertretanlage in Leutkirch

sung des Gebietes. Hier ist kein Radfahren erlaubt! @ lny285

Erlebnispfad Burgermoos, Le-Pouliguen-Str. 4, ✆ 936142 (24) Über Holzbohlenwege führt der 3,9 km lange Naturerlebnispfad mit Mitmachstationen und Aktionsfeldern an Resten der Torffabrik vorbei. Radfahren ist auf dem Pfad nicht erlaubt. @ oyh257

Strandbad Obersee, Am Obersee 2, ✆ 180967, ✆ 936123 Naturbadesee mit Tretboot-, Ruderboot-, Kajak- u. SUP-Verleih, Warmwasser- und Kleinkinderbecken, Umkleide, Kiosk, Spielplatz u.v.m. @ usg773

Seebühne, Am Obersee 2, ✆ 936142 In den Sommermonaten finden auf der Seebühne im Kißlegger Strandbad regelmäßig Veranstaltungen statt.

TIPP **4** In Lanzenhofen bietet sich ein Abstecher zur Badestelle am Ellerazhofer Weiher an. Besonders an heißen Tagen bietet das kühle Nass eine herrliche Erfrischung.

Ein straßenbegleitender Radweg führt Sie nach Leutkirch. Dort folgen Sie dem Straßenverlauf der **Wangener Straße** bis zum Kreisverkehr nach dem Friedhof.

Leutkirch im Allgäu

Vorwahl: 07561

Touristinfo, Marktstr. 32, Gotisches Haus, ✆ 87154, @ sbt668

Elektrotechnisches Museum, Eichenstr. 3, ✆ 912047, ✆ 985349 Zeitreise durch die Entwicklung des elektrischen Stromes. @ hpc738

Galerie im Kornhaus, Kornhausstr. 1, ✆ 87171 Die Galerie zeigt wechselnde Ausstellungen überregionaler zeitgenössischer Kunst sowie Ausstellungen regionaler Künstler. @ ggh856

Leutkirch im Allgäu

Museum im Bock, Gänsbühl 9, ✆ 87154. Das Museum erzählt die Geschichte der Stadt, ihrer Bewohner und der umliegenden Voralpenlandschaft. @ ror521

Dreifaltigkeitskirche, Evangelische Kirchg. 19. Die Kirche (1613-15) war im überwiegend katholischen Oberschwaben die erste Predigtsaalkirche.

Stadtpfarrkirche St. Martin, Marienpl. 2, ✆ 8489570. Die Kirche (1519) ist als „Leutekirche" namensgebend für die Stadt und beherbergt neben Resten der gotischen Ausstattung Kunstwerke von Albert Burkart. @ ehw424

Galluskapelle, Winterberg, an der A 96, ✆ 71187. Die Autobahnkapelle auf dem 745 m hohen Winterberg wurde im Jahr 2000 eingeweiht und bietet eine grandiose Bergsicht von der Aussichtsplattform. @ hpk256

Pulverturm, Oberer Graben. Der Turm aus dem 17. Jh. diente zur Lagerung von Schießpulver.

Gotisches Haus, Marktstr. 32, ✆ 87154. Das mächtige Gebäude wurde im ausgehenden Mittelalter (1377-1379) erbaut.

Historische Stadtführung, Marktstr., ✆ 87154. Im Mittelpunkt der Führung durch die historische Altstadt Leutkirchs stehen das Rokoko-Rathaus mit seinem prächtig ausgestatteten historischen Sitzungssaal, der mittelalterliche Bockturm und das Gotische Haus sowie das geistliche Viertel mit dem alten Kloster und der früheren „Leutekirche" Sankt Martin. @ eki584

Kneipp'sche Wassertretanlage, Balterazhofer Str. 24 Tretbecken mit natürlichem Quellwasser. @ cax278

Naturpfad Stadtweiher, Beim Freibad, ✆ 87172 24 Auf dem 2,25 km langen Rundgang wird die Geschichte des Weihers, die Nutzungen, Naturschutzaspekte sowie der Stadtwald vorgestellt. @ tgd511

Freibad Stadtweiher, Kemptener Str. 65, ✆ 3204, @ vhn125

Schwimmhalle Oberer Graben, Oberer Graben, ✆ 87154, @ cvd845

Mit ihren acht Ortschaften und 175 Quadratkilometern Ausdehnung bildet die Große

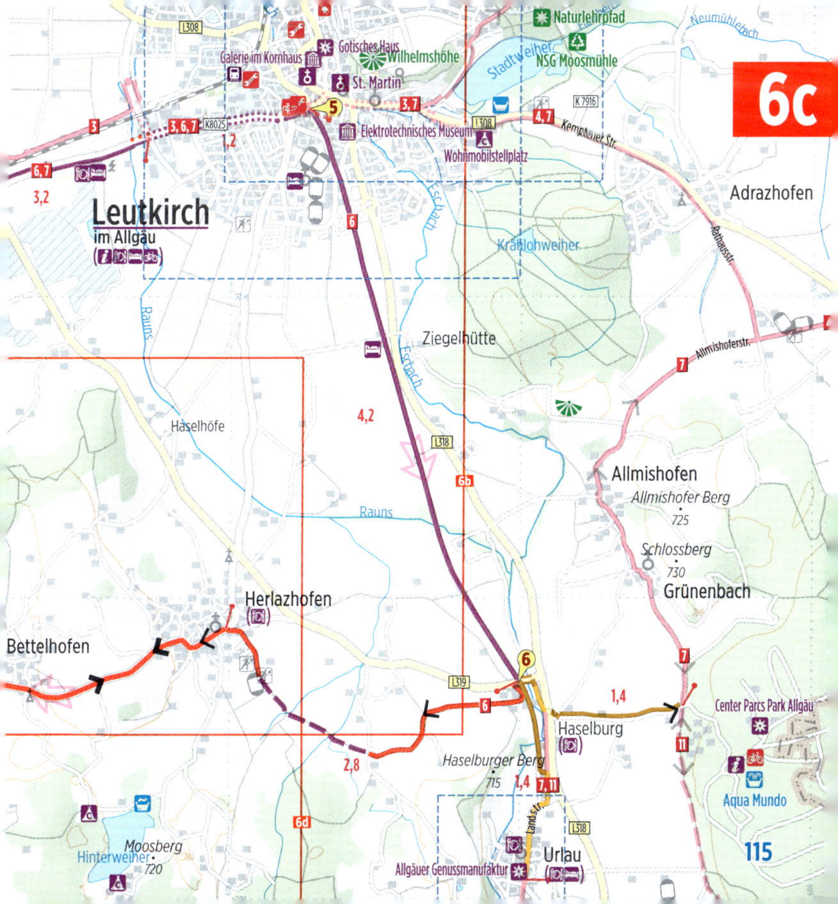

6c
Leutkirch
im Allgäu
Naturlehrpfad
Gotisches Haus
Wilhelmshöhe
Galerie im Kornhaus
St. Martin
Stadtweiher
NSG Moosmühle
Neumühlebach
Elektrotechnisches Museum
Wohnmobilstellplatz
Kemptener Str.
Adrazhofen
Rathausstr.
Kräblohweiher
Eschach
Rauns
Ziegelhütte
Allmishoferstr.
Haselhöfe
Allmishofen
Allmishofer Berg
725
Schlossberg
730
Grünenbach
Herlazhofen
Bettelhofen
Haselburg
Center Parcs Park Allgäu
Haselburger Berg
715
Aqua Mundo
Urlau
Allgäuer Genussmanufaktur
Hinterweiher
Moosberg
720
L308
K8025
K7916
L318
L319
6b
6d

Allgäuer Genussmanufaktur in Urlau

Kreisstadt eine der größten Gemeinden Baden-Württembergs. Schmuckstück der Stadt an der Oberschwäbischen Barockstraße ist das aus dem Jahr 1740 stammende Rathaus mit seinem beeindruckenden Ratssaal und den besonderen Stuckarbeiten. Die sanierte Altstadt mit ihren gemütlichen Gasthäusern und Cafés lädt zu einem entspannenden Bummel ein.

5 Am Kreisverkehr rechts halten und für rund 4,2 km entlang der ehemaligen Bahnstrecke Leutkirch-Isny bis zur Kreuzung mit der **L 319**.

Haselburg

AUSFLUG **6** Ein genussvoller Ausflug nach Urlau oder Action im Ferienpark Center Parcs Park Allgäu? Hier bietet sich für jeden ein passender Abstecher an.

Center Parcs Park Allgäu (Leutkirch im Allgäu)

Vorwahl: 07561

- Touristinfo Center Parcs Park Allgäu, Allgäuallee 40, ✆ 87401, @ pms282
- Center Parcs Park Allgäu, Allgäuallee 40, ✆ 90950 Der Ferienpark bietet ein reichhaltiges Angebot von actionreichen

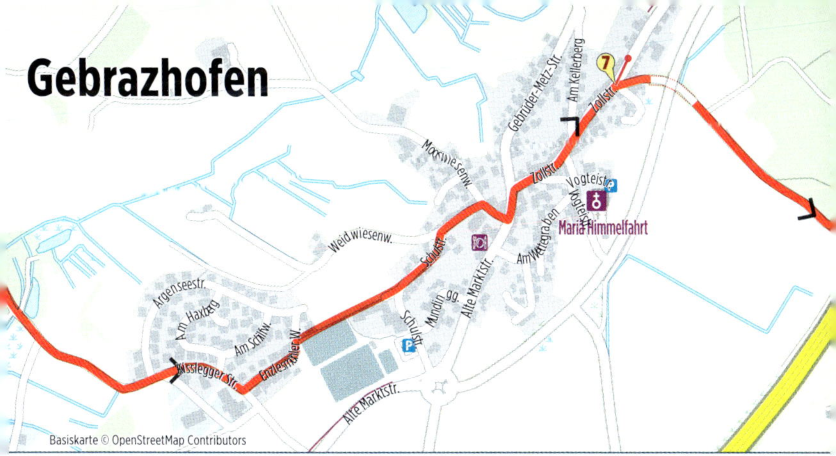

Wildwasserbahnen, einem Spa-Bereich, einer abwechslungsreichen Gastronomie sowie Auszeiten in der Natur. @ cfn364

Aqua Mundo, Allgäuallee 40 , ✆ 90950. Wildwasserbahn, Wasserrutschen, Wellen- u. Schnorchelbad, Water Playhouse, Außenpool uvm. @ xdo132

Urlau (Leutkirch im Allgäu)

Allgäuer Genussmanufaktur, Brauereiweg 3 In der alten Brauerei wird gebraut, gebacken, gebrannt, Käse gelagert, Kaffee geröstet und verschiedenen Kunsthandwerken über die Schulter geschaut. Die Führungen bieten Geschichte, Handwerk u. Genuss. @ msm484

Herlazhofen (Leutkirch im Allgäu)

Vorwahl: 07561

Badestelle am Moorbad, Herlazhofen 3, ✆ 5513. Naturbad mit Liegewiese, Kiosk und Terrasse. @ eet328

7 Gebrazhofen (Leutkirch im Allgäu)

Mariä Himmelfahrt, Vogteistr. 10. Die sehenswerte Kirche wurde 1689 im Renaissancestil umgebaut, der Turm aus dem

Reipertshofen
Volkertsbühl
665
Menzlings
5,5
K7902
Obersee
2,5
Roterberg
700
Seebühne
Spitzbühl
705
3
1,6
6,7
Emmelhofen
Unterrot
Rot
6a
Oberrot
Neues Schloss
Kißlegg
8
6
Bremberg
Roterweiher
6
Löhleweg
7
1,5
Käslädle
Zaisenhofen
Schlossberg
705
Argensee
A96
Unterhaid
Goppertshofen
Emmenberg
680
NSG Sigrazhofer Ried
Sigrazhoferbach
Cafésito
Oberhaid
Wuhrmühleweiher
L265
Rappenbühl
660
Argenseebach
Oberhorgen
Heiliger Stein
Waltershofen
118
Unterhorgen
s'Himmelreich
Waffenried

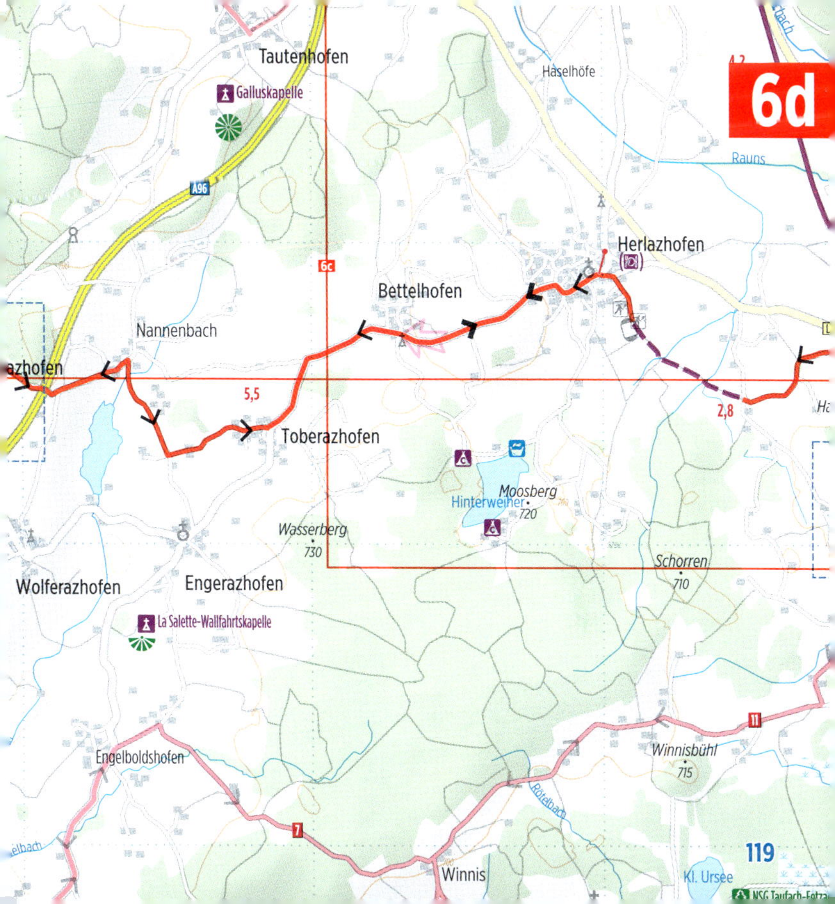
6d
Tautenhofen
Galluskapelle
A96
Haselhöfe
Rauns
Herlazhofen
6c
Bettelhofen
Nannenbach
5,5
Toberazhofen
2,8
Moosberg
Hinterweiher
720
Wasserberg
730
Schorren
710
Wolferazhofen
Engerazhofen
La Salette-Wallfahrtskapelle
Engelboldshofen
7
11
Winnisbühl
715
Rötelbach
Winnis
Kl. Ursee

13. Jh. wurde mit Findlingen und Flusssteinen erbaut.

Die nächsten 6 km führen durch die idyllische von Ackerbau geprägte Landschaft, vorbei am Roterweiher, nach Kißlegg. **8** An der Kreuzung mit der Vorrangstraße rechts Richtung Stadtzentrum.

Kißlegg s. S. 108

TIPP Die weitere Routenführung von Kißlegg retour nach Wolfegg ersehen Sie in der Karte 6a.

Vorbei am Zeller See folgt ein sportlicher Anstieg durch das Naturschutzgebiet Burgermoos nach Unterriedgarten.

9 Unterriedgarten (Kißlegg)

Halten Sie sich rechts Richtung Rötenbach und Wolfegg. Geradeaus ist der Anschluss an Tour 5 gegeben.

Rötenbach (Wolfegg)

St. Jakobus Maior, Dorfstr. 28. Katholische Pfarrkirche (18. Jh.), deren Ursprünge auf eine Kapelle aus dem 15. Jh. zurückreichen. Interessant sind das spätgotische Vesperbild und die spätgotische Sebastiansfigur im Inneren der Kirche.

10 Am Ende des straßenbegleitenden Radweges biegen Sie rechts ab und folgen der verkehrsarmen Straße nach Wolfegg.

Wolfegg

Tour 7 Himmelwiesen 45,5 km

HM/km: ↗ 5,9 (268m) ↘ 5,9 (268m) Radweg: 20 % Unbefestigt: 3 % Verkehr: 8 %

„Loslassen und träumen“ ist die Devise, wenn Himmel und Erde zu einem malerischen Landschaftsbild verschmelzen. Schnee bedeckte Berge unter strahlend blauem Himmel formen mit der facettenreichen Landschaft ein Traumpanorama. Das Wasser der Weiher und Seen spiegelt den Himmel und die Berge wider, und Farbtupfer in Form von Blumenwiesen inspirieren zum Träumen. Irdische Genüssen in der Genussmanufaktur in Urlau und Freizeitvergnügen im nahe gelegenen Center Parcs Park Allgäu sorgen für ein rundum himmlisches Gesamtvergnügen!

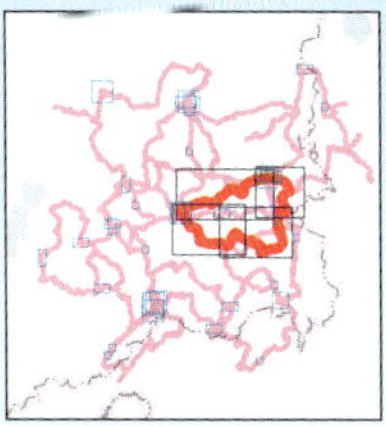

Charakteristik

Start/Ziel: Freibad Stadtweiher Leutkirch

Wegbeschaffenheit: Die Route verläuft auf befestigten bzw. asphaltierten Radwegen und Straßen, kurze unbefestigte Abschnitte sind gut befahrbar.

Verkehr: Die Strecke führt großteils über verkehrsarme Straßen, mit etwas mehr Verkehr ist nur auf dem Abschnitt zwischen Boschen und Beuren zu rechnen.

Beschilderung: Einheitliche, durchgehende Beschilderung.

Steigungen: Die Strecke ist mit steilen Anstiegen und rasanten Abfahrten konditionell anspruchsvoll.

An-/Abreise: Leutkirch liegt direkt an der A 96 sowie der B 465 und B 18. Kostenlose Parkplätze: Bahnhofsarkaden, Bauhofgasse, Seelhausweg, Wurzacher Straße. Bahn: Anbindung an die Bahnstrecke Lindau-München und Einbindung in das Bodo-Netz und das Fernbusnetz von Flixbus

Anschlusstour(en): 2, 3, 4, 5, 6, 7, 11

Center Parcs Park Allgäu

Die Tour startet beim Stadtweiher und führt entlang des straßenbegleitenden Radweges nach Andrazhofen. Mit Blick auf das Alpenpanorama radeln Sie durch die weit geschwungene, üppig grüne Landschaft nach Urlau

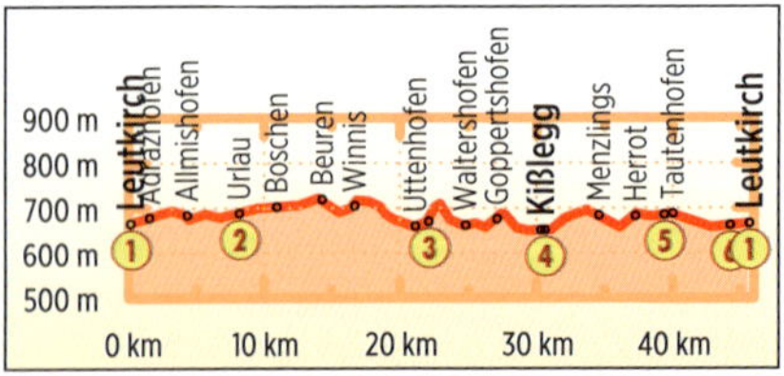

1 Leutkirch im Allgäu

Vorwahl: 07561

Touristinfo, Marktstr. 32, Gotisches Haus, ✆ 87154, @ sbt668

Elektrotechnisches Museum, Eichenstr. 3, ✆ 912047, ✆ 985349 © Zeitreise durch die Entwicklung des elektrischen Stromes. @ hpc738

Galerie im Kornhaus, Kornhausstr. 1, ✆ 87171 © Die Galerie zeigt wechselnde Ausstellungen überregionaler zeitgenössischer Kunst sowie Ausstellungen

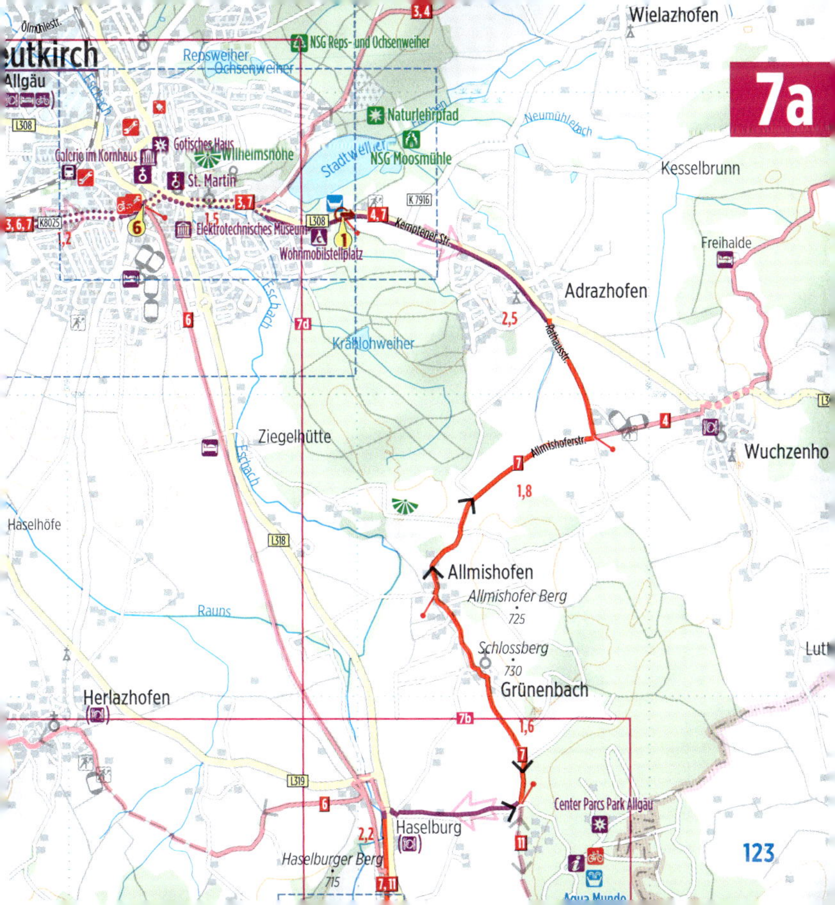

7a
Leutkirch
Allgäu
Ölmühlestr.
NSG Reps- und Ochsenweiher
Repsweiher
Ochsenweiher
Eschach
L308
Naturlehrpfad
Gotisches Haus
Galerie im Kornhaus
Wilhelmshöhe
Stadtweiher
NSG Moosmühle
St. Martin
3,7
4,7
K 7916
3,6,7
K8025
1,5
1,2
Elektrotechnisches Museum
Wohnmobilstellplatz
Kemptener Str.
Neumühlebach
Wielazhofen
Kesselbrunn
Freihalde
Adrazhofen
2,5
Rathausstr.
7d
Kräholohweiher
Ziegelhütte
Allmishoferstr.
Wuchzenho
1,8
Haselhöfe
L318
Allmishofen
Allmishofer Berg
725
Schlossberg
730
Grünenbach
Rauns
Herlazhofen
7b
1,6
L319
Center Parcs Park Allgäu
Haselburg
2,2
Haselburger Berg
715
7,11
Aqua Mundo
3,4

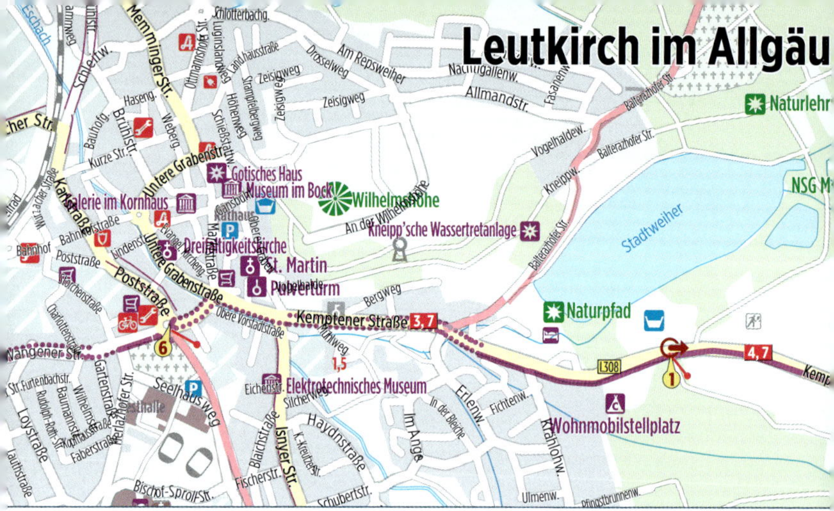

regionaler Künstler. @ ggh856

Museum im Bock, Gänsbühl 9, ☎ 87154
Das Museum erzählt die Geschichte der Stadt, ihrer Bewohner und der umliegenden Voralpenlandschaft. @ ror521

Dreifaltigkeitskirche, Evangelische Kirchg. 19. Die Kirche (1613-15) war im überwiegend katholischen Oberschwaben die erste Predigtsaalkirche.

Stadtpfarrkirche St. Martin, Marienpl. 2, ☎ 8489570. Die Kirche (1519) ist als „Leutekirche“ namensgebend für die Stadt und beherbergt neben Resten der gotischen Ausstattung Kunstwerke von Albert Burkart. @ ehw424

Galluskapelle, Winterberg, an der A 96, ☎ 71187. Die Autobahnkapelle auf dem 745 m hohen Winterberg wurde im Jahr 2000 eingeweiht und bietet eine grandiose Bergsicht von der Aussichtsplatt-

Naturschutzgebiet Taufach- und Fetzachmoos mit Urseen bei Beuren

form. @ hpk256

Pulverturm, Oberer Graben. Der Turm aus dem 17. Jh. diente zur Lagerung von Schießpulver.

Gotisches Haus, Marktstr. 32, ✆ 87154. Das mächtige Gebäude wurde im ausgehenden Mittelalter (1377-1379) erbaut.

Historische Stadtführung, Marktstr., ✆ 87154. Im Mittelpunkt der Führung durch die historische Altstadt Leutkirchs stehen das Rokoko-Rathaus mit seinem prächtig ausgestatteten historischen Sitzungssaal, der mittelalterliche Bockturm und das Gotische Haus sowie das geistliche Viertel mit dem alten Kloster und der früheren „Leutekirche" Sankt Martin. @ eki584

Kneipp'sche Wassertretanlage, Balterazhofer Str. (24) Tretbecken mit natürlichem Quellwasser. @ cax278

Naturpfad Stadtweiher, Beim Freibad, ✆ 87172 (24) Auf dem 2,25 km langen Rundgang wird die Geschichte des Weihers, die Nutzungen, Naturschutzaspekte sowie der Stadtwald vorgestellt. @ tgd511

Freibad Stadtweiher, Kemptener Str. 65, ✆ 3204 (7d), @ vhn125

Schwimmhalle Oberer Graben, Oberer Graben, ✆ 87154 (≡), @ cvd845

Mit ihren acht Ortschaften und 175 Quadratkilometern Ausdehnung bildet die Große Kreisstadt eine der größten Gemeinden Baden-Württembergs. Schmuckstück der Stadt an der Oberschwäbischen Barockstraße ist das aus dem Jahr 1740 stammende Rathaus mit seinem beeindruckenden Ratssaal und den besonderen Stuckarbeiten. Die sanierte Altstadt mit ihren gemütlichen Gasthäusern und Cafés lädt zu einem entspannenden Bummel ein.

Adrazhofen (Leutkirch im Allgäu)

Allmishofen

Center Parcs Park Allgäu (Leutkirch im Allgäu)

Vorwahl: 07561

- **Touristinfo Center Parcs Park Allgäu**, Allgäuallee 40, ✆ 87401, @ pms282
- **Center Parcs Park Allgäu**, Allgäuallee 40, ✆ 90950 Der Ferienpark bietet ein reichhaltiges Angebot von actionreichen Wildwasserbahnen, einem Spa-Bereich, einer abwechslungsreichen Gastronomie sowie Auszeiten in der Natur. @ cfn364
- **Aqua Mundo**, Allgäuallee 40 , ✆ 90950. Wildwasserbahn, Wasserrutschen, Wel-

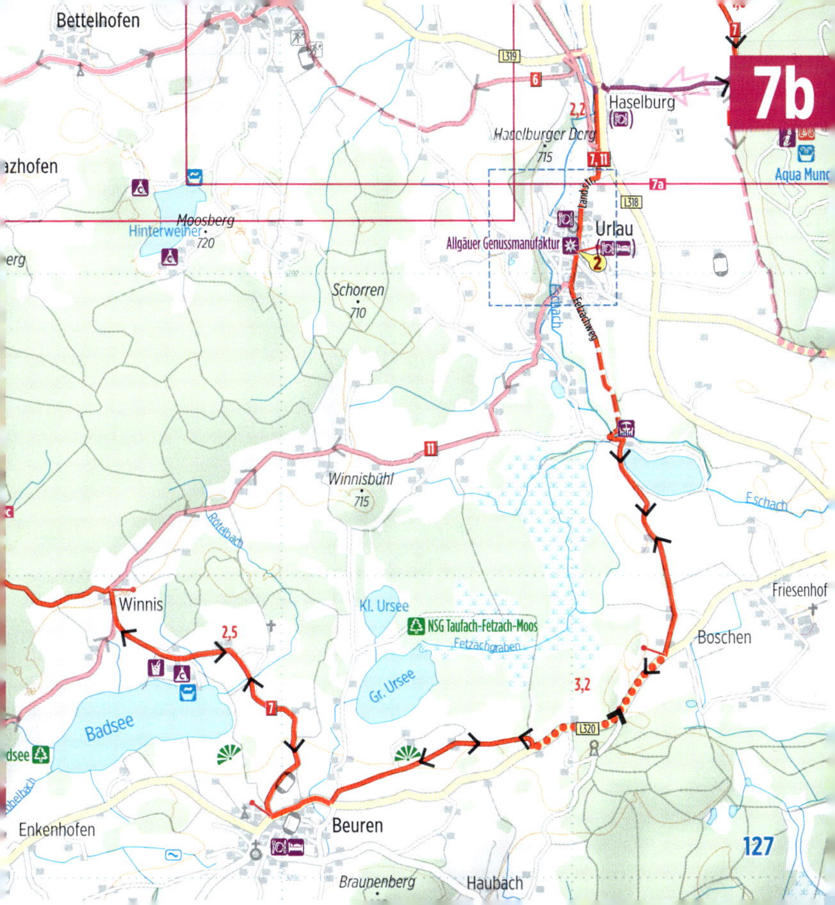

7b
Bettelhofen
Haselburg
Haselburger Berg
715
Urlau
Allgäuer Genussmanufaktur
Aqua Mund
Moosberg
720
Hinterweiher
Schorren
710
Winnisbühl
715
Winnis
Kl. Ursee
NSG Taufach-Fetzach-Moos
Fetzachgraben
Gr. Ursee
Badsee
Boschen
Friesenhof
Beuren
Enkenhofen
Braunenberg
Haubach
Eschach
Rötelbach
Landstr.
Fetzachweg
L319
L318
L320
2,2
2,5
3,2

len- u. Schnorchelbad, Water Playhouse, Außenpool uvm. @ xdo132

Haselburg

2 Urlau (Leutkirch im Allgäu)

Allgäuer Genussmanufaktur, Brauereiweg 3 In der alten Brauerei wird gebraut, gebacken, gebrannt, Käse gelagert, Kaffee geröstet und verschiedenen Kunsthandwerken über die Schulter geschaut. Die Führungen bieten Geschichte, Handwerk u. Genuss. @ msm484

Beuren (Isny im Allgäu)

NSG Taufach- und Fetzachmoos mit Urseen (24) Im Moorkomplex mit Hoch-, Übergangs- und Niedermooren und Moorwäldern sind zahlreiche seltene Pflanzen- und Tierarten beheimatet. Der Große Ursee, der Kleine Ursee und der Fetzachweiher stellen die größten Gewässer dar.

Naturbad am Badsee Beuren, Allmisried 5, ✆ 07567/285, ✆ 07567/754. Schwimmen, Surfen, Tretbootverleih, Kiosk. @ ceu548

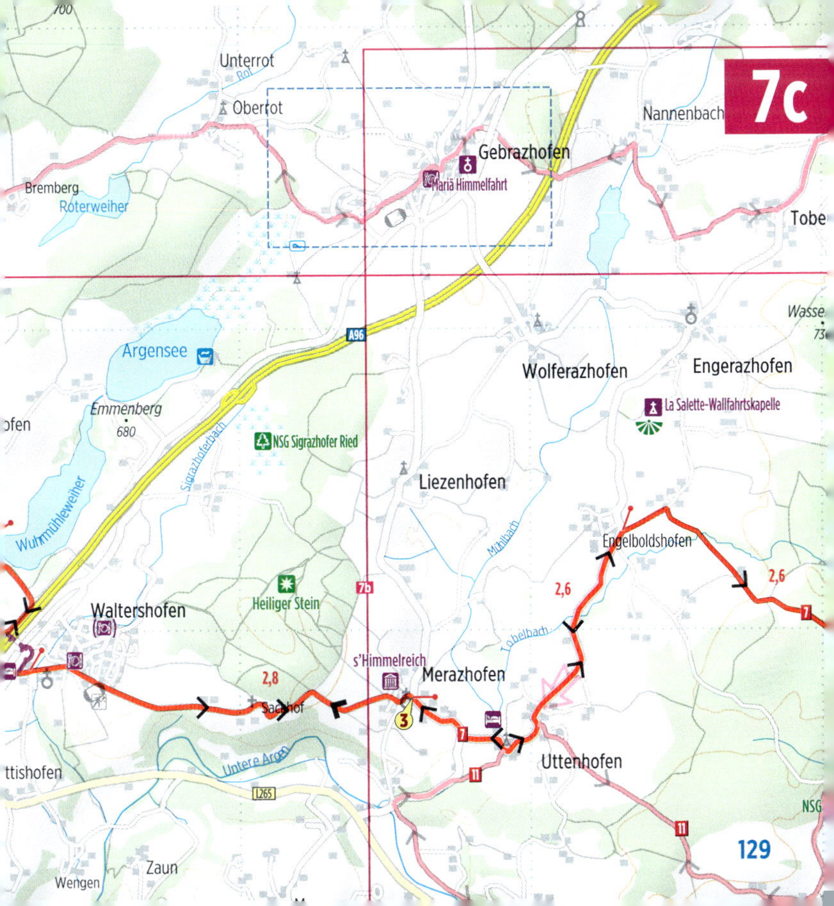
7c
Unterrot
Rot
Oberrot
Bremberg
Roterweiher
Gebrazhofen
Mariä Himmelfahrt
Nannenbach
Tobe
A96
Argensee
Emmenberg
680
Sigrazhoferbach
NSG Sigrazhofer Ried
Wolferazhofen
Engerazhofen
La Salette-Wallfahrtskapelle
Wasse
Liezenhofen
Wuhrmühleweiher
Mühlbach
Engelboldshofen
2,6
2,6
7
7b
Heiliger Stein
Waltershofen
Tobelbach
s'Himmelreich
Merazhofen
2,8
Sachhof
3
7
Uttenhofen
11
Untere Argen
ttishofen
L265
NSG
11
Zaun
Wengen

3 Merazhofen (Leutkirch im Allgäu)

Vorwahl: 07563

- s'Himmelreich, Waltershofer Str. 8, ✆ 9399968 Der Museumsraum im barocken Pfarrhaus mit historischem Pfarrstadel zeigt den Werdegang und Habseligkeiten von Segenspfarrer Hieber. Am Wochenende bietet das Café hausgemachte Torten und Kurioses in besonderer Atmosphäre an. @ qky515

Waltershofen (Kißlegg)

4 Kißlegg

Vorwahl: 07563

- **Gäste- und Bürgerbüro**, Schloßstr. 8, Neues Schloss, ✆ 936142, @ kkh584
- **Heimatmuseum im Neuen Schloss**, Schloßstr. 8, ✆ 936142 Hier werden neben sakralen Kunst- und Kulturgütern bäuerliche Arbeitsgeräte und Gebrauchsgegenstände zur Käseherstellung gezeigt. @ kqi287
- **St. Gallus und Ulrich**, Herrenstr. 9 Barocke Pfarrkirche aus 1548 mit dem Augsburger Silberschatz. @ mlg753
- **Altes Schloss**, Fürst-Maximilian Str. 8. Das Schloss wurde in der zweiten Hälfte des

Alpenpanorama

Kißlegg

2.5
Seebühne
Immenrieder Str.
Strandbadw.
Stolzensee-W.
Emmelhofer Bach
Rötenbacher Str.
Stolzenseew.
Stolzenseew.
Bahnhofstr.
6.7
Max-Eyth-Str.
Emmelhofer Str.
Zeppelinstr.
Le Pouliguen-Str.
Seppersburg
Schloßstr.
Wiesenw.
Uhlandstr.
Schillerstr.
Keplerw.
Robert-Koch-W.
Kolpingstr.
A.-Schweitzer-W.
Am Tennispark
Bei St. Anna
Ach
Parkstr.
Max-Planck-W.
D.-Bonhoeffer-W.
Lilienstr.
Nelkenstr.
Nelkenstr.
Tulpenstr.
Blumenstr.
Gartenstr.
St.-Anna-Str.
J.-G.-Fischer-W.
Humpisw.
Bussardstr.
Fürst-Erich-Str.
Seestr.
Alpenstr.
Panorama-w.
St.-Anna-Str.
Neues Schloss
Heimatmuseum
Emmelhofer Str.
Gutenbergw.
Pestalozziw.
Adlerstr.
Falkenstr.
Franz-Speth-Str.
Pfarrer-Wahr-W.
Sperberw.
Herrenstr.
St. Gallus und Ulrich
Jägerstr.
Jägerstr.
Wangener Str.
Freibergw.
Jahnstr.
Im Schönblick
Gebrazhofer Str.
Achw.
Espanw.
Löhlew.
Altes Schloss
Zellersee
Wolfegger Ach
Pfaffenweiler
Seestr.
Pfaffenweiler
7
Silcherw.
Erlenw.
Lindenw.
Eichenw.
Buchenw.
Fürst-Maximilian-Str.
Sebastian-Kneipp-Str.
Pfarrer-L.-Str.
Bürgermeister-Müller-Str.
J.-Schilt-Str.
NSG Zeller See
Sebastian-Kneipp-Str.
Löhlew.
Silcherw.
Wangener Str.
Eichenw.
1,8
Asamstr.
Feuchtmayerstr.
Barenweiler
Haydnw.
Franz-Erler-Str.
Altmannw.
Säntisw.
Hegenauerstr.
Sonnenbühl
Löhlebach
Löhle
s´ Käslädle
Barenweiler
Telemannw.
Bucknerw.
Verdistr.
6
iskarte © OpenStreetMap Contributors

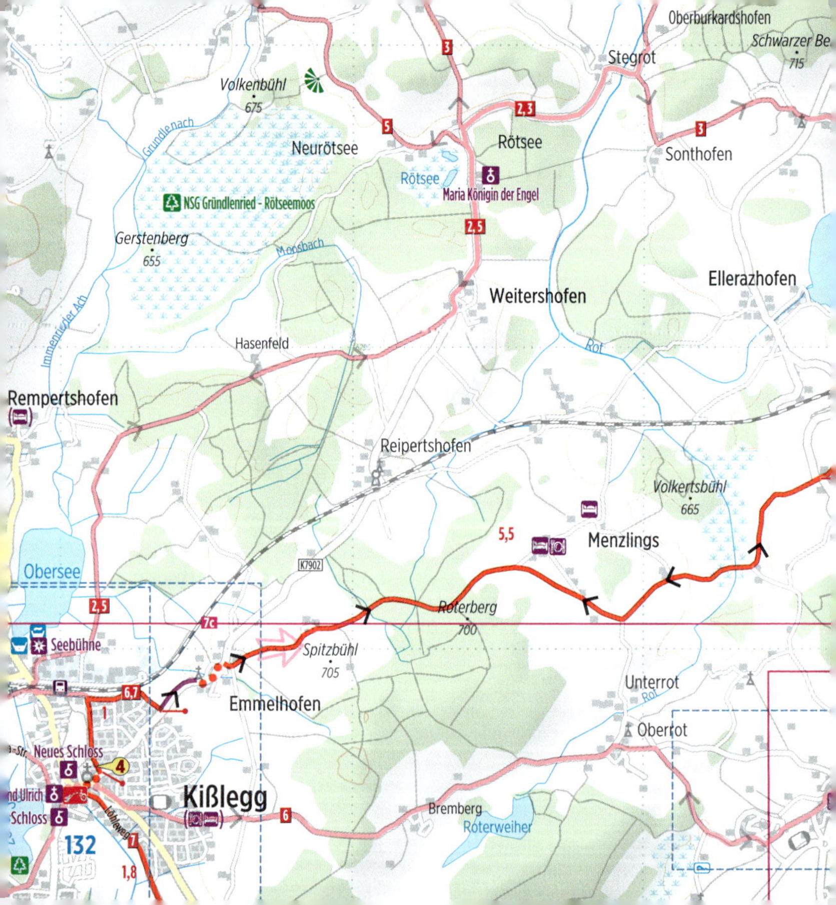

Oberburkardshofen
Schwarzer Be
715
Stegrot
Volkenbühl
675
Grundlenach
Neurötsee
Rötsee
Sonthofen
Rötsee
Maria Königin der Engel
NSG Gründlenried - Rötseemoos
Gerstenberg
655
Moosbach
Ellerazhofen
Weitershofen
Immenrieder Ach
Hasenfeld
Rot
Rempertshofen
Reipertshofen
Volkertsbühl
665
Menzlings
5,5
Obersee
K7902
2,5
Roterberg
700
7c
Seebühne
Spitzbühl
705
Unterrot
Rot
6,7
Emmelhofen
Oberrot
Neues Schloss
Kißlegg
Bremberg
Roterweiher
Schloss
Löhleweg
132
1,8

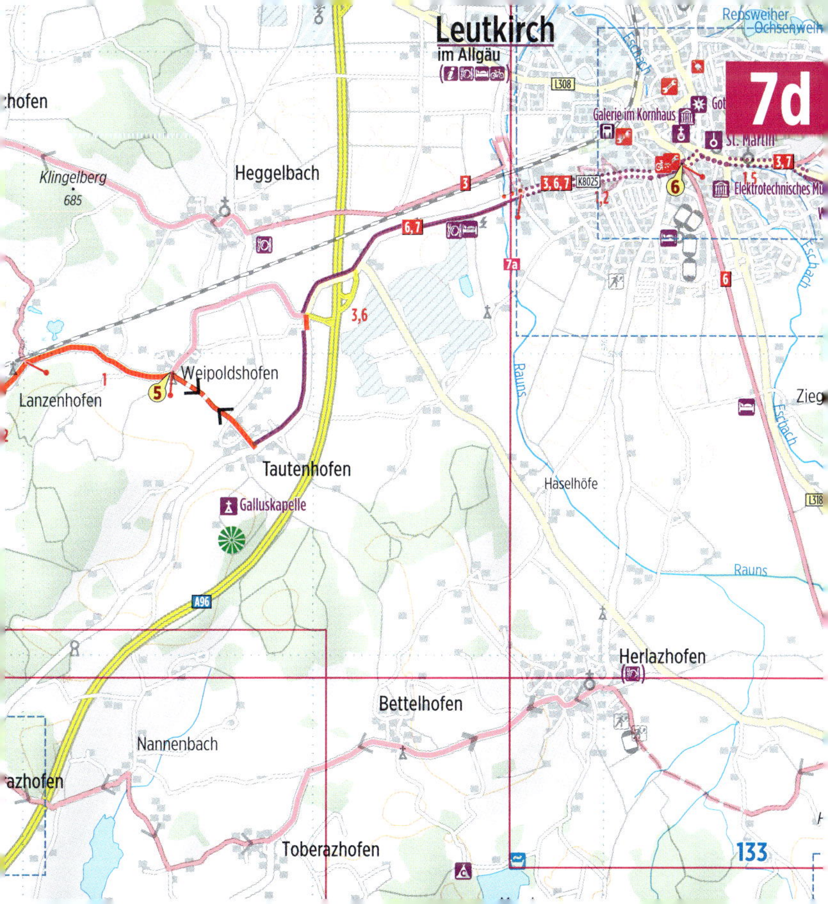

7d
Leutkirch
im Allgäu
L308
Galerie im Kornhaus
St. Martin
Repsweiher
Ochsenweih
Eschach
3,7
1,5
6
Elektrotechnisches Mu
K8025
3,6,7
1,2
3
Heggelbach
Klingelberg
685
hofen
6,7
7a
3,6
Weipoldshofen
1
5
Lanzenhofen
Rauns
Zieg
Tautenhofen
Galluskapelle
Haselhöfe
L318
A96
Herlazhofen
Bettelhofen
Nannenbach
azhofen
Toberazhofen

16. Jhs. erbaut. Es ist im Besitz der gräflichen Familie zu Waldburg-Wolfegg und Waldsee. Eine Besichtigung ist nicht möglich. @ vhx133

Neues Schloss, Schloßstr. 8, ☎ 936142 Der dreigeschossige Bau wurde in den Jahren 1721-27 nach einem Entwurf des Füssener Baumeisters Johann Georg Fischer errichtet. Es können die barocken Räumlichkeiten und wechselnde Kunstausstellungen besichtigt werden. Öffentliche Schlossführungen finden Sa, So u. Feiertagen jeweils um 15 Uhr statt. @ lym424

Kaffeerösterei Cafésito, Friedrich-List-Str. 16, ☎ 1802444 Traditionelle handwerkliche Kaffeerösterei mit Café, Werksverkauf und Röstereiführungen der OWB-Werkstätten. @ tcv742

s' **Käslädle**, Wangener Str. 42, Zaisenhofen, ☎ 9092639, ☎ 913600 Neben dem Mozzarella aus dem Allgäu, ein Produkt der Kißlegger Käsefreunde, gibt es viele Käsesorten zu schmecken und entdecken. @ fme345

Arrisrieder Moos, Südlicher Einstieg bei Hilpertshofen (24) Ein Naturpfad über Holzbohlen durch das Moor erläutert anhand von Erlebnisstationen 10.000 Jahre Moorgeschichte, Flora und Fauna, den Torfabbau und die Wiedervernässung des Gebietes. Hier ist kein Radfahren erlaubt! @ lny285

Erlebnispfad Burgermoos, Le-Pouliguen-Str. 4, ☎ 936142 (24) Über Holzbohlenwege führt der 3,9 km lange Naturerlebnispfad mit Mitmachstationen und Aktionsfeldern an Resten der Torffabrik vorbei. Radfahren ist auf dem Pfad nicht erlaubt. @ oyh257

Strandbad Obersee, Am Obersee 2, ☎ 180967, ☎ 936123 Naturbadesee mit Tretboot-, Ruderboot-, Kajak- u. SUP-Verleih, Warmwasser- und Kleinkinderbecken, Umkleide, Kiosk, Spielplatz u.v.m. @ usg773

Seebühne, Am Obersee 2, ☎ 936142 In den Sommermonaten finden auf der Seebühne im Kißlegger Strandbad regelmäßig Veranstaltungen statt.

Rathaus in Kißlegg

Menzlings (Kißlegg)

5 Weipoldshofen

TIPP 6 Nach dem Friedhof beim Kreisverkehr ist rechter Hand der Anschluss an Tour 6 gegeben. Um zum Ausgangspunkt Ihrer Rundtour zu gelangen fahren Sie geradeaus weiter.

Entlang der **Wangener Straße** fahren Sie vorbei am Friedhof bis zum großen Kreisverkehr. Auf dem straßenbegleitenden Radweg die erste Ausfahrt Richtung Brücke nehmen und die Eschach überqueren. Rechts in die **Obere Vorstadtstraße**, folgen Sie dem Straßenverlauf bis zum Freibad.

Leutkirch im Allgäu

Tour 8 Landschmecker 44,8 km

HM/km: ↗ 8,6 (384m) ↘ 8,6 (384m) Radweg: 18 % Unbefestigt: 6 % Verkehr: 7 %

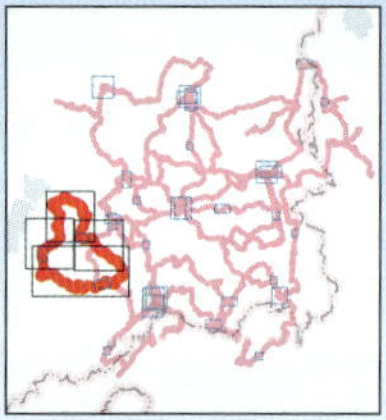

Die imposante Waldburg im Fokus, radeln Sie großteils am Rand der Talsenken mit Blick auf das Alpenpanorama. Stände zahlreicher Direktvermarkter am Wegesrand und Hofläden bieten kulinarische Genüsse und Selbstgemachtes zum Kauf und laden zum Verkosten der regionalen Spezialitäten ein. Aber auch landschaftlich und kulturgeschichtlich ist die Rundtour durch die Region Waldburg mit ihren Gemeinden Amtzell, Bodnegg, Grünkraut, Schlier, Vogt und Waldburg ein Genuss. Tipp: Große Satteltaschen sind von Vorteil, wenn Sie sich auf die genussvolle Reise begeben!

Charakteristik

Start/Ziel: Gästeamt Waldburg

Wegbeschaffenheit: Die Route verläuft auf befestigten bzw. asphaltierten Radwegen und Straßen, kurze unbefestigte Abschnitte sind gut befahrbar.

Verkehr: Die Strecke führt großteils über verkehrsarme Straßen und Wege, mit etwas mehr Verkehr ist nur in den Städten zu rechnen.

Beschilderung: Einheitliche, durchgehende Beschilderung.

Steigungen: Mit sportlichen Etappen entlang der Tour überwinden Sie insgesamt 396 Höhenmeter, diese fordern einiges an Kondition.

An-/Abreise: PKW: Über die A 96, Abfahrt Wangen-West oder Kißlegg; B 32 von Wangen und Ravensburg. Parken: hinter dem Rathaus in Waldburg. Bahn: Bahnlinie Ulm-Friedrichshafen. Bus: Verbindung ab Bhf. Ravensburg

Anschlusstour(en): 9

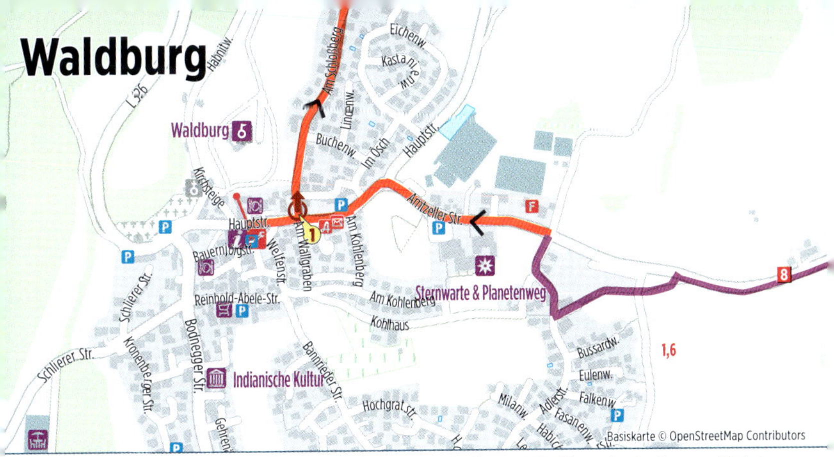

1 Waldburg

Vorwahl: 07529

Gästeamt Waldburg, Hauptstr. 20, Rathaus, ✆ 971710, ✆ 971711, @ jyj663

Waldburg, Schloss 1, ✆ 0170/3867302 Die Ursprünge der Burg gehen auf das

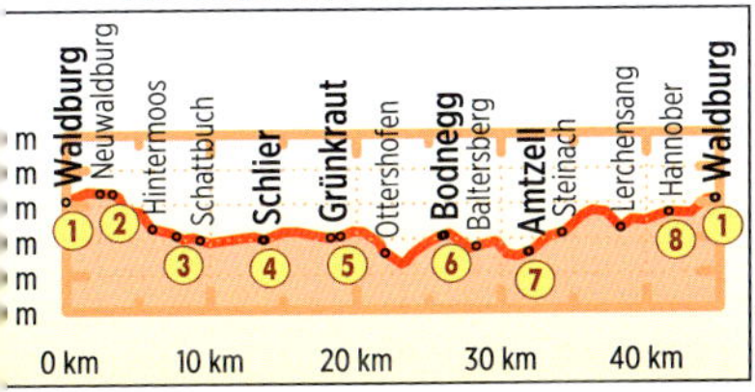

12. Jh. zurück. Die gut erhaltene mittelalterliche Burganlage beheimatet ein Museum zur Geschichte des Hauses Waldburg und der Landesvermessung. Die Burg kann ohne Führungen besichtigt werden. @ ykn646

Sternwarte & Planetenweg, Amtzeller Str., bei der Schule Waldburg, ✆ 07502/2624 Die Sternwarte bietet öffentliche Führungen mit Diavorträgen und Beobachtungsmöglichkeit an. Beim Wandern durch das Sonnensystem verraten Info-

Blick auf die Waldburg und das Alpenpanorama

Tafeln viel Wissenswertes über die Planeten. Der Planetenweg ist frei zugänglich. @ ouh482

- **Straußenfarm**, Hinterwiddum 2, ✆ 913335 ⓖⓒ Auf der Farm erkunden Sie den größten Laufvogel der Welt. Sie erfahren Interessantes von der Aufzucht über die Lebensweise bis hin zu den verschiedenen Straußenprodukten. @ eel422
- **Obstlehrpfad**, Schädlers Kreuz ㉔ Lehrpfad mit 40 verschiedenen Obstbäumen und Info-Tafeln.

Stetig bergauf radeln Sie entlang von Wiesen und Feldern Richtung **Neuwaldburg.** Nach dem Queren der L 325 geradeaus durch die Häusergruppe und ein kurzes Stück auf einem unbefestigten Feldweg. **2** An der T-Kreuzung am Waldrand links halten, hügelig durch den Wald erreichen Sie **Oberankenreute.**

Unterankenreute (Schlier)

- **Rößlerweiher.** Badeweiher mit Liegewiese und Umkleidekabine.

3 Geradewegs durch Unterankenreute und am Ortsende links Richtung Rößlerweiher.

8a
Wolfsberg
625
Stiller Bach
Rößlerweiher
3
Unterankenreute
1,5
2,6
Schattbuchhof
Schattbuch
Gessenried
Wolfeggerstr.
Hintermoos
Oberankenreute
3,5
Appenberg
Albisreute
3,2
Wetzisreute
2
8b
Graswe
8d
Scherzachstr.
Schendenberg
695
Galgenberg
775
Neuwaldburg
Greut
325
Schlier
L326
Hauptstr.
4
Mühlenreute
Rathausstr.
2,4
Hohbühl
765
Obstlehrpfad
Grünkrauterstr.
Hirschgehege
Sieberatsreute
Waldburg
Richlisreute
Waldburg
Edensbach
Hauptstr.
9
Amtzellerstr.
3,8
Frankenberg
1
8
139
Ritteln
Sternwarte & Planetenweg
6

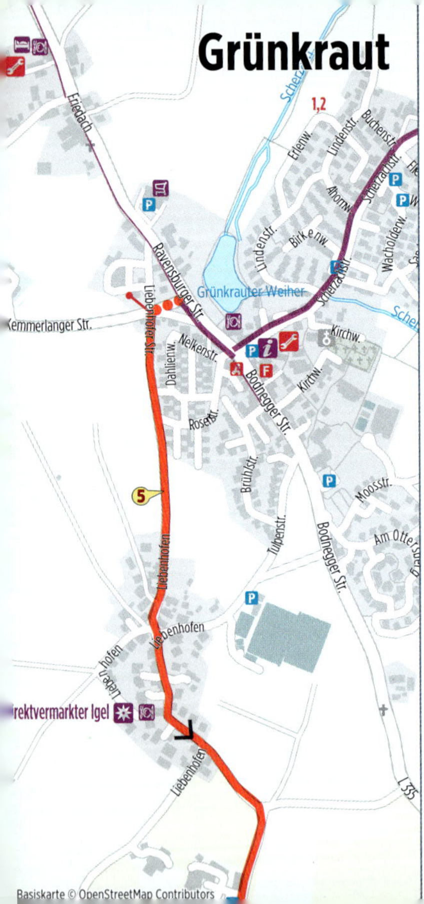

Schattbuch (Schlier)

Vorwahl: 0751

Schattbuchhof, Schattbuch 1, ✆ 42270. Selbstbedienungs-Hofladen mit regionalen Spezialitäten. @ dsj366

4 Schlier

5 Grünkraut

Vorwahl: 0751

Gästeamt, Scherzachstr. 2, ✆ 760211, @ hpq125

Direktvermarkter Familie Igel, Liebenhofen 56, ✆ 62898. Geboten werden Most, Kartoffeln und im Gasthaus oberschwäbische Vesperspezialitäten. @ kxb514

6 Bodnegg

Vorwahl: 07520

Gemeinde Bodnegg, Dorfstr. 18, ✆ 92080, @ dwp318

St. Ulrich und Magnus, Kirchweg Die Barockkirche mit sehenswerter Ausstattung steht auf den Grundmauern einer frühromanischen Kirche und wurde im 13. Jh. erstmals urkundl. erwähnt.

Café und Weltladen Rupp, Dorfstr. 10,

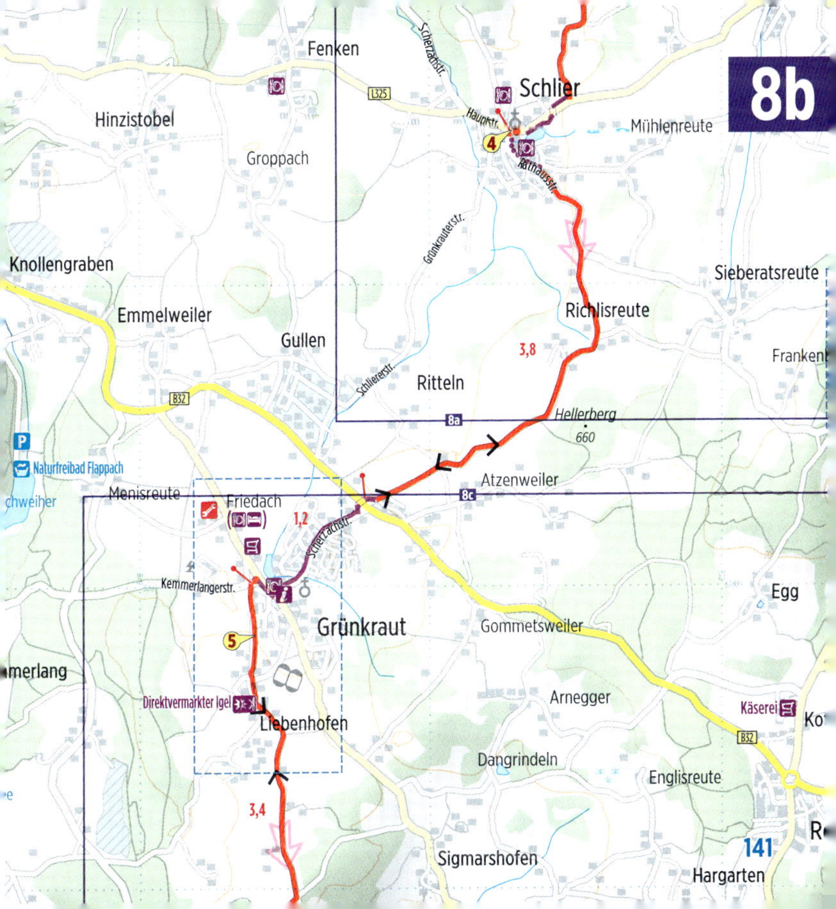
8b
Fenken
Schlier
L325
Scherzachstr.
Hauptstr.
Rathausstr.
Mühlenreute
Hinzistobel
Groppach
4
Grünkrauterstr.
Knollengraben
Sieberatsreute
Emmelweiler
Gullen
Richlisreute
3,8
Frankenb
Schliererstr.
Ritteln
B32
8a
Hellerberg
660
P
Naturfreibad Flappach
Atzenweiler
Menisreute
chweiher
Friedach
8c
1,2
Scherzachstr.
Kemmerlangerstr.
Egg
Grünkraut
Gommetsweiler
5
merlang
8
Arnegger
Direktvermarkter Igel
Käserei
Ko
Liebenhofen
B32
Dangrindeln
Englisreute
3,4
Sigmarshofen
Hargarten

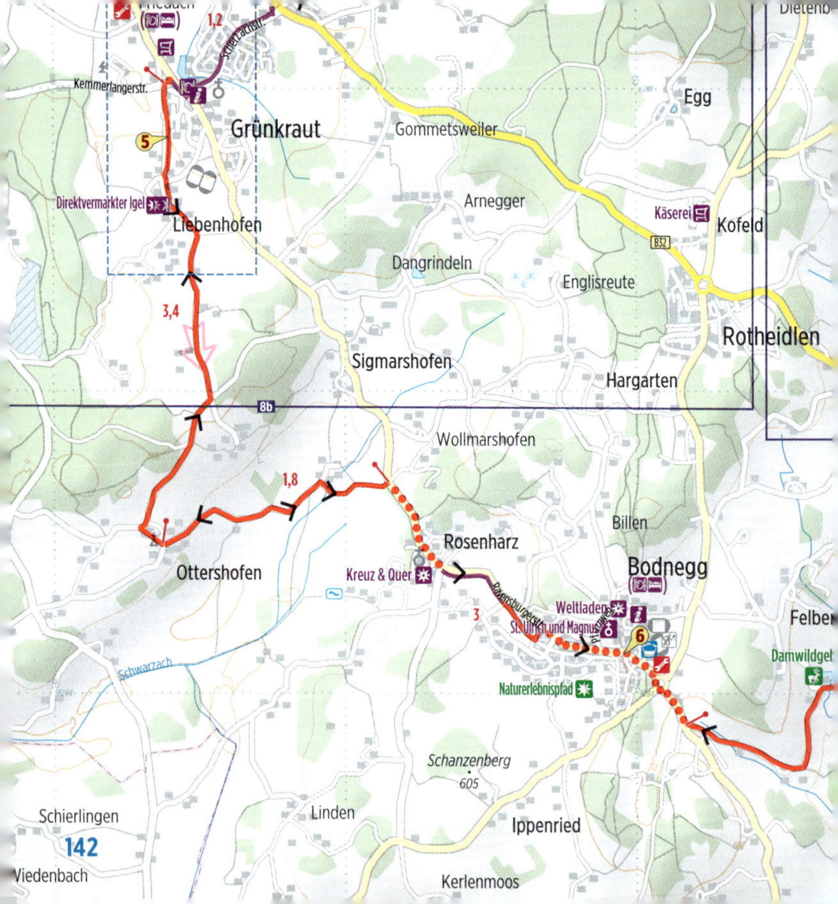

Kemmerlangerstr.
Scherzachstr.
1,2
Grünkraut
5
Direktvermarkter Igel
Liebenhofen
3,4
Gommetsweiler
Egg
Arnegger
Käserei
Kofeld
B32
Dangrindeln
Englisreute
Rotheidlen
Sigmarshofen
Hargarten
8b
Wollmarshofen
1,8
Rosenharz
Billen
Ottershofen
Kreuz & Quer
Bodnegg
Ravensburgerstr.
3
Weltladen
Pfarrweg
St. Ulrich und Magnus
6
Felber
Damwildgel
Schwarzach
Naturerlebnispfad
Schanzenberg
605
Linden
Ippenried
Schierlingen
Viedenbach
Kerlenmoos

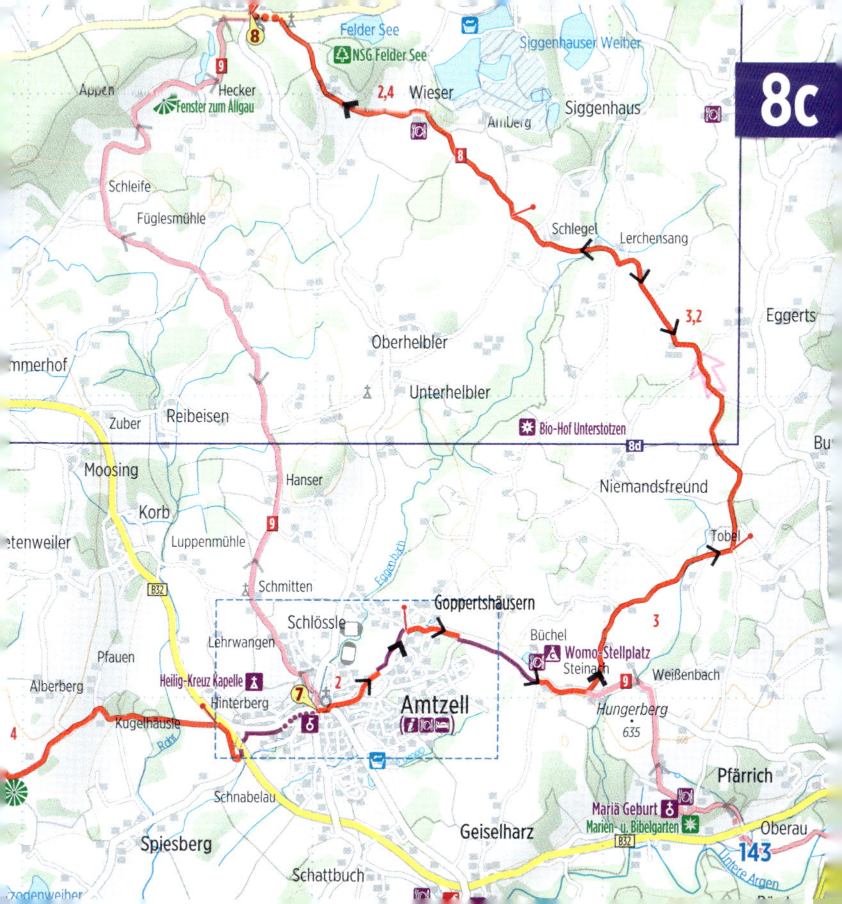

8c
Felder See
NSG Felder See
Siggenhauser Weiher
Appen
Hecker
Fenster zum Allgäu
2,4
Wieser
Amberg
Siggenhaus
Schleife
Füglesmühle
Schlegel
Lerchensang
3,2
Eggerts
Oberhelbler
Unterhelbler
Zuber
Reibeisen
Bio-Hof Unterstotzen
8d
Moosing
Hanser
Niemandsfreund
Korb
Luppenmühle
Tobel
Eggenbach
Schmitten
Goppertshäusern
Schlössle
Lehrwangen
Büchel
Womo-Stellplatz
Steinach
Weißenbach
Pfauen
Alberberg
Heilig-Kreuz Kapelle
Hinterberg
Amtzell
Hungerberg
635
Kugelhäusle
Rohr
B32
Schnabelau
Pfärrich
Mariä Geburt
Marien- u. Bibelgarten
Oberau
Spiesberg
Geiselharz
Schattbuch
Untere Argen

Rast im Biergarten

✆ 2179. Das Sortiment - Eis, Torten, Brote, Geschenkartikel u.v.m - ist regional, biologisch & fair gehandelt. @ ury688

Kreuz & Quer, Rosenharz 1, ✆ 929-2767 Die Manufaktur der Behindertenwerkstatt Rosenharz bietet Papeterie- und Geschenkartikel, Honig u. v. m. an. @ mtc786

Naturerlebnispfad, Im Brühl (24) Über Stock und Stein, an Biotopen vorbei, erklären Schautafeln die heimische Bodenbewirtschaftung und geben Einblicke in die Tier- u. Pflanzenwelt. @ adb765

Hallenbad Bodnegg, Dorfstr. 36, ✆ 920729, @ dej552

7 Amtzell

Vorwahl: 07520

Gästeservice, Waldburger Str. 4, ✆ 95012, @ gtg338

6 Altes Schloss, Haslacher Str. 14. Der dreigeschossige Rechteckbau mit zwei Rundtürmen und Walmdach stammt aus dem

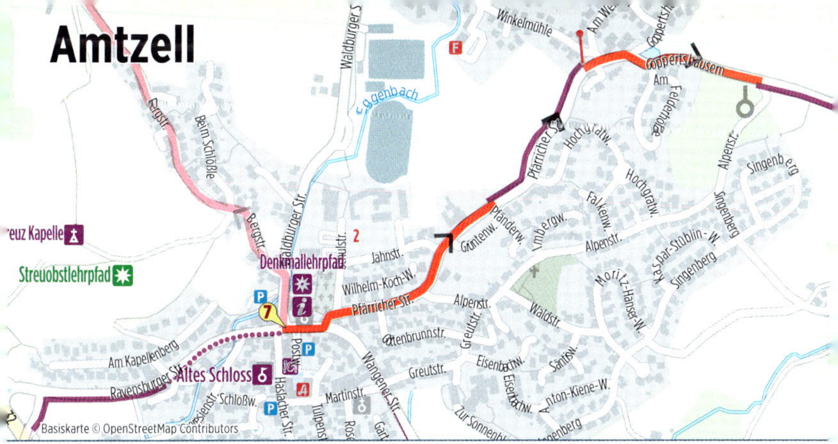

15. Jh. Das Schloss wurde unter Freiherr Reichlin von Meldegg von 1752 - 1754 im Stil des Barock umgebaut. Seit 1839 befindet sich das Gebäude im Besitz der Gemeinde Amtzell und wird als Kulturzentrum genutzt. @ lol563

- **Bio-Hof Unterstotzen**, Unterstotzen 1, ☎ 9667557 Neben Edelbränden und Cidre werden dekorative Accessoires angeboten. @ bjj715
- **Technischer Denkmallehrpfad**, ☎ 95012 Führungen durch die Reibeisenmühle, die Hammerschmiede, das Sägewerk Hagmühle und die Alte Käserei Pfärrich. Original erhaltene technische Anlagen, Werkzeuge, Möbel und Alltagsgeräte geben einen lebendigen Einblick ins Leben der ehemaligen Bewohner und Handwerker. @ rer634
- **Streuobstlehrpfad**, Kapellenberg. Der Pfad hoch zur Kapelle informiert über die biologische Vielfalt von Streuobst und eröffnet eine wunderbare Sicht in die Alpen.

Kartoffelwagen beim Hofladen Liebenhofen

Singenberger Weiher, 95017. Liegewiese, Sanitäranlagen. @ fhu131

Mit einem kräftigen Tritt in die Pedale radeln Sie bergauf über **Steinach** nach **Tobel**. Weiter im hügeligen Verlauf erreichen Sie über Hannober Ihren Ausgangspunkt in Waldburg.

Pfärrich (Amtzell)

Wallfahrtskirche Maria Geburt, Pfärrich 7, 07520/95012, 07520/5524. Die ursprüngl. gotische Kirche erfuhr nach dem Dreißigjährigen Krieg eine bauliche Erweiterung im frühbarocken Stil. Sehenswert sind die reiche Innenausstattung und der angrenzende Marien- und Bibelgarten. Rosen, Kräuter, Bäume, Apothekerpflanzen, Texte aus der Bibel und Schautafeln erklären die symbolische Bedeutung der Pflanzen im Christentum und deren Nutzungsmöglichkeiten. @ bly536

Wieser (Amtzell)

8 Hannober (Waldburg)

Vorwahl: 07529

Adrian-Genussmanufaktur, Am Langholz 17, 974546, 974574 Erlebniswelt durch die einzelnen Produktionsstufen der Spezialitäten oberschwäbischer Streuobstkulturen. @ gac356

Baggersee Grenis, 20931, @ rtc365

Edensbach (Waldburg)

Damwildgehege, Edensbach 71, 07529/3675. 7 ha großes Damwildgehege. @ pgt537

Waldburg

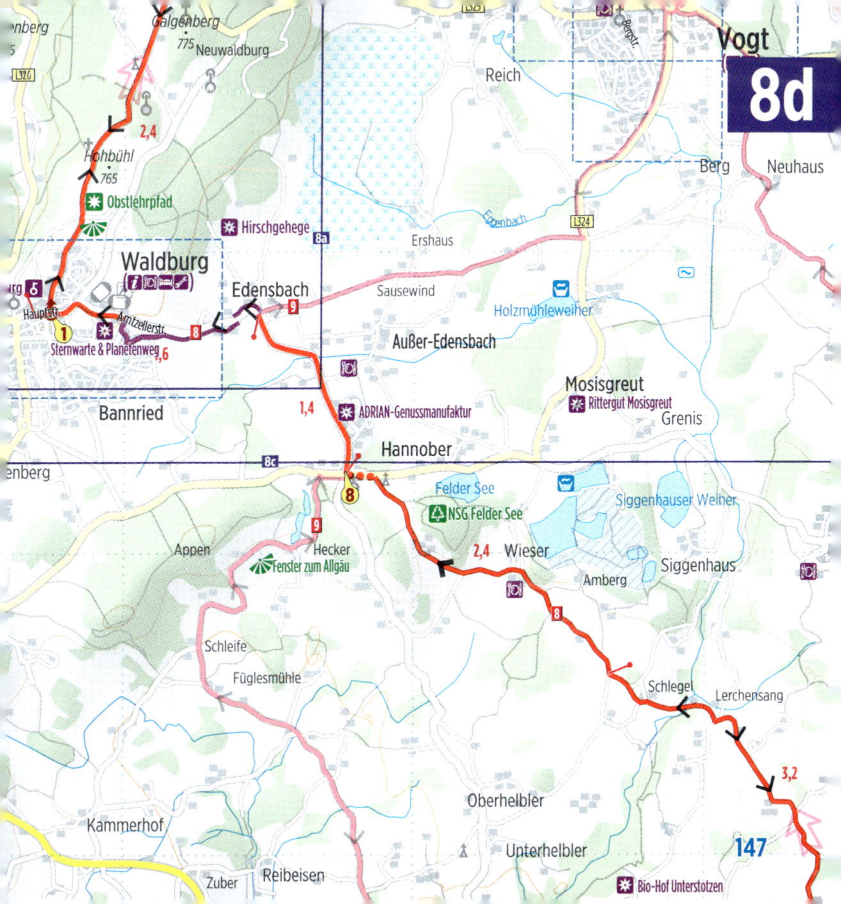

8d
Vogt
Galgenberg
775
Neuwaldburg
Reich
Bergstr.
Berg
Neuhaus
L326
2,4
Hohbühl
765
Obstlehrpfad
Hirschgehege
8a
Ershaus
Ergenbach
L324
Waldburg
Edensbach
Sausewind
Holzmühleweiher
Hauptstr.
Amtzellerstr.
1
Sternwarte & Planetenweg
8
9
6
Außer-Edensbach
Mosisgreut
Rittergut Mosisgreut
Grenis
Bannried
1,4
ADRIAN-Genussmanufaktur
Hannober
8c
Felder See
NSG Felder See
Siggenhauser Weiher
Appen
Hecker
Fenster zum Allgäu
Wieser
Siggenhaus
Amberg
Schleife
Füglesmühle
Schlegel
Lerchensang
3,2
Oberhelbler
Kammerhof
Unterhelbler
Zuber
Reibeisen
Bio-Hof Unterstotzen

Tour 9 Gartenfreunde 42,1 km

HM/km: ↗ 7,8 (330m) ↘ 7,9 (334m) Radweg: 18 % Unbefestigt: 0 % Verkehr: 4 %

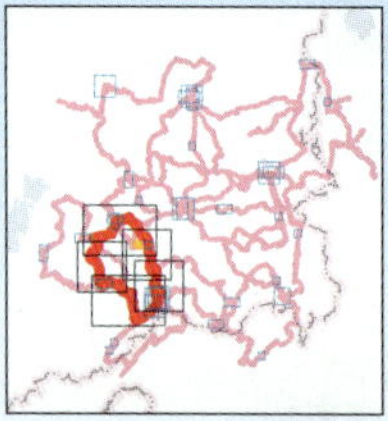

Naturschutzwiesen, saftig grünes Weideland und bewaldete Hügelmeere, die in der Ferne von den Alpen begrenzt sind - hier zeigt sich der große Landschaftsgarten von seiner schönsten Seite. Daneben gibt es kleine Gartenparadiese in Form von bunten Bauerngärten und Themengärten, wie den Mariengarten Pfärrich sowie den Kräutergarten „Himmelszipfele" in Leupolz zu entdecken. Entlang der Tour frönen Sie ganz der Gartenlust, ob auf einer Bank an einem der herrlichen Aussichtsplätze mit Blick in die imposante Landschaft, beim Halt in den schmucken Dörfern oder im gemütlichen Biergarten - Gartenlust pur!

Charakteristik

Start/Ziel: Freibad Stefanshöhe Wangen

Wegbeschaffenheit: Die Route verläuft auf befestigten bzw. asphaltierten Radwegen und Straßen.

Verkehr: Die Strecke führt großteils über verkehrsarme Straßen und Wege.

Beschilderung: Einheitliche, durchgehende Beschilderung.

Steigungen: Sportliche Etappen entlang der Tour fordern einiges an Kondition.

An-/Abreise: PKW: Über die Autobahn A 96, die Bundesstraßen B 32 und B 12 sowie mehrere Landes- und Kreisstraßen. Parken: Freibad Stefanshöhe. Bahn: Deutsche Bahn oder Bus des Bodo-Netzes.

Anschlusstour(en): 5, 8, 10, 12

Eselmühle mit den städtischen Museen Wangen im Allgäu

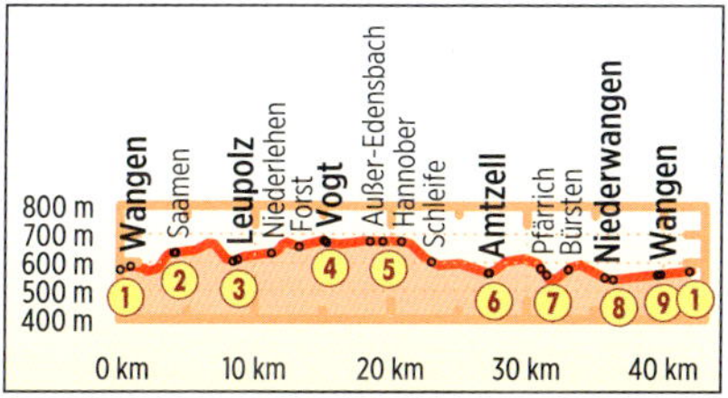

1 Die Rundtour startet beim Wangener Freibad und führt rechts am Hammerweiher vorbei Richtung Leupolz.

Wangen im Allgäu

Vorwahl: 07522

ℹ Gästeamt - Tourist Information, Bindstr. 10, ✆ 74211, @ fgf616

Wangener Museumslandschaft, Eselberg 1, ✆ 912682, ✆ 74211 Die Eselmühle beherbergt das „Wangener Heimatmuseum", das „Museum für Mechanische Musikinstrumente" und das angegliederte „Käsereimuseum". Entlang der Stadtmauer gelangt man zu den literarischen Museen und Archiven von Joseph Freiherr von Eichendorff und Gustav Freytag. Durch den Pulverturm gelangt man zum „Badstuben-Museum" mit der „Städtischen Galerie". @ puc437

Evangelische Kirche, Bahnhofpl. 6, ✆ 2324. Die evangelische Kirche wurde in den Jahren 1890-1893 nach den Plänen des Stuttgarter Architekten Theophil Frey erbaut. Zur Einweihung war der König von Württemberg zu Gast. Zur 100-Jahr-Feier im September 1993 wurde das Kirchengebäude gründlich renoviert. @ sve218

Spitalkirche, Spitalstr. 16, ✆ 707990. Sie wurde 1719 bis 1723 anstelle einer mittelalterlichen Kapelle erbaut. @ fgj224

St.-Martins-Kirche, Marktpl. 4. Die Kirche gehört zu den ältesten Baudenkmälern der Stadt. Ihr Turm reicht bis in die Hohenstaufenzeit zurück und ist bis zur Glockenstube mit unregelmäßigen Findlingssteinen im romanischen Stil erbaut worden. Auf dem Kirchplatz, dem früheren Friedhof von St. Martin, steht seit Juli 2002 die sechs Meter hohe Skulptur des „Seelenmals" von Ubbo Enninga. @ rvw834

Franziskanerklösterle, Am Klösterle 1, ✆ 913600. Die Franziskaner leben seit 1930 in einem ehem. Bauernhof, der umgebaut und erweitert wurden, in Wangen. Der liebevoll angelegte Klostergarten ist frei zugänglich und für viele ein Ort der Ruhe, Einkehr und „Natur-Tankstelle". @ rcf226

Burgruine Praßberg (24) Die sagenumwobene Burg wurde 1123 erbaut und durchlebte eine bewegte Zeit mit zahlreichen Besitzwechseln. Obwohl die Burg seit Beginn des 19. Jhs. verfiel, war sie bis 1835 bewohnt. Von der Anlage sind noch der Bergfried und die Ringmauer erhalten.

Pulverturm und Stadtmauer in Wangen

Pulverturm, Argenufer. Der Turm wurde früher auch als Wasser- oder Färberturm bezeichnet und stammt ursprünglich aus dem 15. Jh. @ ndl641

Frauentor, Herrenstr. 40. Die heutige Form des Tores stammt aus 1608. @ lgd774

St. Martins Tor, Paradiesstr. 10. Heute wird es auch Lindauer Tor genannt. @ oix273

Freibad Stefanshöhe, Burgelitz 15, ✆ 1225 ⑯, @ quo611

Großweiher Röhrenmoos. Dieser Weiher ist 11 ha groß und 53 Meter tief und lädt im Sommer zu einer kühlen Erfrischung ein.

Die ehemalige freie Reichsstadt besticht durch ihre mittelalterlichen Türme und Tore. Zu den schönsten Straßenbildern Süddeutschlands zählen der Marktplatz, die Herren- und die Paradiesstraße. Gebäude wie das Rathaus, das Hinderofenhaus oder die St.-Martins-Kirche lohnen einen

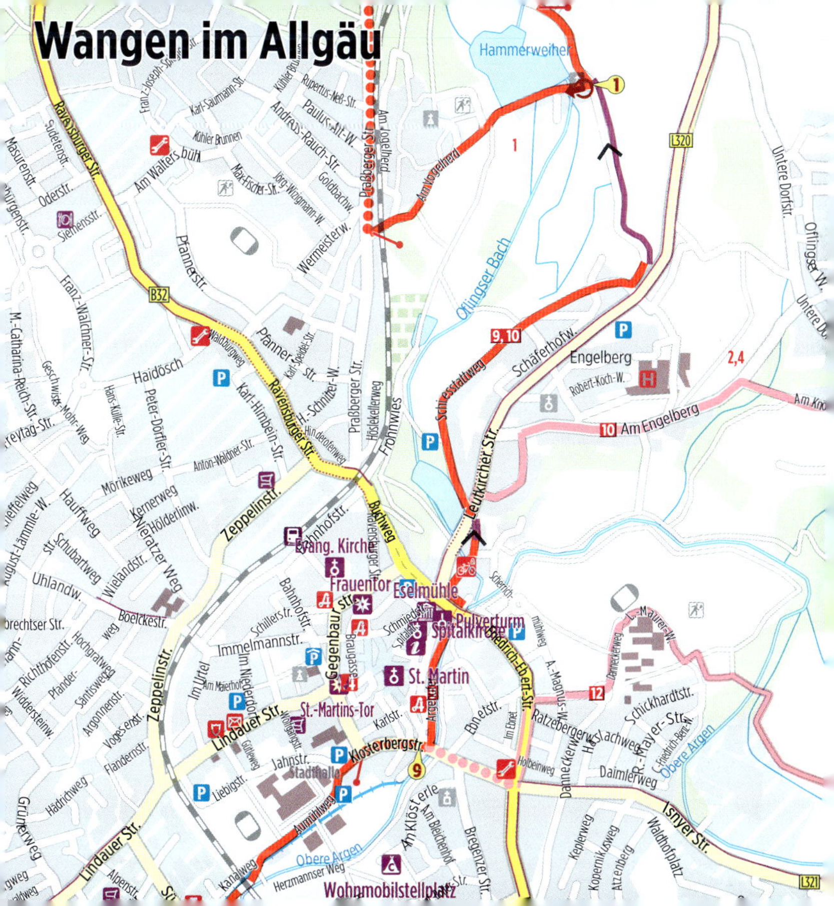

Wangen im Allgäu
Hammerweiher
1
L320
Untere Dorfstr.
Oflingser W.
Untere Dorf
Am Vogelherd
Am Vogelherd
Praßberger Str.
Rupertus-Neß-Str.
Paulus-Alt-W.
Andreas-Rauch-Str.
Goldbachw.
Jörg-Wizigmann-W.
Max-Fischer-Str.
Kühler Brunnen
Karl-Saumann-Str.
Franz-Joseph-Spiegler-Str.
Am Waltersbühl
Wermeisterw.
Ravensburger Str.
Sudetenstr.
Masurenstr.
Oderstr.
Siemensstr.
Pfannerstr.
B32
Oflingser Bach
Schäferhofw.
Engelberg
Robert-Koch-W.
2,4
Am Kno
10
Am Engelberg
9, 10
Schiesstattweg
Leutkircher Str.
Franz-Walchner-Str.
M.-Catharina-Reich-Str.
Geschwister-Mohr-Weg
Haidösch
Waldburgweg
Pfanner-Str.
Karl-Speidel-Str.
H.-Schnitzer-W.
Praßberger Str.
Höslekellerweg
Frohnwies
Hinderofenweg
Karl-Himbein-Str.
Hans-Kolle-Str.
Peter-Dörfler-Str.
Freytag-Str.
Anton-Waldner-Str.
Mörikeweg
Kernerweg
Hölderlinw.
Nieratzer Weg
Zeppelinstr.
Bahnhofstr.
Buchweg
Ravensburger Str.
Hauffweg
Schubartweg
Wielandstr.
Uhlandw.
Boelckestr.
Evang. Kirche
Frauentor
Eselmühle
Pulverturm
Spitalkirche
Schmiedstr.
Spitalstr.
Bahnhofstr.
Schillerstr.
Immelmannstr.
Gegenbaurstr.
Braugasse
St. Martin
St.-Martins-Tor
Karlstr.
Argenstr.
Ebnetstr.
Im Ebnet
Friedrich-Ebert-Str.
A.-Magnus-Str.
12
Ratzenbergerweg
Haslachweg
Schickhardtstr.
R.-Mayer-Str.
C.-Friedrich-Benz-W.
Obere Argen
Daimlerweg
Danneckerweg
L.-Maurer-W.
Holbeinweg
Klosterbergstr.
9
Stadthalle
Jahnstr.
Güllenweg
Lindauer Str.
Im Niederdorf
Am Maierhof
Im Urtel
Richthofenstr.
Hochgratweg
Pfänder-
Säntisweg
Argonnenstr.
Vogesenstr.
Flandernstr.
Widdersteinw.
Zeppelinstr.
Liebigstr.
Hadrichweg
Grünerweg
Lindauer Str.
Alpenstr.
Aumühlweg
Kanalweg
Herzmannser Weg
Obere Argen
Am Klösterle
Am Bleichenhof
Bregenzer Str.
Wohnmobilstellplatz
Isnyer Str.
Waldhofplatz
Atzenberg
Kopernikusweg
Keplerweg
L321

Blick auf den Weinberg und die Pfarrkirche St. Laurentius in Leupolz

Stadtrundgang. Ebenso lädt die reizvolle Umgebung zu Spaziergängen, Wanderungen oder Radtouren ein.

Deuchelried (Wangen im Allgäu)

St. Petrus, Kirchplatz. Die Kirche beherbergt eine lebensgroße holzgeschnitzte Madonna aus dem 18. Jh.

2 In dem Örtchen **Saamen** links ab Richtung Großweiher und durch den Campingplatz Röhrenmoos weiter nach Leupolz.

TIPP Der Großweiher lädt an heißen Tagen zu einer Abkühlung, bevor es im hügeligen Verlauf weiter nach Leupolz geht.

Leupolz (Wangen im Allgäu)

Vorwahl: 07506

Ortsverwaltung, Am Dorfpl. 2, ✆ 254, @ yrd428

Museum ländliches Kulturgut im Dorfstadel, Am Dorfpl. 2, ✆ 254 Auf 4 Stockwerken bietet das Museum Einbli-

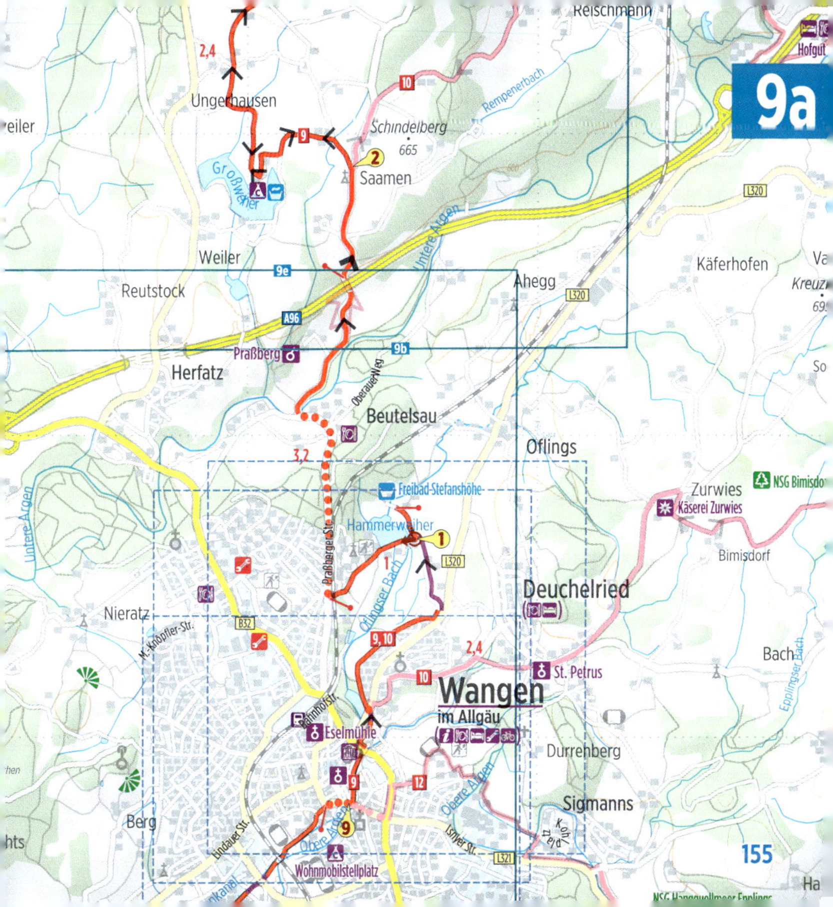
9a
Reischmann
Hofgut
2,4
Ungerhausen
10
Rempenerbach
Schindelberg
665
9
2
Saamen
Großweiher
L320
Weiler
Untere Argen
9e
Reutstock
Ahegg
L320
Käferhofen
Kreuz
A96
9b
Praßberg
Herfatz
Oberauer Weg
Beutelsau
Oflings
3,2
Freibad Stefanshöhe
Zurwies
Käserei Zurwies
NSG Bimisdorf
Hammerweiher
1
L320
1
Bimisdorf
Untere Argen
Praßberger Str.
Ofinger Bach
Nieratz
Deuchelried
B32
M.-Knöpfler-Str.
9, 10
2,4
Bach
St. Petrus
10
Epplinger Bach
Bahnhofstr.
Wangen
im Allgäu
Eselmühle
Durrenberg
9
12
Obere Argen
Sigmanns
Berg
Kohlplatz
9
Lindauer Str.
Isnyer Str.
Obere Argen
L321
Wohnmobilstellplatz
Ha

cke in das ländliche Kulturgut der Gemeinde. @ otl133

- **Allgäuer Emmentalkäserei**, Steinbergstr. 1, ✆ 225 Führungen sind möglich. @ col536
- **Kräutergärtle Himmelszipfele**, Dorfpl., ✆ 1379 Hier finden Sie eine große biologische Vielfalt auf kleinstem Raum. @ cfn578

AUSSTIEG **3** Hier bietet sich ein Ausflug zum Naturbadeweiher in Karsee an.

Karsee (Wangen im Allgäu)

Vorwahl: 07506

- **Ortsverwaltung**, Seestr. 1, ✆ 265, @ ufb867
- **Skulpturenweg**, Seestr., Parkplatz beim Sportpl. Kunstentdeckungsreise rund um den Karsee. Wegeplan mit Informationen im Infokasten beim Startpunkt. @ cup245

Nach dem straßenbegleitenden Radweg am Ortsende von **Leupolz** halten Sie sich links und folgen für rund 6,5 km der Straße nach Vogt. Die Route führt vorbei an Wiesen und Feldern und durch kleine Ortschaften und Weiler. Nach **Niederlehen** ist der Anschluss an **Tour 5** gegeben.

4 Vogt

Vorwahl: 07529

- **Gästeamt Vogt**, Kirchstr. 11, ✆ 2090, @ euq776
- **Ehem. Rittergut Mosisgreut**, Rittergut Mosisgreut 1. Das Jagdschlösschen mit

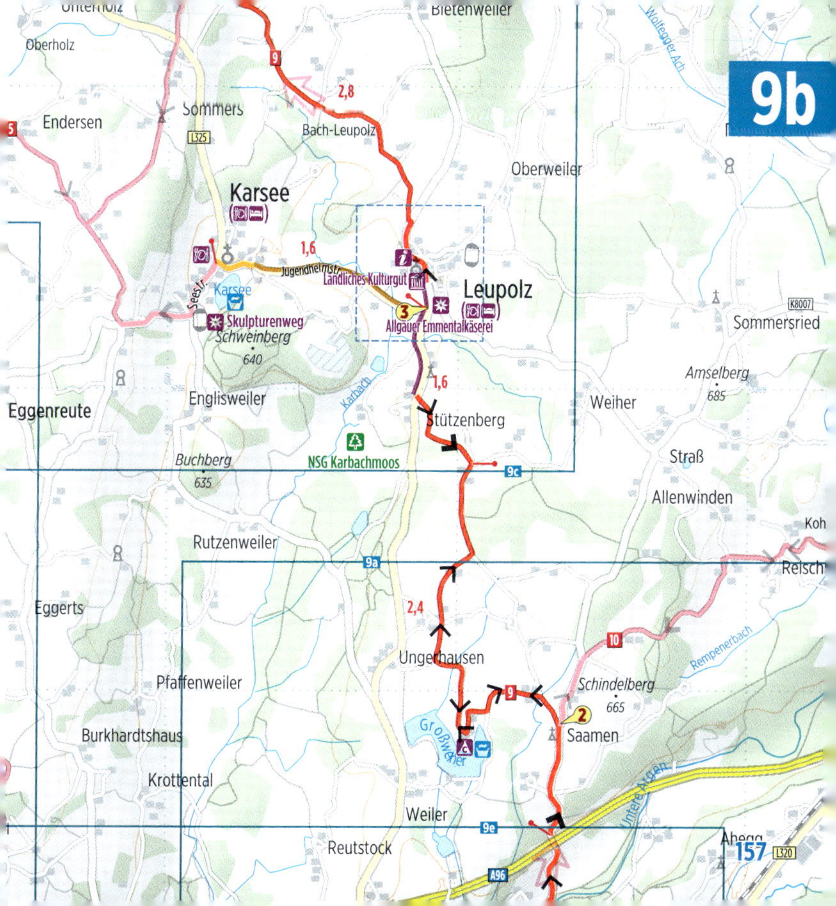
9b
Oberholz
Bietenweiler
Sommers
Endersen
L325
2,8
Bach-Leupolz
Oberweiler
Karsee
1,6
Jugendheimstr.
Ländliches Kulturgut
Leupolz
Karsee
Seestr.
Skulpturenweg
Schweinberg
640
3
Allgäuer Emmentalkäserei
K8007
Sommersried
Amselberg
685
1,6
Englisweiler
Karbach
Weiher
Eggenreute
Stützenberg
Straß
Buchberg
635
NSG Karbachmoos
9c
Allenwinden
Rutzenweiler
9a
Reisch
Eggerts
2,4
10
Rempenerbach
Ungerhausen
Pfaffenweiler
Schindelberg
665
9
2
Saamen
Großweiher
Burkhardtshaus
Krottental
Untere Argen
Weiler
9e
Reutstock
A96
L320
Wolfegger Ach

Blick auf Amtzell im Allgäu mit Alpen im Hintergrund

mittelalterlichem Vorgängerbau aus dem 16. Jh. wurde originalgetreu restauriert und befindet sich in Privatbesitz. Es ist umgeben von einem historischen Gebäudeensemble mit ehem. Ziegelei-, Käsereigebäude, Burggraben sowie einer gotischen Kapelle.

Naturfreibad Holzmühleweiher, ✆ 20928. Moorsee mit Liegewiese und Sanitäranlagen.

Gesäumt von Einödhöfen mit farbenfrohen Bauerngärten radeln Sie durch die facettenreiche, hügelige Landschaft über Hannober nach Amtzell.

5 Edensbach (Waldburg)

✱ **Damwildgehege,** Edensbach 71, ✆ 07529/3675. 7 ha großes Damwildgehege. @ pgt537

Hannober (Waldburg)

Vorwahl: 07529

✱ **Adrian-Genussmanufaktur,** Am Langholz 17, ✆ 974546, ✆ 974574 Erlebniswelt durch die einzelnen Produktionsstufen der Spezialitäten oberschwäbischer Streuobstkulturen. @ gac356

Baggersee Grenis, ✆ 20931, @ rtc365

TIPP Direkt am Wegesrand lädt eine kleine Ruheoase, das „Fenster zum Allgäu", beim Weiler Appen zur Rast ein. Der Rastplatz bietet einen faszinierenden Weitblick auf die Nagelfluhkette und die wunderschöne Allgäuer Weite.

6 Amtzell

Vorwahl: 07520

Gästeservice, Waldburger Str. 4, ✆ 95012, @ gtg338

Altes Schloss, Haslacher Str. 14. Der dreigeschossige Rechteckbau mit zwei Rundtürmen und Walmdach stammt aus dem

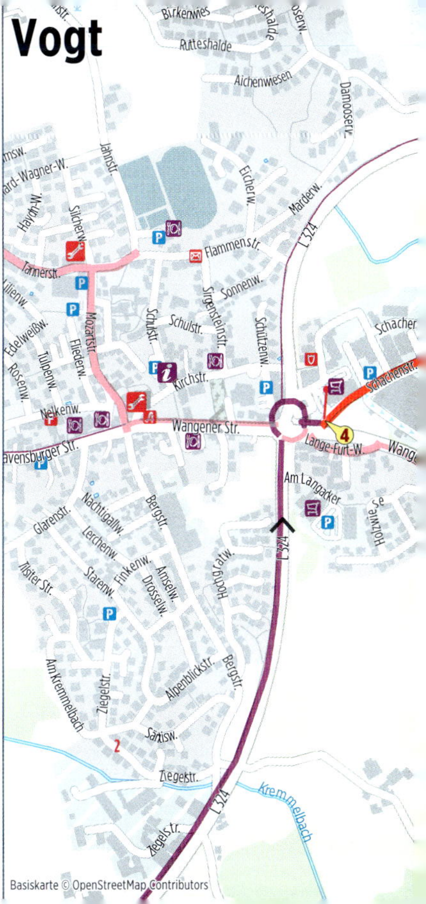

15. Jh. Das Schloss wurde unter Freiherr Reichlin von Meldegg von 1752 - 1754 im Stil des Barock umgebaut. Seit 1839 befindet sich das Gebäude im Besitz der Gemeinde Amtzell und wird als Kulturzentrum genutzt. @ lol563

Bio-Hof Unterstotzen, Unterstotzen 1, ✆ 9667557 Neben Edelbränden und Cidre werden dekorative Accessoires angeboten. @ bjj715

Technischer Denkmallehrpfad, ✆ 95012 © Führungen durch die Reibeisenmühle, die Hammerschmiede, das Sägewerk Hagmühle und die Alte Käserei Pfärrich. Original erhaltene technische Anlagen, Werkzeuge, Möbel und Alltagsgeräte geben einen lebendigen Einblick ins Leben der ehemaligen Bewohner und Handwerker. @ rer634

Streuobstlehrpfad, Kapellenberg. Der Pfad hoch zur Kapelle informiert über die biologische Vielfalt von Streuobst und eröffnet eine wunderbare Sicht in die Alpen.

Singenberger Weiher, ✆ 95017. Liegewiese, Sanitäranlagen. @ fhu131

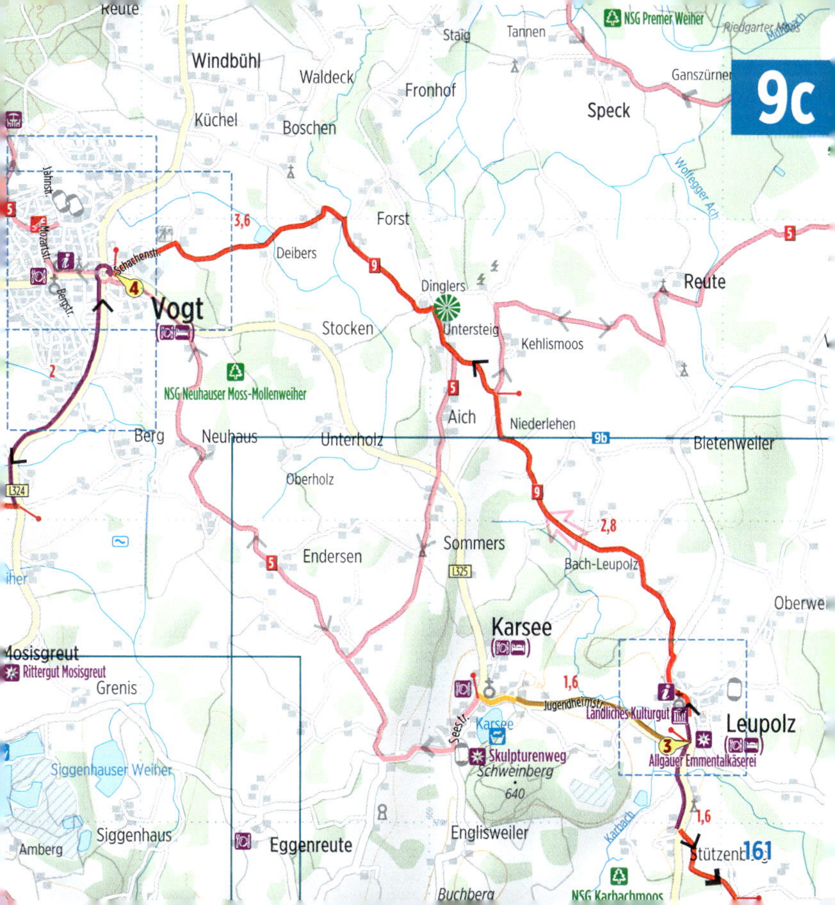

Reute
Windbühl
Waldeck
Staig
Tannen
NSG Premer Weiher
Riedgarter Moos
Fronhof
Ganszürner
Speck
Küchel
Boschen
Wolfegger Ach
Jahnstr.
Mozartstr.
Bergstr.
Schachenstr.
3,6
Deibers
Forst
Dinglers
Reute
Vogt
Stocken
Untersteig
Kehlismoos
NSG Neuhauser Moss-Mollenweiher
Aich
Niederlehen
Berg
Neuhaus
Unterholz
9b
Bietenweiler
L324
Oberholz
2,8
Endersen
Sommers
L325
Bach-Leupolz
Oberwei
Karsee
Mosisgreut
Rittergut Mosisgreut
Grenis
1,6
Jugendheimstr.
Ländliches Kulturgut
Leupolz
Seestr.
Karsee
Skulpturenweg
Schweinberg
640
Allgäuer Emmentalkäserei
Siggenhauser Weiher
1,6
Siggenhaus
Amberg
Eggenreute
Englisweiler
Karbach
Stützenb
NSG Karbachmoos
Buchberg

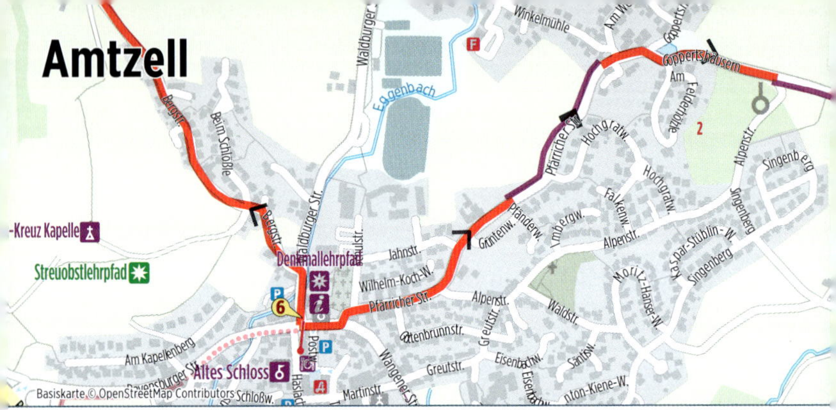

Es folgt ein konditionell anspruchsvoller Abschnitt mit stetigem Anstieg über **Goppertshausen** und **Steinach** nach **Weißenbach**. Schwungvoll bergab radeln Sie über Pfärrich der Unteren Argen entgegen.

7 Pfärrich (Amtzell)

Wallfahrtskirche Maria Geburt, Pfärrich 7, ✆ 07520/95012, ✆ 07520/5524. Die ursprüngl. gotische Kirche erfuhr nach dem Dreißigjährigen Krieg eine bauliche Erweiterung im frühbarocken Stil. Sehenswert sind die reiche Innenausstattung und der angrenzende Marien- und Bibelgarten. Rosen, Kräuter, Bäume, Apothekerpflanzen,Texte aus der Bibel und Schautafeln erklären die symbolische Bedeutung der Pflanzen im Christentum und deren Nutzungsmöglichkeiten. @ bly536

Niederwangen (Wangen im Allgäu)

Vorwahl: 07522

St. Andreas Kirche, Andreasstr. 1. 1244 erstmals erwähnt, während des Dreißigjährigen Krieges zum Teil zerstört. Anfang der 1980er Jahre vollständig renoviert.

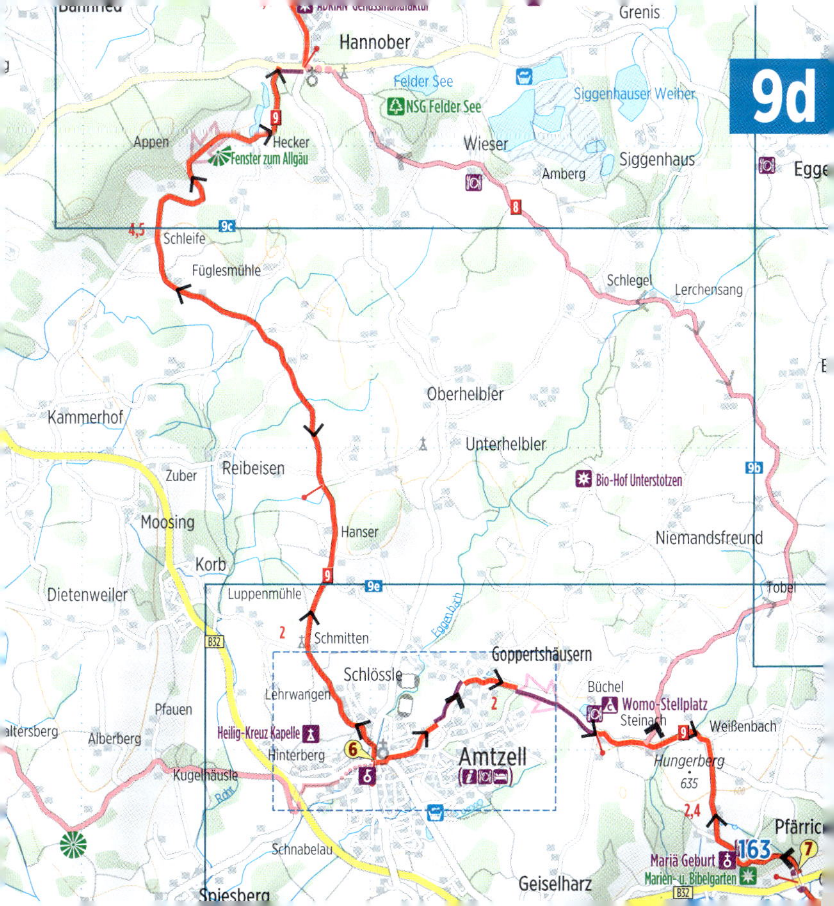
9d
Hannober
Grenis
Felder See
NSG Felder See
Siggenhauser Weiher
Appen
Hecker
Fenster zum Allgäu
Wieser
Siggenhaus
Amberg
Egge
9
8
4,5
9c
Schleife
Füglesmühle
Schlegel
Lerchensang
Oberhelbler
Kammerhof
Unterhelbler
Zuber
Reibeisen
Bio-Hof Unterstotzen
9b
Moosing
Hanser
Niemandsfreund
Korb
9
9e
Dietenweiler
Luppenmühle
Tobel
B32
2
Schmitten
Eggenbach
Goppertshäusern
Schlössle
Lehrwangen
2
Büchel
Womo-Stellplatz
Steinach
Pfauen
9
Weißenbach
Alberberg
Heilig-Kreuz Kapelle
Hinterberg
6
Amtzell
Hungerberg
635
Kugelhäusle
2,4
Pfärric
Schnabelau
163
7
Mariä Geburt
Marien- u. Bibelgarten
B32
Geiselharz
Spiesberg

Kalvarienberg-Kapelle. 1709 erbaut, 1919 wurde der heutige Kreuzweg hinzugefügt

Kaffeerösterei Jehle, Schuppenberg 2, ✆ 9764995 Röstvorführungen und Degustation. @ vmj134

8 Nach dem Unterqueren der **L 320** links entlang des straßenbegleitenden Radweges nach Wangen.

Wangen im Allgäu

9 Vor der Brücke über die Obere Argen links und am Ufer entlang. Fahren Sie unter der **Gallusbrücke** hindurch. Vorbei am **Schießstattweiher** radeln Sie am Ortsrand von Engelberg zurück zum Ausgangspunkt beim Wangener Freibad.

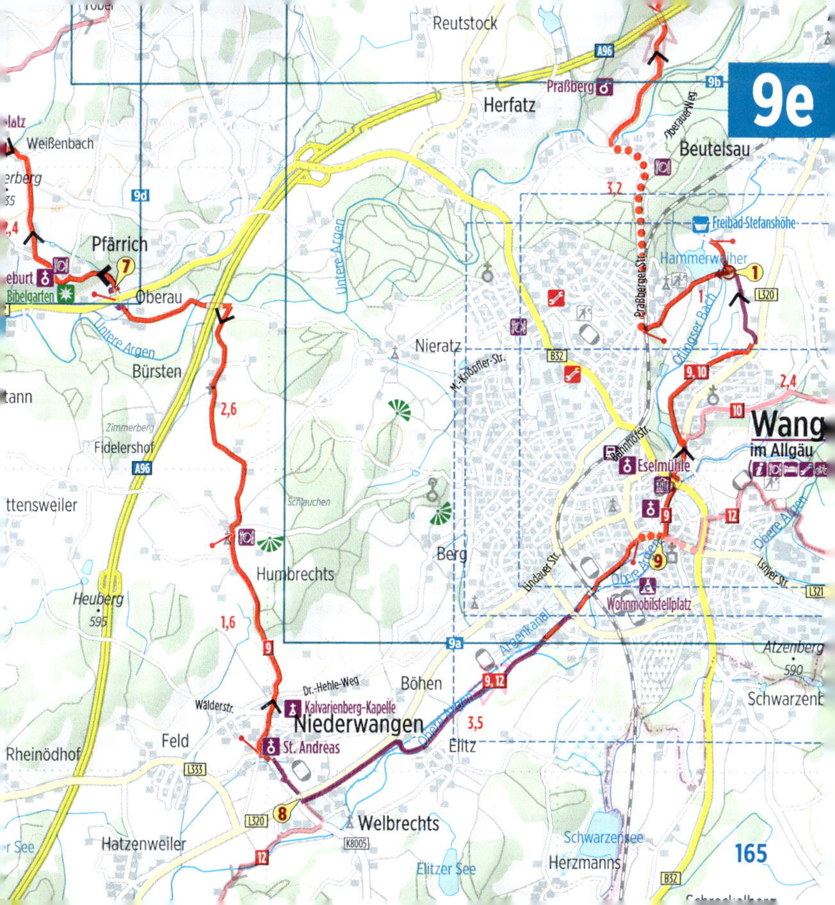
9e
Reutstock
A96
Praßberg
9b
Herfatz
Oberauer Weg
Beutelsau
Weißenbach
9d
Pfärrich
Bibelgarten
Oberau
Untere Argen
Bürsten
3,2
Freibad Stefanshöhe
Hammerweiher
Praßberger Str.
1
L320
Ötlinger Bach
Nieratz
M.-Knöpfler-Str.
B32
9, 10
2,4
10
Wangen im Allgäu
2,6
Zimmerberg
Fidelershof
A96
Bahnhofstr.
Eselmühle
Schlauchen
9
12
Obere Argen
Isnyer Str.
L321
Berg
Humbrechts
Heuberg
595
Lindauer Str.
Wohnmobilstellplatz
1,6
Argenkanal
9a
Atzenberg
590
9
Böhen
9, 12
Schwarzenb
Dr.-Hehle-Weg
Wälderstr.
Kalvarienberg-Kapelle
Niederwangen
3,5
Feld
Elitz
Rheinödhof
St. Andreas
L333
8
L320
Welbrechts
K8005
Hatzenweiler
12
Schwarzensee
Herzmanns
Elitzer See
B32

Tour 10 Alpenvorfreude 41,3 km

HM/km: ↗ 9,9 (408m) ↘ 9,9 (409m) Radweg: 14 % Unbefestigt: 0 % Verkehr: 4 %

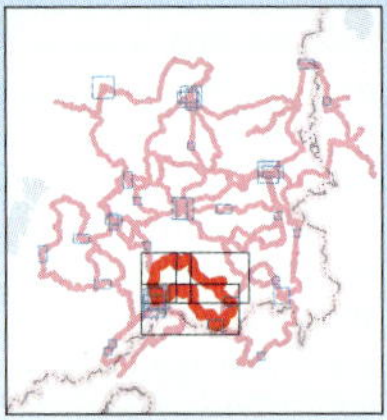

Entlang der Fahrt durch das Allgäuer Hügelland bieten sich hinter jedem Hügel neue Ein-, Durch- und Ausblicke auf die Alpenkette. Geschichtsträchtige Orte zeigen ihr schönstes Gesicht und laden auf eine Pause ein. Ohne E-Bike kribbelt es ab und an in den Waden aber die ständig wechselnden Ansichten der Bergmassive und die Vorfreude auf das beeindruckende Gesamtbild entschädigen für all die Anstrengungen. Allgäuer Alpen, Bregenzer Wald und die Schweizer Berge vereinen sich auf der Siggener Höhe zu einem atemberaubenden Alpenpanorama.

Charakteristik

Start/Ziel: Dorfplatz Argenbühl-Eisenharz

Wegbeschaffenheit: Die Route verläuft auf befestigten bzw. asphaltierten Radwegen und Straßen.

Verkehr: Die Strecke führt großteils über verkehrsarme Straßen und Wege.

Beschilderung: Einheitliche, durchgehende Beschilderung.

Steigungen: Die 404 Höhenmeter entlang der gut 41 km fordern einiges an Kondition.

An-/Abreise: PKW: Autobahn A 96 über Ulm/Memmingen bis Ausfahrt Kißlegg und weiter über L 265 nach Argenbühl; aus Lindau oder Kempten über B 12. Parken: Dorfplatz oder beim Rathaus. Bus: Von Wangen oder Isny kommend mit der Bodo-Linie 7542.

Anschlusstour(en): 9, 11, 12, 13

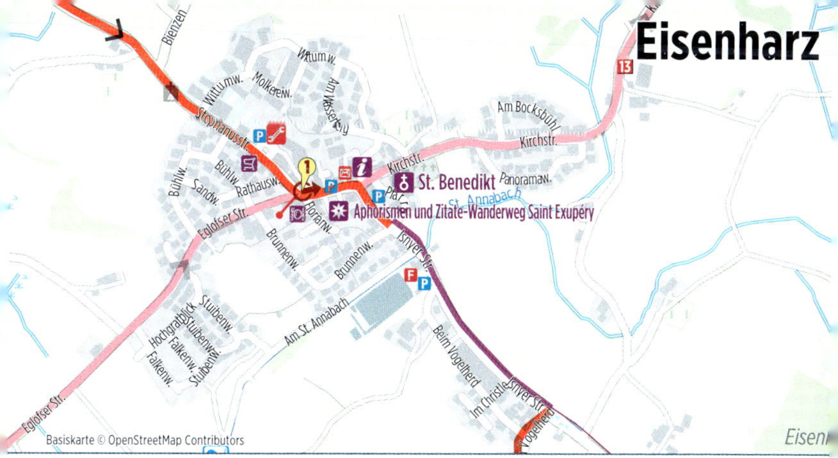

Mit Blick in Richtung Berge radeln Sie entlang von sattgrünen Wiesen und vorbei am Naturschutzgebiet Staudacher Weiher nach Eglofs. Immer wieder eröffnen sich imposante Blicke und laden zum Verweilen ein.

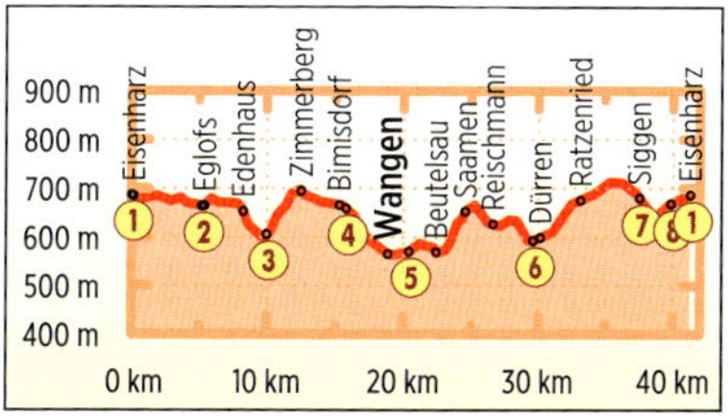

1 Eisenharz (Argenbühl)

Vorwahl: 07566

- **Gästeamt**, Kirchstr. 9, ✆ 940210, @ spu524
- **St. Benedikt**, Kirchstr. 8, ✆ 1556. Die Kirche wurde 1852 erbaut und im Jahre 1956 wurde das Kirchenschiff unter Einbeziehung des alten spätgotischen Turmes erweitert.
- **Aphorismen- und Zitate Wanderweg St. Exupéry**, Dorfpl., ✆ 940210. 7,8 km lang,

Oflings
Zurwies
Käserei Zurwies
NSG Bimisdorfer Mösle
Zimmer
Bimisdorf
Breiten
Freibad Stefanshöhe
Hammerweiher
Praßberger Str.
L320
Deuchelried
Ötlingser Bach
9, 10
1,8
2,8
3,2
B32
M.-Knöpfler-Str.
10
St. Petrus
Wangen
im Allgäu
Bach
Epplinger Bach
Watt
Bahnhofstr.
Eselmühle
Durrenberg
Windhäusern
9
12
Sigmanns
Obere Argen
Lindauer Str.
Isnyer Str.
Kohlplatz
L321
Wohnmobilstellplatz
Argenkanal
9, 12
NSG Gießenm
Halden
NSG Hangquellmoor Epplings
Gießbach
Atzenberg
590
K8044
Schwarzenberg
Epplings
Hofmarkt Kempter
St2003
Staudach
Obere Argen
Engelitz
Schwarzensee
Herzmanns
B32
Schreckelberg
Möllen
Beuren
Tobelbach
Wohmbrechts
Gebelweg
Mariä Himmelfahrt
Maria-Thann
Itzlings
Kummbach
B12
Wolfatz
Berg
Elitz
700
Eichenb

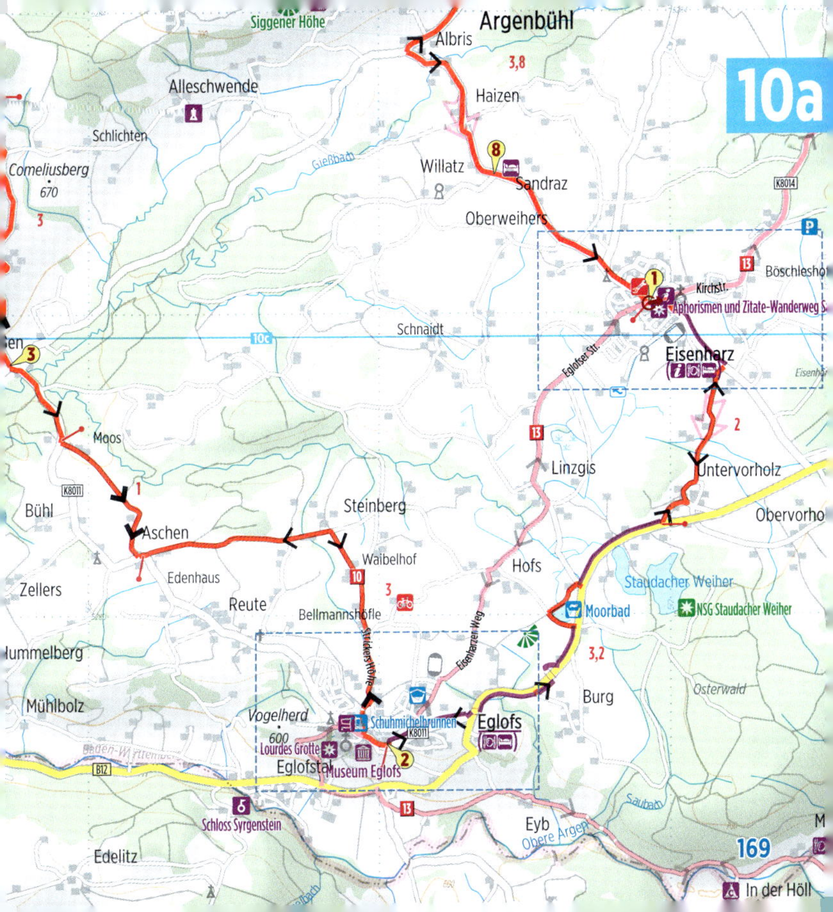

10a
Argenbühl
Siggener Höhe
Albris
3,8
Haizen
Alleschwende
Schlichten
Gießbach
Willatz
8
Sandraz
Cornellusberg
670
3
K8014
Oberweihers
Böschlesho
Kirchstr.
1
Aphorismen und Zitate-Wanderweg
Schnaidt
10c
Eglofser Str.
Eisenharz
Eisenh
3
2
Moos
13
Linzgis
Untervorholz
K8011
1
Bühl
Obervorho
Steinberg
Aschen
Waibelhof
Hofs
Edenhaus
Zellers
10
3
Staudacher Weiher
Reute
Bellmannshöfle
Moorbad
NSG Staudacher Weiher
Strickershöfle
Eisenharzer Weg
3,2
Hummelberg
Osterwald
Burg
Mühlbolz
Vogelherd
600
Schuhmichelbrunnen
Eglofs
K8011
Lourdes Grotte
Baden-Württemberg
B12
Eglofstal
2
Museum Eglofs
13
Schloss Syrgenstein
Eyb
Saubach
Obere Argen
Edelitz
In der Höll
M

Start am Dorfplatz Eisenharz, der „Lehrpfad für die Seele". @ evc731

NSG Bodenmöser. Hier entstand während der Würm-Kaltzeit ein Moorkomplex aus großflächigen Hoch-, Zwischen- und Niedermooren. Durch intensiven Torfabbau in der Vergangenheit trockneten Teile des Hochmoores aus und zerstörten Lebensräume. Heute leben in den Bodenmösern seltene Arten wie Kreuzotter oder Sumpfschrecke.

2 Eglofs (Argenbühl)

Vorwahl: 07566

Museum Eglofs, Dorfpl. 3, ✆ 1513 Musikmuseum – ein Spiegelbild der Entwicklungen heimischer Volkskunst. Steine, Fossilien und Mineralien – Einblicke in den Untergrund und in seine Entstehung, Ofenkacheln – aus fünf Jahrhunderten, von der Romanik bis zum Jugendstil. @ smh686

St. Martin, St. Martinsweg 1. Im Jahre 1766 als Barockkirche erbaut. Deckenbilder mit

Dorfplatz von Eisennharz

Heiligen, die vom Bauernstand verehrt werden, zeigen den Charakter einer bäuerlichen Gemeinde. Der Eglofser Hochaltar, so Kunstkenner, sei der schönste Hochaltar des gesamten Westallgäus. Eine Kostbarkeit stellt die Madonna mit Kind dar, vom Eglofstaler Künstler Anton Stiefenhofer etwa 1790 geschaffen.

Historischer Dorfplatz. Der repräsentative Platz mit neugotischem Brunnen ist von schmucken Profanbauten, wie dem ehem. Amtshaus der Vogtei und späteren Rathaus, den Gasthäusern Zur Rose und Hofwirtschaft sowie dem Museum, umgeben.

Lourdes Grotte, Eglofstal 55. Die Grotte erinnert an die Toten des 1. Weltkrieges.

NSG Staudacher Weiher. Während der letzten Würm-Kaltzeit, als sich das Gletschereis des Rheingletschers zurückzog, bildete sich hier ein Gletscherrandsee, der später großteils verlandete und zu einem Moorgebiet wurde. Das heutige Naturschutzgebiet besteht aus zwei Weihern und deren bewaldetem Randbereich.

Blick auf Eglofs in Argenbühl und die Alpen

Schuhmichelbrunnen, Sennereiweg. Ein echtes Allgäuer Original erbaut von „Schuhmichel" Michael Netzer.

Badestelle Moorbad Eglofs-Burg, Burg, ✆ 382, @ fto654

PanoramaBad Eglofs, Eisenharzer Weg 9, ✆ 607, @ bca573

Aschen (Argenbühl)

3 Gießen (Argenbühl)

4 Zurwies (Wangen im Allgäu)

Käserei Zurwies, Zurwies 11, ✆ 07522/5581 In der Biokäserei können Sie zusehen wie Weichkäsespezialitäten, wie etwa das „gepfefferte Ärschle", handwerklich produziert werden. @ tnc736

NSG Bimisdorfer Mösle. Das Bimisdorfer Mösle beherbergt auf kleinstem Raum zahlreiche Waldlebensräume, Streuwiesen und Niedermoorflächen samt ihren geschützten Pflanzen und Tieren.

Deuchelried (Wangen im Allgäu)

St. Petrus, Kirchplatz. Die Kirche beherbergt eine lebensgroße holzgeschnitzte Madonna aus dem 18. Jh.

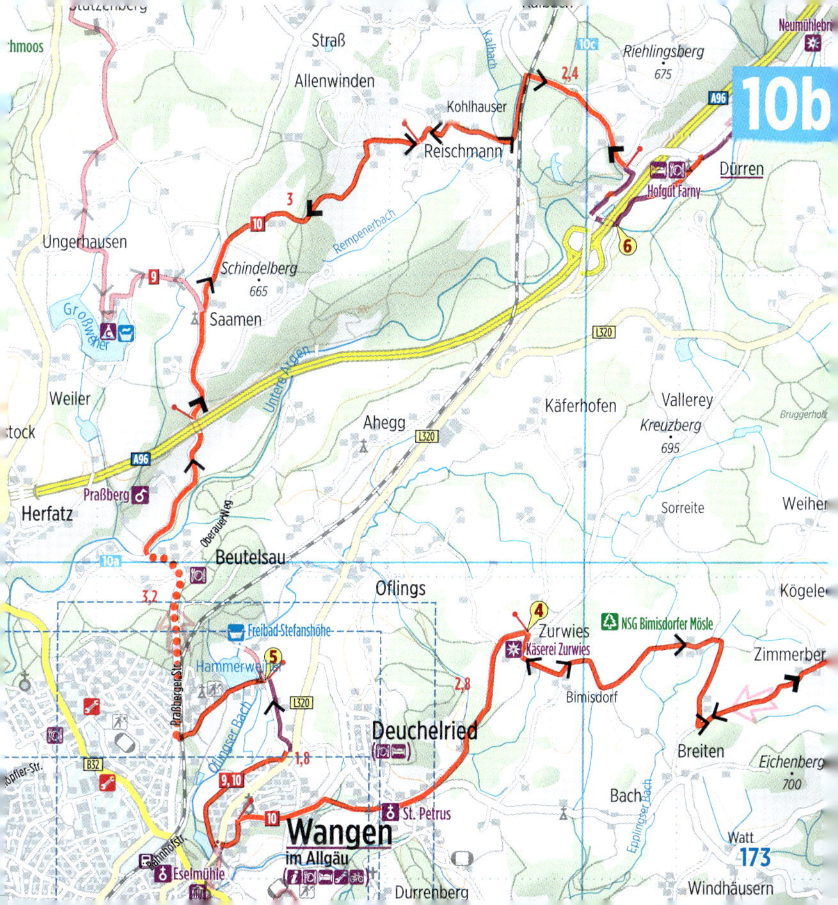
10b
Straß
Allenwinden
Riehlingsberg
675
Kohlhauser
Reischmann
Dürren
Hofgut Farny
Neumühlebrü
Ungerhausen
Schindelberg
665
Rempenerbach
Saamen
Großweiher
Untere Argen
Weiler
Ahegg
Käferhofen
Vallerey
Kreuzberg
695
Herfatz
Praßberg
Oberauer Weg
Beutelsau
Oflings
Sorreite
Weiher
Kögele
Freibad Stefanshöhe
Hammerweiher
Zurwies
Käserei Zurwies
NSG Bimisdorfer Mösle
Zimmerber
Bimisdorf
Praßberger Str.
Oflinger Bach
Deuchelried
Breiten
Eichenberg
700
Bach
Epplinger Bach
St. Petrus
Wangen
im Allgäu
Bahnhofstr.
Eselmühle
Durrenberg
Watt
Windhäusern
2,4
3
3,2
2,8
1,8
9, 10
A96
L320
B32
10a
10c

Die Route führt vorbei an der Oberschwaben Klinik und dem Schießstattweiher am Ortsrand von **Engelberg** zum Wangener Freibad 5. Um ins Zentrum von Wangen zu kommen halten Sie sich an der Leutkircher Straße links entlang des Radstreifens und folgen an der Kreuzung rechts dem **Scherichmühlweg.**

Wangen im Allgäu

Vorwahl: 07522

- **Gästeamt - Tourist Information,** Bindstr. 10, ✆ 74211, @ fgf616
- **Wangener Museumslandschaft,** Eselberg 1, ✆ 912682, ✆ 74211 Die Eselmühle beherbergt das „Wangener Heimatmuseum", das „Museum für Mechanische Musikinstrumente" und das angegliederte „Käsereimuseum". Entlang der Stadtmauer gelangt man zu den literarischen Museen und Archiven von Joseph Freiherr von Eichendorff und Gustav Freytag. Durch den Pulverturm gelangt man zum „Badstuben-Museum" mit der „Städtischen Galerie". @ puc437
- **Evangelische Kirche,** Bahnhofpl. 6, ✆ 2324. Die evangelische Kirche wurde in den Jahren 1890-1893 nach den Plänen des Stuttgarter Architekten Theophil Frey erbaut. Zur Einweihung war der König von Württemberg zu Gast. Zur 100-Jahr-Feier im September 1993 wurde das Kirchengebäude gründlich renoviert. @ sve218

Panorama Allgäu mit Blick auf Wangen

Wangen im Allgäu
Freibad
Hammerweiher
5
Am Vogelherd
Praßberger Str.
Am Vogelherd
L320
B32
1,8
9, 10
10 Am Engelberg
Am Knöbele
St. Pet
Engelberg
Robert-Koch-W.
Schäferhofw.
Schießstattweg
Leutkircher Str.
Oflingser Bach
Untere Dorfstr.
Oflingser W.
Am Rain
Am Hang
Steibisberger W.
Durrenberg
Franz-Joseph-Spiegler-Str.
Karl-Saumann-Str.
Kühler Brunnen
Rupertus-Neß-Str.
Paulus-Alt-W.
Andreas-Rauch-Str.
Goldbachw.
Jörg-Wizigmann-W.
Max-Fischer-Str.
Wermeisterw.
Pfannerstr.
Waldburgweg
Ravensburger Str.
Karl-Himbein-Str.
Peter-Dörfler-Str.
Anton-Waldner-Str.
H.-Schnitzer-W.
Praßberger Str.
Höstekellerweg
Frohnwies
Hinderofenweg
Zeppelinstr.
Bahnhofstr.
Bühlweg
Evang. Kirche
Frauentor
Eselmühle
Pulverturm
Spitalkirche
St. Martin
St.-Martins-Tor
Friedrich-Ebert-Str.
Gegenbaurstr.
Schmiedstr.
Braugasse
Schillerstr.
Immelmannstr.
Lindauer Str.
Im Urtel
Am Maierhof
Im Niederdorf
Jahnstr.
Stadthalle
Klosterbergstr.
Karlstr.
Argenstr.
Ebnetstr.
Im Ebnet
Liebigstr.
Holbeinweg
Ratzebergerweg
Hasslachweg
Danneckerweg
A.-Maginsweg
L.-Maurer-W.
Schickhardtstr.
R.-Mayer-Str.
Daimlerweg
Obere Argen
12
Zeppelinstr.
Hölderlinw.

Spitalkirche, Spitalstr. 16, ☎ 707990. Sie wurde 1719 bis 1723 anstelle einer mittelalterlichen Kapelle erbaut. @ fgj224

St.-Martins-Kirche, Marktpl. 4. Die Kirche gehört zu den ältesten Baudenkmälern der Stadt. Ihr Turm reicht bis in die Hohenstaufenzeit zurück und ist bis zur Glockenstube mit unregelmäßigen Findlingssteinen im romanischen Stil erbaut worden. Auf dem Kirchplatz, dem früheren Friedhof von St. Martin, steht seit Juli 2002 die sechs Meter hohe Skulptur des „Seelenmals" von Ubbo Enninga. @ rvw834

Franziskanerklösterle, Am Klösterle 1, ☎ 913600. Die Franziskaner leben seit 1930 in einem ehem. Bauernhof, der umgebaut und erweitert wurden, in Wangen. Der liebevoll angelegte Klostergarten ist frei zugänglich und für viele ein Ort der Ruhe, Einkehr und „Natur-Tankstelle". @ rcf226

Burgruine Praßberg (24) Die sagenumwobene Burg wurde 1123 erbaut und durchlebte eine bewegte Zeit mit zahlreichen Besitzwechseln. Obwohl die Burg seit Beginn des 19. Jhs. verfiel, war sie bis 1835 bewohnt. Von der Anlage sind noch der Bergfried und die Ringmauer erhalten.

Pulverturm, Argenufer. Der Turm wurde früher auch als Wasser- oder Färberturm bezeichnet und stammt ursprünglich aus dem 15. Jh. @ ndl641

Frauentor, Herrenstr. 40. Die heutige Form des Tores stammt aus 1608. @ lgd774

St. Martins Tor, Paradiesstr. 10. Heute wird es auch Lindauer Tor genannt. @ oix273

Freibad Stefanshöhe, Burgelitz 15, ☎ 1225 (76), @ quo611

Großweiher Röhrenmoos. Dieser Weiher ist 11 ha groß und 53 Meter tief und lädt im Sommer zu einer kühlen Erfrischung ein.

Die ehemalige freie Reichsstadt besticht durch ihre mittelalterlichen Türme und Tore. Zu den schönsten Straßenbildern Süddeutschlands zählen der Marktplatz, die Herren- und die Paradiesstraße. Gebäude wie das Rathaus, das Hinderofenhaus

Blick auf Ratzenried und die Pfarrkirche St. Georg

oder die St.-Martins-Kirche lohnen einen Stadtrundgang. Ebenso lädt die reizvolle Umgebung zu Spaziergängen, Wanderungen oder Radtouren ein.

TIPP Bevor Sie den sportlichen Anstieg auf die Siggener Höhe antreten, planen Sie eine Rast im Biergarten Hofgut Farny in Dürren ein oder erfrischen sich im Oberen Schlossweiher in Ratzenried.

6 Dürren (Kißlegg)

Neumühle (Argenbühl)

Neumühlebrücke (24) Hier ließen die Herren von Ratzenreid bereits 1552 eine Brücke mit Zoll erbauen. Der heutige Bau mit Überdachung stammt aus dem Jahr 1789 - die Brücke ist damit eine der ältesten überdachten Brücken im Württembergischen Allgäu.

Buchen (Argenbühl)

Wasserkraftwerk Talerschachen. Ende des 19. Jhs. wurde das zweite Drehstromkraftwerk Württembergs im Argental errichtet und sorgte eine Zeit lang als Stromlieferant für die Straßenbeleuchtung in Wangen. Sehenswert ist die Eisenbrücke, die das Wasser über die Argen führt.

Ratzenried (Argenbühl)

Vorwahl: 07522

Gerichtsstube im Ochsen, Wetzelsrieder Str. 21, ✆ 912146 Hier wurde um 1460 ein Gerichtshaus, das zusätzlich Gast- und Tanzhaus war, erbaut. Ein reicher Fundus - Dokumente, Kaiserurkunden, his-

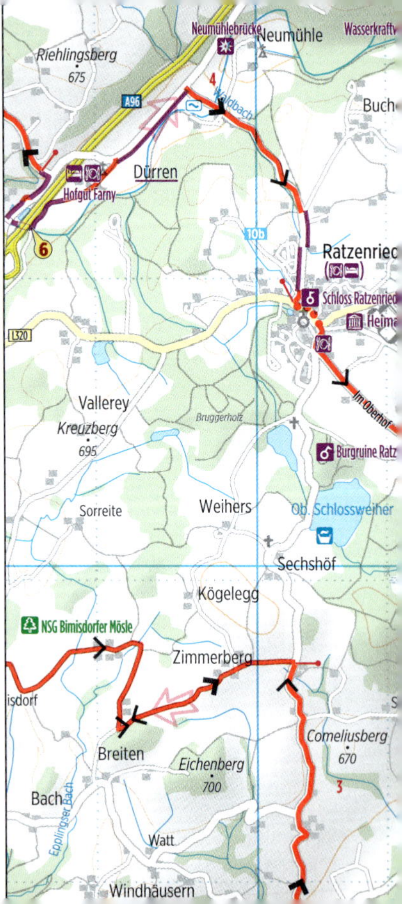

10c
Schwenden
Berfallen
Eschach
Sägenweiher
L320
Schulzenberg
715
Göttlishofen
Hammerschmiede
Gottraz
Bliderazhofen
Vogelparadies & Fischtreppe
Gottrazhofer Stausee
Lindenstr.
Christazhofen
Alpenstr.
Untere Argen
Steinackerbach
Neuweiher
Buchweiher
Unterharprechts
11
4,5
Reuteweiher
Schlossweiher
Siggen
7
Matzen
Alperts
10a
Siggener Höhe
Argenbühl
Albris
L265
3,8
Eschen
690
Illeschwende
Haizen
Harprechtser Moos
Gießbach
8
Willatz
Sandraz
K8014
Rieder Moos
Oberweihers
Eisenharz
NSG Bodenmöser
13
Böschleshof
1
Kirchstr.
Aphorismen und Zitate-Wanderweg Saint Exupéry
Schnaidt

torische Karten, Pranger, Ritterrüstungen, uvm. - dokumentieren die Gerichtsbarkeit in Ratzenried. @ dvy835

Heimatmuseum, Schulstr. 15, Ratzenrieder Schule, ✆ 3902 Handwerksgegenstände und Exponate des Allgäuer Brauchtums sind hier zu sehen. @ lrs523

Schloss Ratzenried. Anfang des 16. Jhs. war der Schlossbau unter der Kaufmannsfamilie Humpis - Adelstitel von Ratzenried - vollendet. Eine große Renovierung geschah im 19. Jh. Heute ist dort eine Schule untergebracht.

Burg Ratzenried, ✆ 5282. Die Burg stammt vermutlich aus dem 12. Jh. und befindet sich auf einem Bergsporn südöstl. des Ortes. Aufwendig saniert und das komplette Mauerwerk ist im Bestand gesichert. @ fic536

Oberer Schlossweiher. Der Weiher wurde vermutlich im 12. Jh. als Stauweiher der Burgmühle von Burg Ratzenried angelegt.

7 Siggen (Argenbühl)

Siggener Höhe, K 8012 (24) Der Aussichtspunkt mit Panoramatafel eröffnet einen überwältigenden Blick auf die Allgäuer Alpen, die Nagelfluhkette und den Bregenzer Wald.

In Siggen zweigen Sie rechts ab in die **Albriser Straße**. Eine rasante Abfahrt führt Sie nach Albris. Die letzte Etappe bis Eisenharz verläuft stetig bergauf über **Haizen** und Sandraz durch das hügelige Voralpenland.

8 Sandraz

Eisenharz

Aussichtspunkt Siggener Höhe mit Alpenpanoramatafel

Tour 11 Argenwege 40,7 km

HM/km: ↗ 4,5 (182m) ↘ 4,5 (182m) Radweg: 25 % Unbefestigt: 9 % Verkehr: 5 %

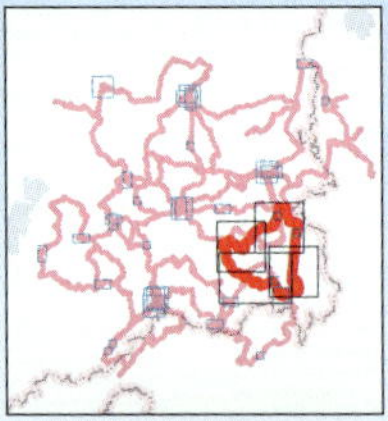

Argen, Adelegg und Alpen - drei einzigartige Lebensräume die zusammen ein spektakuläres Raderlebnis ergeben. Sie folgen den Schlingen des Wildflusses durch moorige Feuchtwiesen und artenreichen Naturschutzgebiete. Dörfer und Einödhöfe säumen den Weg, im Süden erhebt sich die majestätische Nagelfluhkette mit dem markanten Hochgrat. Wie eine grüne Insel liegt die Adelegg zwischen Wiesenflächen als Vorposten der Allgäuer Alpen. Das Waldgebirge war Heimat vieler Glasmacher und entwickelte ein eigenes Stück Kulturgeschichte.

Charakteristik

Start/Ziel: Kurhaus Isny am Park

Wegbeschaffenheit: Die Route verläuft auf befestigten bzw. asphaltierten Radwegen und Straßen.

Verkehr: Die Strecke führt großteils über verkehrsarme Straßen und Wege. mit einem verkehrsreichen Abschnitt vor Hinznang.

Beschilderung: Einheitliche, durchgehende Beschilderung.

Steigungen: Konditionell anspruchsvolle Rundtour mit steilen Anstiegen und rasanten Abfahrten.

An-/Abreise: PKW: Über die A 7 Autobahnkreuz Allgäu, über die B 12 Kempten – Isny, über die A 96: Ausfahrt Leutkirch Süd, über die L 318 Leutkirch – Isny. ÖPNV: Gut mit Bahn und Bus erreichbar, Bahn: Anschluss bis Leutkirch, Wangen, Rötenbach oder Kempten

Anschlusstour(en): 7, 6, 13

Panorama von Isny und den Alpen

Die Tour startet am Kurhaus und führt über Neutrauchburg nach Unterried an den Flusslauf der Unteren Argen.

1 Isny im Allgäu

Vorwahl: 07562

- **Büro für Tourismus**, Marktpl. 2, ✆ 9999050, @ lym613
- **Mobilitätszentrale u. DB-Agentur Isny**, Unterer Grabenweg 18, ✆ 97354-03. Beratung rund um Bus und Bahn, Ticketverkauf von DB-Fahrscheinen, Fahrscheine des Baden-Württemberg-Tarifs, bodo-Tickets und Isny-Tickets. @ svv275

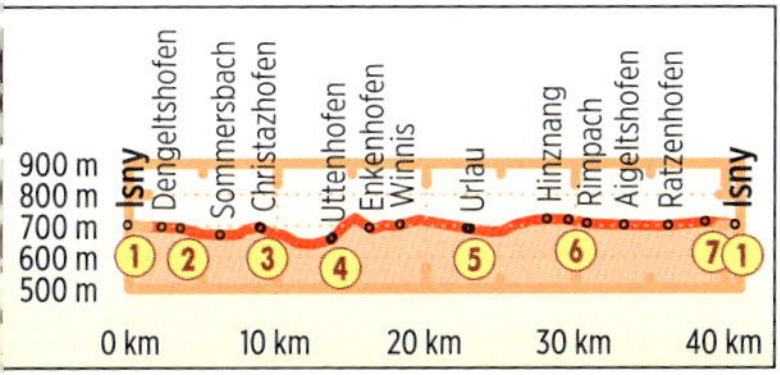

- **Kunsthalle Schloss Isny**, Schloss 1, ✆ 914100 Im ehemaligen Benediktinerkloster wird das umfangreiche Œuvre des Künstlers Friedrich Hechelmann präsentiert. Visionäre Bilder, Illustrationen und Skulpturen fügen sich harmonisch in das historische Ambiente. @ aif684
- **Städtische Galerie im Schloss**, Schloss 1, ✆ 99990-65 In den Räumen der ehem. Remise vereint sich zeitgenössische Kunst mit historischer Architektur. @ dfp262
- **Städtische Galerie im Turm (Espantor)**, Espantorstr. 23, ✆ 99990-65 In den Räumen des Stadttors aus dem 13. Jh.

werden neben moderner Kunst in den Bereichen Malerei, Fotografie und Skulpturen wechselnde Ausstellungen von Künstlern der Region präsentiert. @ wyq373

Stadtmuseum Isny, Schloss 1, Schloss Isny, ✆ 93434 In sechs Themenräumen gibt es die spannende Isnyer Stadtgeschichte zu entdecken. Was die Stadt Isny seit ihrer Gründung bis heute prägt, sind ihre Bewohner. Geschichten und Erinnerungen werden hier wieder lebendig. @ eks847

Wassertor-Museum, Wassertorstr. 52, ✆ 93434 Teil der Stadtmauer, ehemaliger Wehrturm mit Gefängnis und Türmerwohnung. Neben der Feuerwehrgeschichte und dem Wintersport widmet sich jedes der fünf Stockwerke einem anderen Thema. @ djx274

Kirche St. Georg und Jakobus, Kirchpl. 1. Die ursprünglich aus dem 11. Jh. stammende ehemalige Klosterkirche wurde nach dem Stadtbrand 1631 neu erbaut, der Innenraum erst im 18. Jh. vollendet. Besonders sehenswert ist die Ausstattung im Stil des feudalen Rokokos mit plakativen Deckenfresken, kunstvollen Stuckarbeiten und prunkvollen Altären. @ ssr736

Nikolaikirche, Kirchpl. 1 Mit Predigerbibliothek. 1288 als Leute-Kirche unter dem Patronat des Klosters vollendet. Mit der Reformation wurde die Kirche im 16. Jh. evangelische Stadtpfarrkirche. Über der Sakristei befindet sich eine original erhaltene Stiftungsbibliothek aus dem 15. Jh. Die Predigerbibliothek ist nur im Rahmen einer Führung zu besichtigen. @ hmk223

Gottesackerkapelle St. Josef, Senngutweg 34. Der Rundbau aus dem 18. Jh. besticht mit seiner barocken Architekturmalerei zum Thema Himmel und Hölle.

Marienkapelle, Kirchpl. 1. Das Kleinod befindet sich in einem Seiteneingang der Kirche St. Georg und Jakobus. Eine Holzkassettendecke mit eingelassenen Leinwandölgemälden ziert neben dem ehemaligen Chorgestühl der Mönche und

Isny im Allgäu
Mobilitätszentrale
Wassertormuseum
Nikolaikirche
St. Georg und Jakobus
Schloss Isny
Kunsthalle im Schloss
Espantor
Rathaus
Blaserturm
Gästeinformation
NSG Schächele
Sägenweiher
Nägelsweiher
Gottesacker
Burgplatz
Marktplatz
Kastellstr.
Senngutw.
Bergtorstr.
Kemptener Straße
Wilhelm-Nagel-Weg
Römerstr.
Lindauer Straße
Maierhöfener Straße
Karl-W.-Heck-Str.
Neutrauchburger Str.
Leutkircher St.
Achener Weg
Rotenbacher Weg
Bahnhofstr.
Schwanenweg
Reiffenstraße
Ammannstraße
Rotmoosweg
Achwiesenweg
Kränerweg
Grabenstr.
Bufflerweg
Bindweg
Weißlandstraße
Wilhelmstr.
Am Krummbach
F.-Silcher-Straße
Am Reutew.
Sonnenhalde
Hans-Lantzenberg-Str.
Dek.-Marquart-Str.
Am Feuerschwanden
Fridel-Dethleffs-W.
Kapellenstr.
Alemannenstr.
Mühlbachstr.
Krokusw.
Veilchenw.
Kneippstraße
Adelegw.
Schletterweg
Pfannenstiel
Schernwiesenweg
Klosterw.
St.-Georg-W.
St.-Nikolai-W.
Grafenw.
Herrenbergw.
Ibergweg
Kanzleistraße
Wassertorstraße
Seidenstraße
Rainstraße
Untere Stadtmauer
Espantorstraße
Schwanensiedlung
An den Wiesenzäunen
Dengeltshofener Straße
Mechenseer Straße
Schlegelstraße
Am Dreifingerbach
Weißenbachstr.
Georg-Buffler-Str.
Am Stadtbach
Fabrikstraße
Glöcklertorweg
Wilhelm-Nagel-W.
Ach
Leitbach
Krummbach
L318
Spitalhofweg
Hans-Guldin-Str.
Felderhalde
1
2
11
13

den Altären im späten Rokoko den abgeschiedenen Ort. @ ddw562

Ölbergkapelle, Schlossstr. 1. Die ehem. Friedhofskapelle aus dem 15. Jh. wurde beim vernichtenden Stadtbrand 1631 verschont und ist heute Gedächtnisstätte für Opfer des Krieges und der Gewaltherrschaft. @ its423

Schloss Isny, Schloß 3. Die ehem. Klosteranlage der Benediktinerabtei wurde 1096 gegründet und nach dem großen Stadtbrand 1631 im barocken Stil wiederaufgebaut. Nachdem die Stadt und das Kloster 1803 an Graf Otto Wilhelm von Quadt-Wykradt fielen, diente es danach als gräfliche Familienresidenz. Durch einen Verkauf an die Stadt Stuttgart wurde das Schloss 1942 zu einem Krankenhaus und später zu einer Klinik und Pflegeheim umfunktioniert. Heute sorgt eine Privatstiftung für den Erhalt der barocken Gebäude und sie bilden einen wichtigen Ort für Kunst und Kultur.

Blaserturm, Marktpl. 1. Der Turm stammt aus dem 15. Jh. und diente als Hochwacht. Bei Gefahr blies ein Wächter ins Horn, daher der Name Blaserturm. @ bne682

Bike Park Max Wild Arena, Zur Ludwigshöhe 3, ✆ 07564/858930. Mit dem Lift nach oben, mit dem Bike downhill durchs Gelände. Geeignet für alle Altersgruppen, mit Equipment-Verleih. @ dqx728

Käsküche Isny, Maierhöfener Str. 78, ✆ 912700 ⓡ Die Besucher der Schaukäserei erhalten Einblick in die Kunst der Käseherstellung und der Käsereifung. Für ihre Arbeit erhielt die Käsküche zahlreiche Preise. @ kqm862

Rathaus, Wassertorstr. 1-3. Das Rathaus aus dem 15. Jh. ist eine Verbindung von drei ehemaligen Patrizierhäusern. Im 17. Jh. wurde es im frühbarocken Stil umgebaut. @ ave846

Bodenmöser ㉔ Die Moorlandschaft zählt zu einer der großflächigsten Moorkomplexe Süddeutschlands und reicht bis an die Stadtgrenze von Isny. Ein Naturpfad und mehrere Wanderwege durch das Niedermoor bieten reichhaltige Informa-

Blick vom Stadtweiher auf das Stadttor von Isny

tionen über die Landschaft und die Artenvielfalt der hier beheimateten Tier- und Pflanzenwelt. @ eoe156

Waldbad, Lohbauerstr. 59-69 Badestelle mit Umkleiden und Sanitäranlagen am Felderholzweiher.

Die Stadt Isny kann auf eine 1.000-jährige Geschichte zurückblicken. Graf von Altshausen-Veringen stiftete 1042 eine Kirche, die gegen Ende des 11. Jahrhunderts von Benediktinermönchen in ein Kloster umgewandelt wurde. Die Stadt gelangte durch die Herstellung und den Handel von Leinwand zu Ansehen und Reichtum. 1631 zerstörte ein verheerender Brand einen Großteil der Häuser in der Stadt. Diese Katastrophe war einschneidender als der Dreißigjährige Krieg.

Im ausgehenden 19. Jahrhundert entstanden erste Vereine, die den Tourismus förderten. 1924, im Jahr der ersten Olympischen Winterspiele, war Isny Austragungsort der

Ersten Deutschen Nordischen Skimeisterschaften.

Eingebettet in die idyllische Landschaft mit Blick auf die markante Bergkette der Allgäuer Alpen liegt der heilklimatische Kurort. Isny ist ein mittelalterliches Oval mit Stadtmauer, Wehrtürmen, Bürgerhäusern und Schloss. Geschichte ist Teil der Gegenwart. Das zeigt sich beim Streifzug durch den Wehrgang oder beim Spaziergang durch die mit Patrizierhäusern gesäumte Wassertorstraße. Das Berg- und Hügelland um Isny formten vor 10.000 Jahren mächtige Gletscher. Die „junge" Landschaft prägen heute Naturräume, wie die Adelegg mit Schwarzem Grat, die Eistobelschlucht und die Moore Bodenmöser und Taufach-Fetzach-Moos.

Neutrauchburg (Isny im Allgäu)

Vorwahl: 07562

- **Adventure-Golf**, Kurweg, ✆ 975144. Die abenteuerliche Variante des Minigolfs wird im naturnahen Gelände auf Kunstrasen gespielt. @ fxs346
- **Isny Oval** ㉔ Die Plattform in der Stadt-

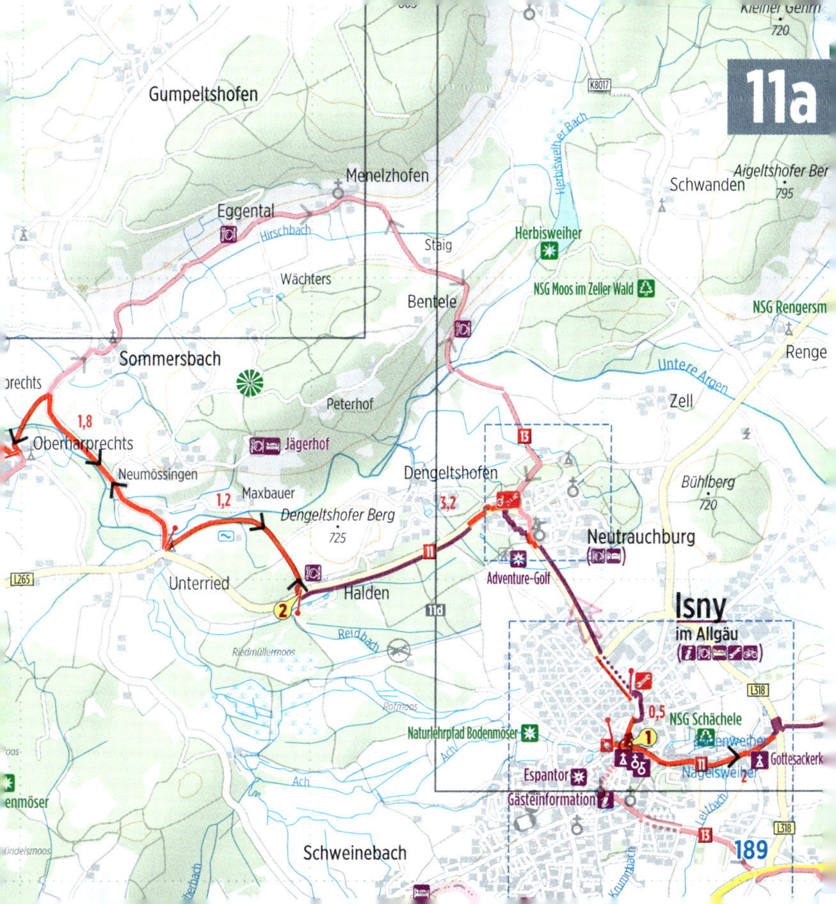

11a
Gumpeltshofen
Menelzhofen
Eggental
Hirschbach
Staig
Wächters
Bentele
Herbisweiher
Herbisweiher Bach
NSG Moos im Zeller Wald
Schwanden
Aigeltshofer Ber
795
Kleiner Gehrn
720
K8017
NSG Rengersm
Renge
Untere Argen
Zell
Sommersbach
Peterhof
Jägerhof
1,8
Oberharprechts
Neumössingen
Maxbauer
1,2
Dengeltshofer Berg
725
Dengeltshofen
3,2
Neutrauchburg
Bühlberg
720
Adventure-Golf
L265
Unterried
Halden
2
11d
Reidbach
Riedmüllermoos
Isny
im Allgäu
L318
0,5
NSG Schächele
1
Naturlehrpfad Bodenmöser
Rotmoos
Gottesackerk
Nagelsweiher
Espantor
Gästeinformation
Ach
Leitbach
Krummbach
13
11
189
Schweinebach
enmöser

einfahrt gewährt einen herrlichen Blick auf Isny und die Berglandschaft.

Therapeutisches Bewegungszentrum, Schlossstr. 8, ✆ 711151. Schwimmbad, Sauna & Salzlounge. @ syd441

Der Kurort Neutrauchburg hieß bis 1788 „Mechensee". Durch Erbschaft gelangte Graf Franz Anton von Waldburg-Zeil im Jahre 1772 in den Besitz der Grafschaft Trauchenburg und bestimmte Mechensee als Verwaltungsmittelpunkt. Er ließ ein Amtshaus erbauen, das heutige Schloss, und benannte den Ort in „Neutrauchburg" um. Das kleine architektonische Juwel wurde erst seit dem 19. Jahrhundert als Wohnsitz der erbgräflichen Familie genutzt und beherbergt heute ein stilvolles Hotel. Mit dem Schlossgasthof „Sonne Neutrauchburg" begann der Aufstieg Neutrauchburgs zum Heilklimatischen Kurort. Die Gründung erfolgt 1686 in Zusammenhang mit den Wallfahrten zur Lorettokapelle. Ab den 1950er-Jahren entwickelte sich die kleine Ortschaft zum anerkannten Kurort und

Schloss Neutrauchburg

Radlerrast am Ufer der Unteren Argen

Rehastandort. Der Schwerpunkt der drei ortsansässigen Kliniken liegt auf Innerer Medizin, Orthopädie und Psychosomatik. Aber auch gesundheitsbewusste Einheimische und Gäste können die Angebote im Therapeutischen Bewegungszentrum nutzen.

2 Halden

3 Christazhofen (Argenbühl)

Gottrazhofen (Argenbühl)

Vorwahl: 07566

Hammerschmiede, Gottrazhofen 4, ✆ 443 © Der Kunst- und Waffenschmied Anton Netzer betreibt in vierter Generation die wasserbetriebene Hammerschiede, deren Ausstattung sich über die Jahrhunderte nur wenig geändert hat. @ con131

Vogelparadies & Fischtreppe, Gottrazhofer Stausee ㉔ Seit Jahrhunderten treibt die Wasserkraft der Argen Mühlen u. Werkstätten an. Seit dem Bau des Wasserkraftwerks in Gottrazhofen und Anlage des Stausees in der ersten Hälfte des 20. Jhs. wird auch Strom produziert. Die

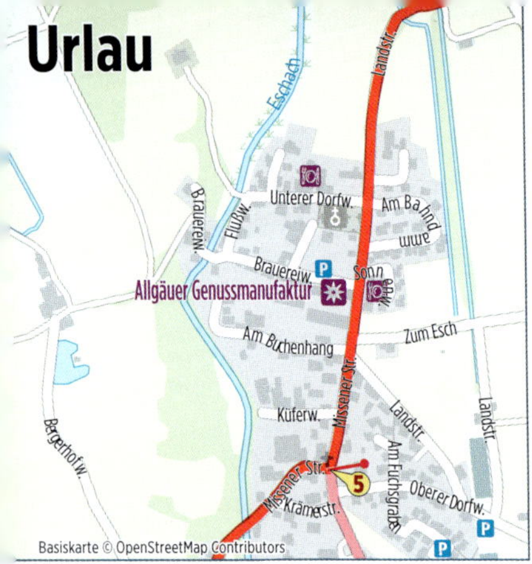

200 m lange Fischtreppe ermöglicht der Forelle das Wehr zu überwinden und das Gebiet um den See ist ein Paradies für ca. 120 Vogelarten.

Merazhofen (Leutkirch im Allgäu)

Vorwahl: 07563

- **s'Himmelreich**, Waltershofer Str. 8, ✆ 9399968 Der Museumsraum im barocken Pfarrhaus mit historischem Pfarrstadel zeigt den Werdegang und Habseligkeiten von Segenspfarrer Hieber. Am Wochenende bietet das Café hausgemachte Torten und Kurioses in besonderer Atmosphäre an. @ qky515

4 Nach Uttenhofen in der Linkskurve im spitzen Winkel rechts ab und über **Enkenhofen, Winnis** und **Missen** nach Urlau.

5 Urlau (Leutkirch im Allgäu)

- **Allgäuer Genussmanufaktur**, Brauereiweg 3 In der alten Brauerei wird gebraut, gebacken, gebrannt, Käse gelagert, Kaffee geröstet und verschiedenen Kunsthandwerken über die Schulter geschaut. Die Führungen bieten Geschichte, Handwerk u. Genuss. @ msm484

Center Parcs Park Allgäu (Leutkirch im Allgäu)

Vorwahl: 07561

- **Touristinfo Center Parcs Park Allgäu**, Allgäuallee 40, ✆ 87401, @ pms282
- **Center Parcs Park Allgäu**, Allgäuallee 40, ✆ 90950 Der Ferienpark bietet ein reichhaltiges Angebot von actionreichen Wildwasserbahnen, einem Spa-Bereich, einer abwechslungsreichen Gastronomie sowie Auszeiten in der Natur. @ cfn364
- **Aqua Mundo**, Allgäuallee 40 , ✆ 90950.

11b
La Salette-Wallfahrtskapelle
grazhofer Ried
Liezenhofen
Engelboldshofen
Mühlbach
11c
4,5
Rötelbach
7
Tobelbach
Winnis
s'Himmelreich
Merazhofen
4
7
2
Uttenhofen
3,8
11
Badsee
NSG Badsee
11
Tobelbach
Enkenhofen
Meggen
Hansenberg
700
11a
3,5
Gumpeltshofen
Hammerschmiede
Gottrazhofen
Bliderazhofen
Vogelparadies & Fischtreppe
Gottrazhofer Stausee
Eggental
Hirschbach
Göttlishofen
Christazhofen
Wächters
3
Alpenstr.
Untere Arg

Wildwasserbahn, Wasserrutschen, Wellen- u. Schnorchelbad, Water Playhouse, Außenpool uvm. @ xdo132

Nach dem Center Parcs Park Allgäu folgt ein kurzes verkehrsreiches Stück auf der **L 319** nach **Hinznang**. Im Ort zweigen Sie rechts auf den straßenbegleitenden Radweg Richtung Friesenhofen ab.

6 Friesenhofen (Leutkirch im Allgäu)

Rimpach (Leutkirch im Allgäu)

Schloss Rimpach, Rimpach. Das Schlossensemble wurde 1754 - 1757 nach Plänen von Johann Georg Specht erbaut. Heute befindet sich das ehem. Jagdschloss mit einem Spiegelsaal und Schlosskapelle im Privatbesitz.

NSG Rimpacher Moos. Das 86,3 ha große Schutzgebiet bietet mit dem Feuchtgebietsmosaik einen wichtigen Lebensraum für gefährdete Pflanzen und Tiere und ist Rückzugs- und Brutgebiet seltener Vogelarten. @ akj347

Die letzte Etappe führt vorbei am **Rimpacher Moos** mit Blick auf die Adelegg Richtung Isny. In Rotenbach treffen Sie wieder auf den Flusslauf der Argen.

Wildwasserfluss Argen

Die idyllische Argen ist der drittgrößte Zufluss des Bodensees und eines der wenigen noch weitgehend natürlichen Wildwässer in Baden-Württemberg. Sie ist im Oberlauf

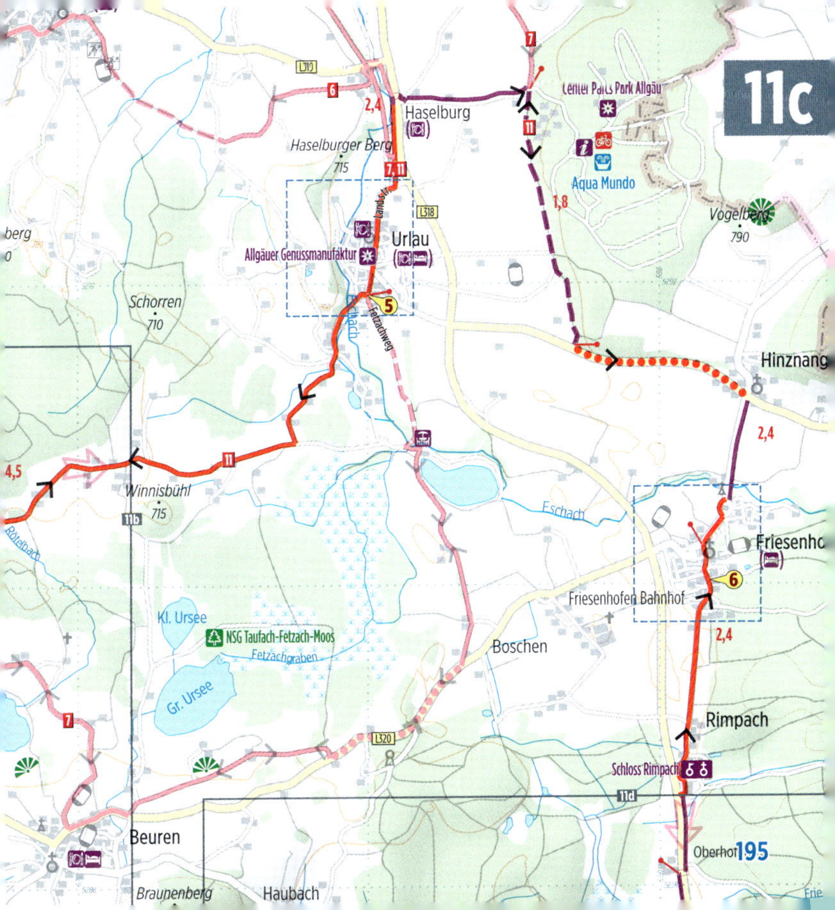

11c
Haselburg
Haselburger Berg
715
L319
L318
L320
Center Parcs Park Allgäu
Aqua Mundo
Vogelberg
790
Urlau
Allgäuer Genussmanufaktur
Landstr.
Fetzachweg
Eschach
Schorren
710
berg
Hinznang
Winnisbühl
715
11b
Rötelbach
Friesenhofen Bahnhof
Kl. Ursee
NSG Taufach-Fetzach-Moos
Fetzachgraben
Gr. Ursee
Boschen
Rimpach
Schloss Rimpach
11d
Oberhof
Beuren
Braunenberg
Haubach
2,4
7,11
1,8
4,5

zweigeteilt, in die Obere und Untere Argen, und umfließt die Kreisstadt Wangen bevor sich die beiden Quellläufe bei Neuravensburg vereinen. Der wilde Voralpinfluss grub sich aufgrund des großen Gefälles zum Bodensee nach dem Abschmelzen der eiszeitlichen Gletscher tief in das Gestein ein. Ein Relikt ist die geologische Besonderheit „Eistobel". Das Wasser der Argen formt bis heute mit rauschenden Stromschnellen, donnernden Wasserfällen und gewaltigen Wasserstrudeln die Landschaft in der Wildwasserschlucht. Am Oberlauf prägen kastenartige Täler, Kiesflächen, Quellaustritte und Steilhänge diese wildromantische Flusslandschaft. Trocken- und Feuchtlebensräume wechseln sich ab und bieten so vom Aussterben bedrohten Tieren und Pflanzen einzigartige Lebensräume in einem artenreichen Naturschutzgebiet.

Ratzenhofen

Rotenbach

7 Kleinhaslach (Isny im Allgäu)

- **Römerkastell Vemania.** Das spätrömische Reiterkastell war Teil des Donau-Iller-Rhein-Limes in der Römischen Provinz Raetia.

Isny im Allgäu

Schloss Rimpach bei Leutkirch im Allgäu

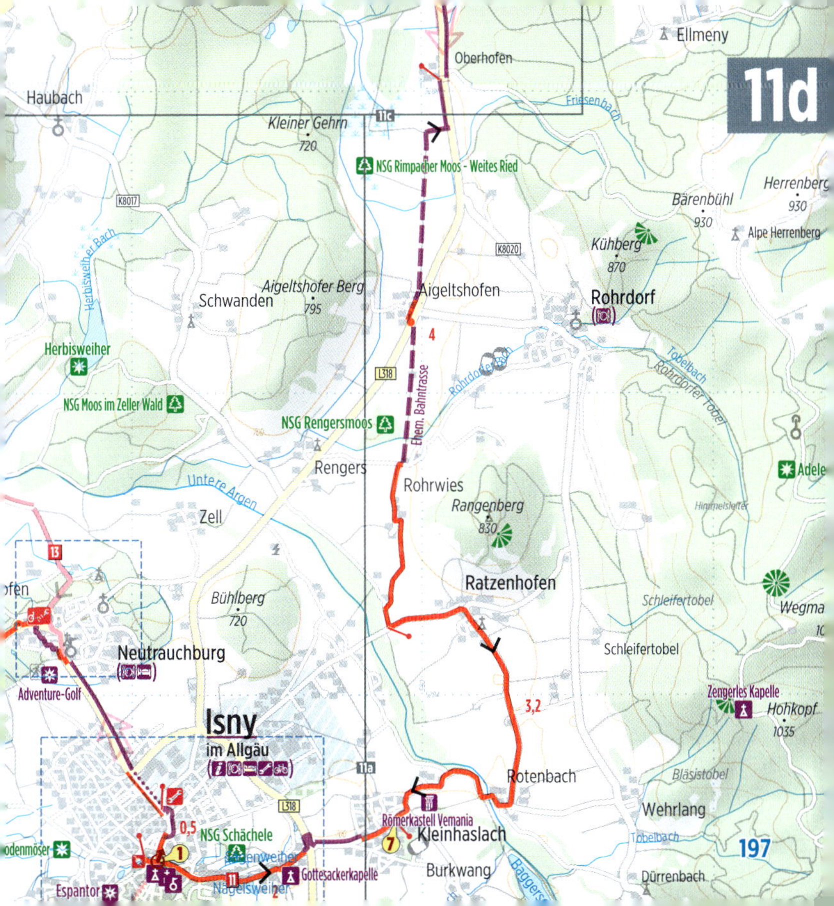

11d
Ellmeny
Oberhofen
Haubach
Kleiner Gehrn
720
11c
Friesenbach
NSG Rimpacher Moos - Weites Ried
Herrenberg
930
Bärenbühl
930
Alpe Herrenberg
K8017
K8020
Kühberg
870
Herbisweiher Bach
Aigeltshofer Berg
795
Schwanden
Aigeltshofen
Rohrdorf
4
Herbisweiher
L318
Rohrdorfer Bach
Tobelbach
Rohrdorfer Tobel
Ehem. Bahntrasse
NSG Moos im Zeller Wald
NSG Rengersmoos
Rengers
Adele
Rohrwies
Untere Argen
Rangenberg
830
Zell
Himmelsleiter
13
Ratzenhofen
Bühlberg
720
Schleifertobel
Wegma
Neutrauchburg
Schleifertobel
Adventure-Golf
Zengerles Kapelle
Hohkopf
1035
3,2
Isny
im Allgäu
11a
Rotenbach
Bläsistobel
L318
Wehrlang
Römerkastell Vemania
0,5
NSG Schächele
Kleinhaslach
7
1
Tobelbach
197
Gottesackerkapelle
11
Burkwang
Dürrenbach
Espantor
Nagelsweiher
2

Tour 12 Richtung Bodensee 33,3 km

HM/km: ↗ 3,7 (122m) ↘ 3,7 (122m) Radweg: 34 % Unbefestigt: 3 % Verkehr: 4 %

Die Tour vermittelt spannende Einblicke in die Geologie des Alpenvorlandes. Verbunden mit der Entstehung des Allgäuer Hügellandes während der letzten Eiszeit vor etwa 14.000 Jahren, bildet der Bodensee zusammen mit den Alpen eine einzigartige Einheit. Vom Jungmoränen-Land mit sanften Wellen, bewaldeten Kuppen und Senken bis zu fruchtbaren Ebenen zeigt das Alpenvorland bis zum Bodensee ganz unterschiedliche Gesichter. Die Argen, drittgrößter Zufluss zum Bodensee, hat sich durch das starke Gefälle tief in die Erde gegraben und ein breites Bett geschaffen. Im unteren Verlauf zeigt der Fluss ein ganz anderes Gesicht in der eiszeitlich geprägten Landschaft. Hier dominieren flache, fruchtbare Ebenen.

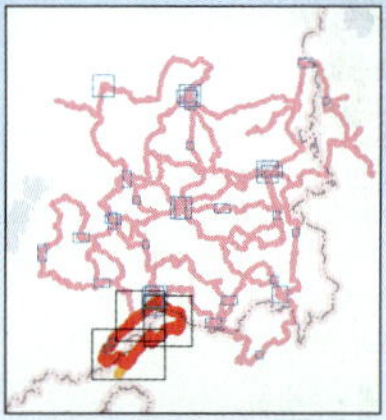

Charakteristik

Start/Ziel: Wangen, Parkplatz P 2, Aumühleweg

Wegbeschaffenheit: Die Route verläuft auf befestigten bzw. asphaltierten Radwegen und Straßen.

Verkehr: Die Strecke führt großteils über Radwege und verkehrsarme Nebenstraßen.

Beschilderung: Einheitliche, durchgehende Beschilderung.

Steigungen: Konditionell anspruchsvolle Rundtour.

An-/Abreise: PKW: Über die A 96, die B 32 und B 12 sowie mehrere Landes- und Kreisstraßen. Parken: P 2 (Aumühleweg), P 14 (Scherrichmühlweg). Bahn: Deutsche Bahn von Lindau-München und Hergatz-Aulendorf. Bodo- und Fernbuslinien

Anschlusstour(en): 9, 10

Marktplatz von Wangen im Allgäu

Durch das wellige Voralpenland mit bewaldeten Kuppen, Rücken und Senken geleitet Sie der Flusslauf der Oberen Argen von Wangen über Niederwangen nach Neuravensburg.

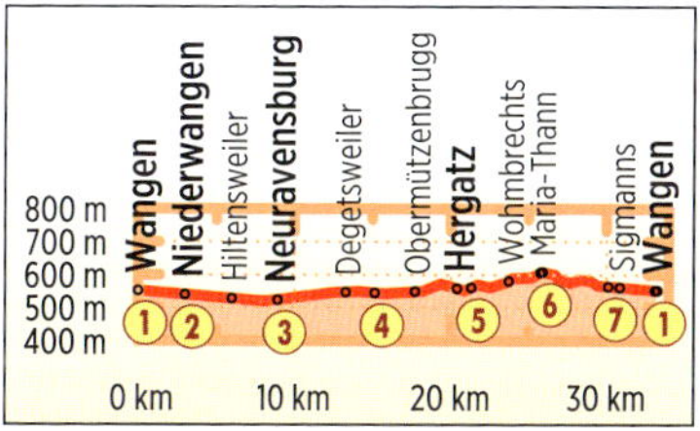

1 Wangen im Allgäu

Vorwahl: 07522

Gästeamt - Tourist Information, Bindstr. 10, ✆ 74211, @ fgf616

Wangener Museumslandschaft, Eselberg 1, ✆ 912682, ✆ 74211 Die Eselmühle beherbergt das „Wangener Heimatmuseum", das „Museum für Mechanische Musikinstrumente" und das angeglieder-

Niederwangen bei Wangen im Allgäu

te „Käsereimuseum". Entlang der Stadtmauer gelangt man zu den literarischen Museen und Archiven von Joseph Freiherr von Eichendorff und Gustav Freytag. Durch den Pulverturm gelangt man zum „Badstuben-Museum" mit der „Städtischen Galerie". @ puc437

- **Evangelische Kirche,** Bahnhofpl. 6, ✆ 2324. Die evangelische Kirche wurde in den Jahren 1890-1893 nach den Plänen des Stuttgarter Architekten Theophil Frey erbaut. Zur Einweihung war der König von Württemberg zu Gast. Zur 100-Jahr-Feier im September 1993 wurde das Kirchengebäude gründlich renoviert. @ sve218
- **Spitalkirche,** Spitalstr. 16, ✆ 707990. Sie wurde 1719 bis 1723 anstelle einer mittelalterlichen Kapelle erbaut. @ fgj224
- **St.-Martins-Kirche,** Marktpl. 4. Die Kirche gehört zu den ältesten Baudenkmälern der Stadt. Ihr Turm reicht bis in die Ho-

Wangen im Allgäu
9, 10
10
Am Engelberg
12
9, 12
Leutkircher Str.
Ravensburger Str.
Zeppelinstr.
Lindauer Str.
Südring
Friedrich-Ebert-Str.
Isnyer Str.
Klosterbergstr.
Evang. Kirche
Frauentor
Eselmühle
Pulverturm
Spitalkirche
St. Martin
St.-Martins-Tor
Stadthalle
Wohnmobilstellplatz
Obere Argen
Argenkanal
Atzenberg
590
Herzmannser Weg
Kanalweg
Auwiesenweg
Spinnereistr.
Webereiweg
Alpenstr.
Bahnhofstr.
Gegenbaurstr.
Schmiedstr.
Immelmannstr.
Schillerstr.
Am Klösterle
Bregenzer Str.
Simoniusstr.
Petermandstr.
Daimlerweg
Schickhardtstr.
Ratzenbergerweg
Haslachweg
Keplerweg
Kopernikusweg
Friedhofweg
Kreuzkellerw.
Seehaldew.
Lindenhof Str.
Am Schwarzenberg
Im Morgental
Maulhausstr.
Im Brühl
Mörikeweg
Kernerweg
Hölderlinw.
Uhlandw.
Hauffweg
Wielandstr.
Nieratzer Weg
Boelckestr.
Humbrechtser Str.
Richthofenstr.
Hochgratweg
Säntisweg
Argonnenstr.
Vogesenstr.
Flandernstr.
Hädrichweg
Grünerweg
Tödiweg
Feldbergweg
Schwarzwaldweg
Morfstr.
Im Urtel
Im Niederdorf
Liebigstr.
Jahnstr.
Karlstr.
Ebnetstr.
Holbeinweg
Dannecker Weg
Waldhofplatz
Atzenberg
Frohnwies
Praßberger Str.
Karl-Himbein-Str.
Pfanner Str.
Waldburgweg
Peter-Dörfler-Str.
Anton-Waldner-Str.
Scheffelweg
August-Lämmle-W.
Baumann-
3

Holzbrücke über die Argen bei Jussenweiler

henstaufenzeit zurück und ist bis zur Glockenstube mit unregelmäßigen Findlingssteinen im romanischen Stil erbaut worden. Auf dem Kirchplatz, dem früheren Friedhof von St. Martin, steht seit Juli 2002 die sechs Meter hohe Skulptur des „Seelenmals" von Ubbo Enninga. @ rvw834

Franziskanerklösterle, Am Klösterle 1, ✆ 913600. Die Franziskaner leben seit 1930 in einem ehem. Bauernhof, der umgebaut und erweitert wurden, in Wangen. Der liebevoll angelegte Klostergarten ist frei zugänglich und für viele ein Ort der Ruhe, Einkehr und „Natur-Tankstelle". @ rcf226

Burgruine Praßberg (24) Die sagenumwobene Burg wurde 1123 erbaut und durchlebte eine bewegte Zeit mit zahlreichen Besitzwechseln. Obwohl die Burg seit Beginn des 19. Jhs. verfiel, war sie bis 1835 bewohnt. Von der Anlage sind noch der Bergfried und die Ringmauer erhalten.

Pulverturm, Argenufer. Der Turm wurde früher auch als Wasser- oder Färberturm bezeichnet und stammt ursprünglich aus dem 15. Jh. @ ndl641

Frauentor, Herrenstr. 40. Die heutige Form des Tores stammt aus 1608. @ lgd774

St. Martins Tor, Paradiesstr. 10. Heute wird es auch Lindauer Tor genannt. @ oix273

Freibad Stefanshöhe, Burgelitz 15, ✆ 1225 (Rd), @ quo611

Großweiher Röhrenmoos. Dieser Weiher ist 11 ha groß und 53 Meter tief und lädt im Sommer zu einer kühlen Erfrischung ein.

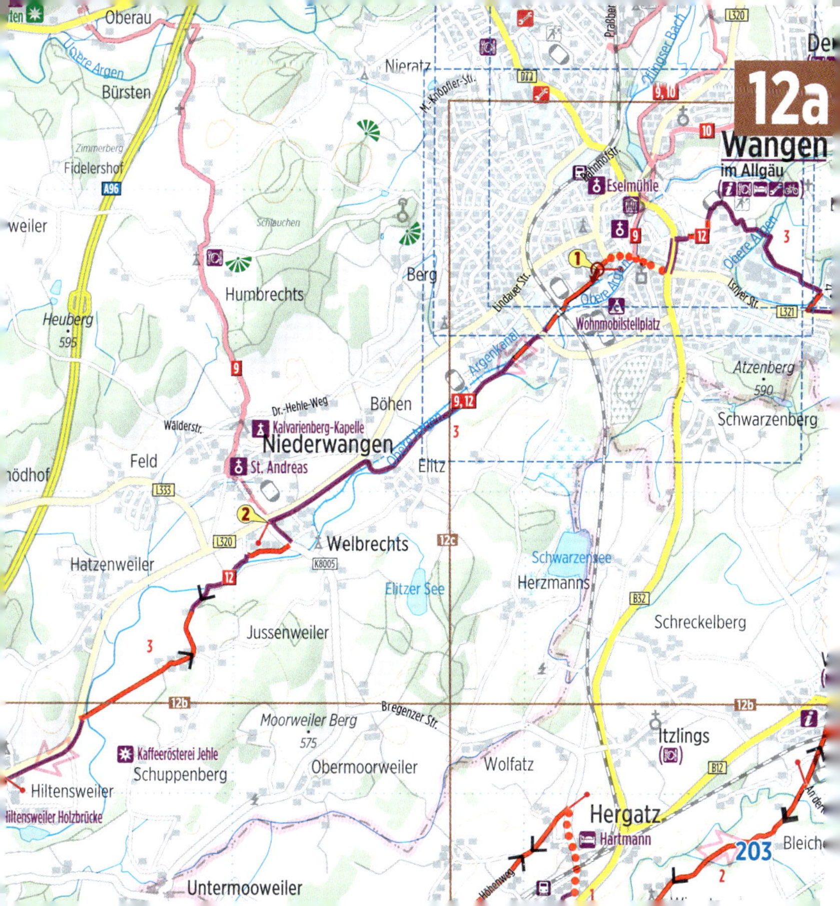

12a
Wangen
im Allgäu
Eselmühle
Wohnmobilstellplatz
Obere Argen
Argenkanal
Oberau
Bürsten
Nieratz
Zimmerberg
Fidelershof
A96
Heuberg
595
Schlauchen
Humbrechts
Berg
Böhen
Dr.-Hehle-Weg
Walderstr.
Kalvarienberg-Kapelle
Niederwangen
St. Andreas
Feld
L333
L320
Hatzenweiler
Welbrechts
K8005
Elitz
Elitzer See
Jussenweiler
Schwarzensee
Herzmanns
B32
Schreckelberg
Atzenberg
590
Schwarzenberg
Lindauer Str.
Isnyer Str.
L321
Bahnhofstr.
M.-Knöpfler-Str.
Praßberg
Ofllinger Bach
B32
L320
Moorweiler Berg
575
Bregenzer Str.
Kaffeerösterei Jehle
Schuppenberg
Obermoorweiler
Wolfatz
Itzlings
B12
Hergatz
Hartmann
Bleich
Hiltensweiler
Hiltensweiler Holzbrücke
Untermooweiler
Höhenweg
12b
12c
203
9, 10
9, 12

Schwarzenbach

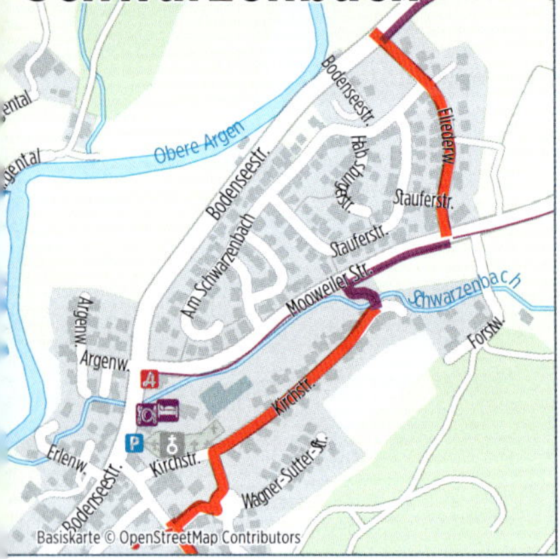

Die ehemalige freie Reichsstadt besticht durch ihre mittelalterlichen Türme und Tore. Zu den schönsten Straßenbildern Süddeutschlands zählen der Marktplatz, die Herren- und die Paradiesstraße. Gebäude wie das Rathaus, das Hinderofenhaus oder die St.-Martins-Kirche lohnen einen Stadtrundgang. Ebenso lädt die reizvolle Umgebung zu Spaziergängen, Wanderungen oder Radtouren ein.

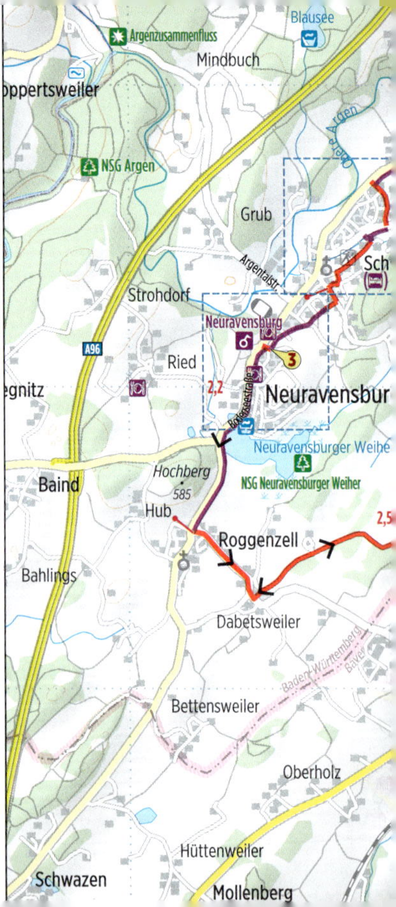

12b
Moorweiler Berg
575
Kaffeerösterei Jehle
Schuppenberg
Obermoorweiler
Wolfatz
Itzlings
Hiltensweiler
Hiltensweiler Holzbrücke
Hergatz
Hartmann
Höhenweg
Untermooweiler
Wigratz
Tegernmoos
3,5
12a
1
2
Myweiler
Gebetsstätte
Swin-Go
5
Wigratzbad
B32
NSG Degermoos
Leiblach
NSG Rotasweiher - Degermoos
Engetsweiler
Obermützenbrugg
Hofkäserei Tannenhof
Spatt
B12
Roten
Göritz
Degetsweiler
2
Volklings
Beuren
Opfenbach
NSG Stockenweiler Weiher
1,4
Stockenweiler
Ruhlands
Schaubrennerei
4
Lindau
Heimen
Umgangs
1,6
St2002
Hergensweiler
Kargen

2 Niederwangen (Wangen im Allgäu)

Vorwahl: 07522

St. Andreas Kirche, Andreasstr. 1. 1244 erstmals erwähnt, während des Dreißigjährigen Krieges zum Teil zerstört. Anfang der 1980er Jahre vollständig renoviert.

Kalvarienberg-Kapelle. 1709 erbaut, 1919 wurde der heutige Kreuzweg hinzugefügt

Kaffeerösterei Jehle, Schuppenberg 2, ✆ 9764995 Röstvorführungen und Degustation. @ vmj134

Schwarzenbach

3 Neuravensburg (Wangen im Allgäu)

Ruine Neuravensburg. Die Burg wurde vermutlich im 12. Jh. als leicht befestigte Anlage errichtet und in den darauffolgenden Jahrhunderten immer wieder erweitert und vergrößert. 1525 wurde sie im Bauernkrieg zerstört und erst im 17. Jh. als Schloss neu aufgebaut. Schließlich erfolgte im 19. Jh. die Sprengung der Burg, Steine wurden als Baumaterial an die lokale Bevölkerung verkauft. Im 20. Jh. begannen Instandsetzungsarbeiten zur Erhaltung der Ruine. @ ftu215

Hiltensweiler Holzbrücke. Die kulturhistorisch bedeutende gedeckte Holzbrücke über die Obere Argen wurde um 1790 erbaut. Bis zum Bau der neuen Brücke im Jahr 1929 führte der Hauptverkehr der damaligen Reichsstraße über die 42 m lange und 6 m breite Flussbrücke. Seither dient sie als Fußgänger- und Fahrradbrücke.

Radler vor der Burgruine Neuravensburg

Am Fuße der Burg Neuravensburg wurde im 13. Jahrhundert eine Stadt angelegt, die jedoch schon kurze Zeit später insgesamt dreimal zerstört wurde. Heute hat Neuravensburg mit seinen drei Teilorten knapp 3.000 Einwohner.

Roggenzell (Wangen im Allgäu)

Stockenweiler (Hergensweiler)

AUSFLUG

Bei **4** bietet sich ein Ausflug in den schmucken Ort Hergensweiler an.

Hergensweiler

Vorwahl: 08388

- **Gemeindeamt**, Friedhofweg 7, ✆ 217, @ afx162
- **Heimatmuseum**, Dorfstr. 20, ✆ 605 Führungen nach telefonischer Vereinbarung. Das Heimatmuseum entstand in den 1930er Jahren durch den Trachtenverein, geführt von Georg Schweinberger. Gegen Ende des 18. Jhs. wurde erstmals ein Museumsverein gegründet. Die Dorfgeschichte der Bewohner von Hergensweiler und auch textile Kostbarkeiten werden heute den Besuchern zur Schau gestellt. Der Sammelschwerpunkt des Museums liegt auf religiösen Objekten. Das Heimatmuseum besitzt eine der interessantesten Spezialsammlungen der Volksfrömmigkeit in Süddeutschland. @ csl675
- **Kanuverleih Lindau**, Kemptenerstr. 34a, ✆ 9235989, ✆ 0175/3469735. Geführte Kanutouren u. Rafting im Allgäu, Schlauchkanadier- u. Kajakverleih. @ jro837

Hergensweiler gehörte einst zu Österreich und wurde 1805 nach den Friedensverträgen von Brünn und Pressburg Bayern angeschlossen.

Ab Stockenweiler führt die Route durch das Leiblachtal.

TIPP Die Leiblach ist ein typischer Mittelgebirgsfluss und bildet auf einer Länge von etwa zehn Kilometern die natürliche Staatsgrenze zwischen Vorarlberg und Bayern, bevor sie bei Hörbranz in den Bodensee mündet.

Vorbei an ausgedehnten Streuobstwiesen und Moorbereichen entlang des Naturschutzgebietes Degermoos radeln Sie entlang der Bahngleise nach Hergatz.

Obernützenbrugg (Hergensweiler)

Hergatz

5 Wigratzbad (Opfenbach)

Vorwahl: 08385

- **Gebetsstätte Wigratzbad**, ✆ 920750. Die Gebetsstätte mit Exerzitienhaus entwickelte sich im Jahr 1936, nach einer Offenbarung in der Gnadenkapelle, nach und nach bis hin zum Bau der Sühnekir-

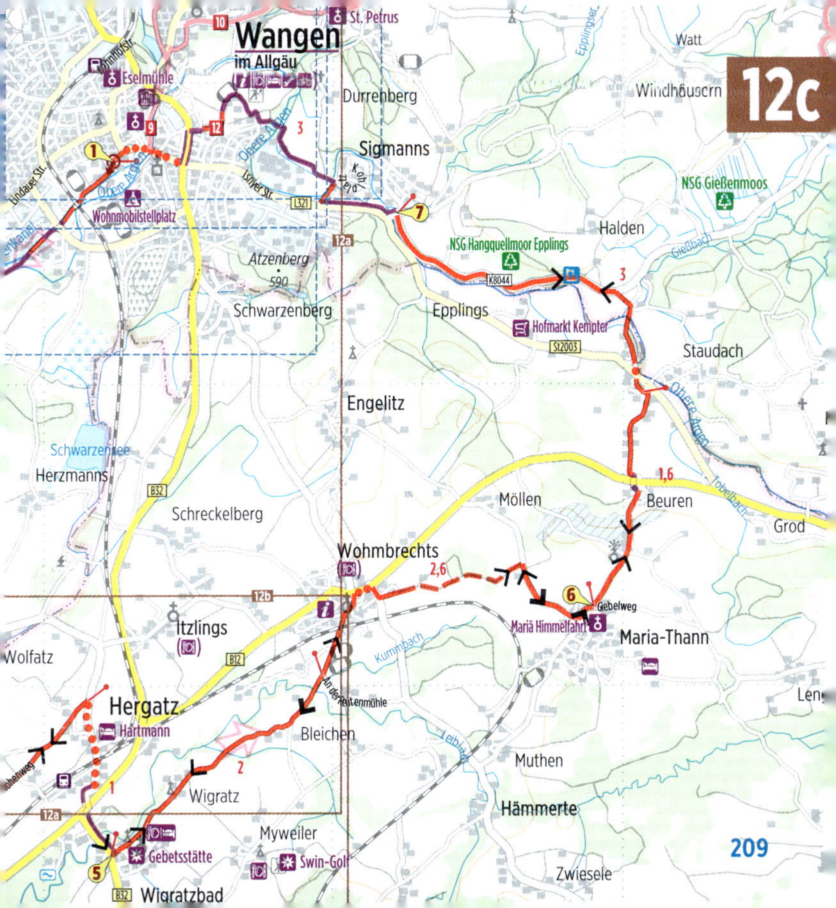
12c
Wangen
im Allgäu
St. Petrus
Eselmühle
Bahnhofstr.
Lindauer Str.
Obere Argen
Wohnmobilstellplatz
Isnyer Str.
L321
Durrenberg
Sigmanns
Epplingser
Watt
Windhäusern
NSG Gießenmoos
Halden
Gießbach
NSG Hangquellmoor Epplings
K8044
Epplings
Hofmarkt Kempter
St2003
Staudach
Atzenberg
590
Schwarzenberg
Engelitz
Obere Argen
Tobelbach
Schwarzensee
Herzmanns
B32
Schreckelberg
Möllen
Beuren
Grod
Wohmbrechts
Gebelweg
Mariä Himmelfahrt
Maria-Thann
Itzlings
Wolfatz
B12
Kummbach
An der Leutenmühle
Hergatz
Hartmann
Bleichen
Leiblach
Muthen
Wigratz
Hämmerte
Myweiler
Gebetsstätte
Swin-Golf
Wigratzbad
Zwiesele
12a
12b

Mariä Himmelfahrt in Maria Thann

che in moderner Stahlarchitektur (1973). @ fby717

Entlang kleine Dörfer und Weiler radeln Sie auf ruhigen Straßen durch das hügelige Voralpenland über Wohmbrechts und Maria Thann Richtung Wangen.

Bleichen (Opfenbach)

Wohmbrechts (Hergatz)

Vorwahl: 08385

- **Tourist-Info Hergatz**, Salzstr. 18, 1. OG., ✆ 92133, @ kbe263

6 Maria Thann (Hergatz)

- **Mariä Himmelfahrt**, Maria Thann 5. Die reiche Innenausstattung der Wallfahrtskirche aus dem 15. Jh. ist weitgehend barock. @ orw464

Ab **Staudach** begleitet Sie der Flusslauf der Oberen Argen bis nach Wangen.

7 Sigmanns

Wangen im Allgäu

Tour 13 Türme und Tobel 44 km

HM/km: ↗ 6,7 (295m) ↘ 6,7 (295m) Radweg: 17 % Unbefestigt: 1 % Verkehr: 2 %

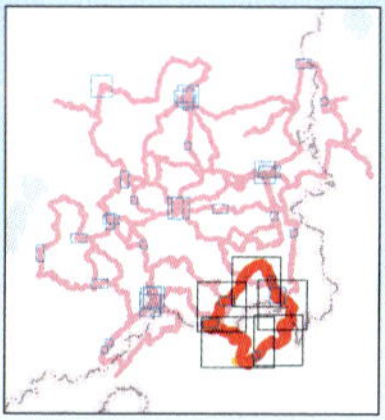

Historische Orte und verborgene Schätze lassen Sie tiefer in die Geschichte und die geografischen Besonderheiten der Naturschatzkammern eintauchen. Hier trifft Schöpferkraft auf Schaffenskraft. Während die Eismassen der Gletscher die Region modellierten, schufen Menschen aus dem Gestein Gebäude und Stadtmauern. Beide waren großartige Baumeister der Region. Von Macht und Kraft zeugen die hohen Berge, wilde Schluchten und Stadtsilhouetten mit Kirch- und Wehrtürmen. Eismassen und das Wasser der Argen schufen ein besonderes Naturjuwel, die Wildwasserschlucht Eistobel. Donnernde Wasserfälle, rauschende Stromschnellen und gewaltige Wasserstrudel formen bis heute den Lebensraum seltener Pflanzen- und Tierarten.

Charakteristik

Start/Ziel: Isny Oval

Wegbeschaffenheit: Die Route verläuft auf befestigten bzw. asphaltierten Radwegen und Straßen.

Verkehr: Die Strecke führt großteils über verkehrsarme Straßen und Radwege.

Beschilderung: Einheitliche, durchgehende Beschilderung.

Steigungen: Stetig hügeliger Verlauf.

An-/Abreise: PKW: Über die A 7 Autobahnkreuz Allgäu, über die B 12 Kempten – Isny, über die A 96: Ausfahrt Leutkirch Süd, über die L 318 Leutkirch – Isny. Parken: Kurweg. ÖPNV: Gut mit Bahn und Bus erreichbar. Bahn: Anschluss bis Leutkirch, Wangen, Rötenbach oder Kempten

Anschlusstour(en): 10, 11

Neutrauchburg

TIPP

1 Schon am Startpunkt, dem **Isny Oval**, blicken Sie auf ein imposantes Bild. Die Silhouette der historischen Altstadt Isny zeichnet mit ihren vielen Kirch- und Wehr-

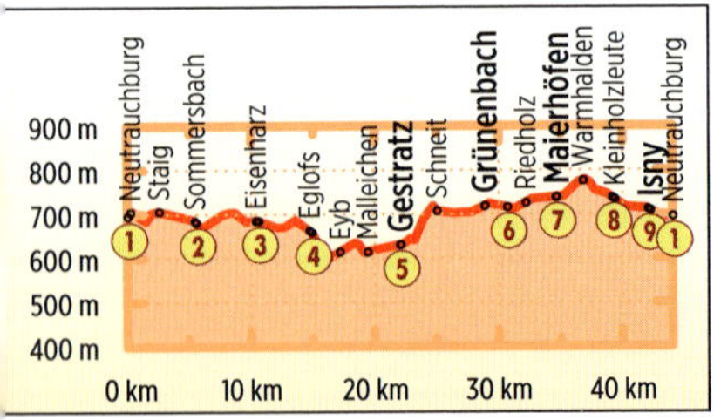

türmen die Alpenkette nach. Berg und Turm - eine symbolische Bedeutung für Aufstieg und Höhe.

Neutrauchburg (Isny im Allgäu)

Vorwahl: 07562

- **Adventure-Golf**, Kurweg, ✆ 975144. Die abenteuerliche Variante des Minigolfs wird im naturnahen Gelände auf Kunstrasen gespielt. @ fxs346
- **Isny Oval** (24) Die Plattform in der Stadteinfahrt gewährt einen herrlichen Blick auf Isny und die Berglandschaft.
- **Therapeutisches Bewegungszentrum**, Schlossstr. 8, ✆ 711151. Schwimmbad, Sauna & Salzlounge. @ syd441

Der Kurort Neutrauchburg hieß bis 1788 „Mechensee". Durch Erbschaft gelangte Graf Franz Anton von Waldburg-Zeil im Jahre 1772 in den Besitz der Grafschaft Trauchenburg und bestimmte Mechensee als Verwaltungsmittelpunkt. Er ließ ein Amtshaus erbauen, das heutige Schloss, und benannte den Ort in „Neutrauchburg" um. Das kleine architektonische Juwel wurde erst seit dem 19. Jahrhundert als Wohn-

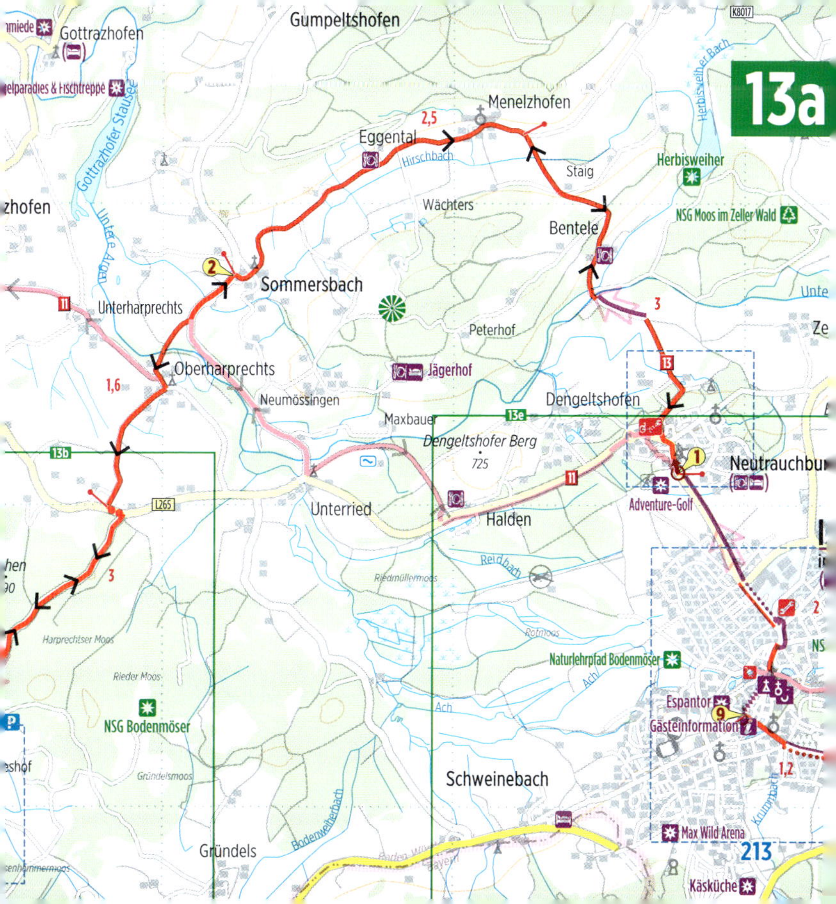
13a
Gumpeltshofen
Gottrazhofen
Gottrazhofer Stausee
Menelzhofen
Eggental
2,5
Hirschbach
Staig
Herbisweiher
Herbisweiher Bach
NSG Moos im Zeller Wald
Wächters
Bentele
Untere Argen
Sommersbach
Unterharprechts
Oberharprechts
Peterhof
1,6
Jägerhof
Neumössingen
Dengeltshofen
Maxbauer
Dengeltshofer Berg
725
Neutrauchburg
Adventure-Golf
Unterried
Halden
L265
Reidbach
Riedmüllermoos
Harprechtser Moos
Rieder Moos
NSG Bodenmöser
Rotmoos
Naturlehrpfad Bodenmöser
Ach
Espantor
Gästeinformation
Gründelsmoos
Schweinebach
Gründels
Bodenweiherbach
Max Wild Arena
Krummbach
Käsküche
213
K8017

sitz der erbgräflichen Familie genutzt und beherbergt heute ein stilvolles Hotel. Mit dem Schlossgasthof „Sonne Neutrauchburg" begann der Aufstieg Neutrauchburgs zum Heilklimatischen Kurort. Die Gründung erfolgt 1686 in Zusammenhang mit den Wallfahrten zur Lorettokapelle. Ab den 1950er-Jahren entwickelte sich die kleine Ortschaft zum anerkannten Kurort und Rehastandort. Der Schwerpunkt der drei ortsansässigen Kliniken liegt auf Innerer Medizin, Orthopädie und Psychosomatik. Aber auch gesundheitsbewusste Einheimische und Gäste können die Angebote im Therapeutischen Bewegungszentrum nutzen.

Menelzhofen (Isny im Allgäu)

2 Sommersbach

Oberharprechts

3 Eisenharz (Argenbühl)

Vorwahl: 07566

Gästeamt, Kirchstr. 9, ✆ 940210, @ spu524

St. Benedikt, Kirchstr. 8, ✆ 1556. Die Kirche wurde 1852 erbaut und im Jahre 1956

13b
Argenbühl
Matzen
Alperts
Siggener Höhe
Albris
lleschwende
Haizen
Gießbach
Willatz
Sandraz
Oberweihers
Eschen
690
Harprechtser Moos
Rieder Moos
NSG Bodenmöser
Böschleshof
Gründelsmoos
Kirchstr.
Aphorismen und Zitate-Wanderweg Saint Exupéry
Schnaidt
Eisenharz
Eglofser Str.
1,6
Eisenhammermoos
Linzgis
Untervorholz
Steinberg
Obervorholz
2,8
Waibelhof
Hofs
denhaus
Staudacher Weiher
Reute
Bellmannshöfle
Moorbad
NSG Staudacher Weiher
Strickers Höhe
Eisenharzer Weg
Burg
Osterwald
Vogelherd
600
Schuhmichelbrunnen
Eglofs
Lourdes Grotte
Eglofstal
Museum Eglofs
Hochg
Schloss Syrgenstein
1,2
2,8
Eyb
Obere Argen
Saubach
Malleichen
Marktobelbach
L265
K8014
K8011
B12
13a
13c
13
10

Schloss Syrgenstein bei Eglofs

wurde das Kirchenschiff unter Einbeziehung des alten spätgotischen Turmes erweitert.

- **Aphorismen- und Zitate Wanderweg St. Exupéry**, Dorfpl., ✆ 940210. 7,8 km lang, Start am Dorfplatz Eisenharz, der „Lehrpfad für die Seele". @ evc731
- **NSG Bodenmöser.** Hier entstand während der Würm-Kaltzeit ein Moorkomplex aus großflächigen Hoch-, Zwischen- und Niedermooren. Durch intensiven Torfabbau in der Vergangenheit trockneten Teile des Hochmoores aus und zerstörten Lebensräume. Heute leben in den Bodenmösern seltene Arten wie Kreuzotter oder Sumpfschrecke.

4 Eglofs (Argenbühl)

Vorwahl: 07566

- **Museum Eglofs**, Dorfpl. 3, ✆ 1513 Musikmuseum – ein Spiegelbild der Entwicklungen heimischer Volkskunst. Steine, Fossilien und Mineralien – Einblicke in den Untergrund und in seine Entstehung, Ofenkacheln – aus fünf Jahrhunderten, von der Romanik bis zum Jugendstil. @ smh686
- **St. Martin**, St. Martinsweg 1. Im Jahre 1766 als Barockkirche erbaut. Deckenbilder mit

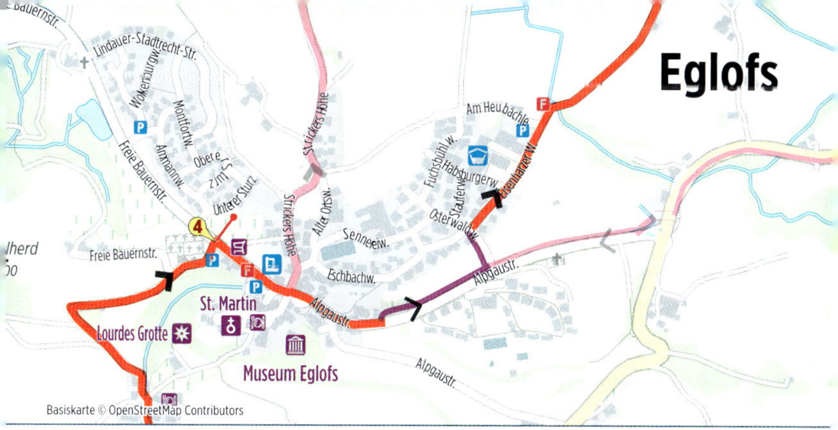

Heiligen, die vom Bauernstand verehrt werden, zeigen den Charakter einer bäuerlichen Gemeinde. Der Eglofser Hochaltar, so Kunstkenner, sei der schönste Hochaltar des gesamten Westallgäus. Eine Kostbarkeit stellt die Madonna mit Kind dar, vom Eglofstaler Künstler Anton Stiefenhofer etwa 1790 geschaffen.

Historischer Dorfplatz. Der repräsentative Platz mit neugotischem Brunnen ist von schmucken Profanbauten, wie dem ehem. Amtshaus der Vogtei und späteren Rathaus, den Gasthäusern Zur Rose und Hofwirtschaft sowie dem Museum, umgeben.

Lourdes Grotte, Eglofstal 55. Die Grotte erinnert an die Toten des 1. Weltkrieges.

NSG Staudacher Weiher. Während der letzten Würm-Kaltzeit, als sich das Gletschereis des Rheingletschers zurückzog, bildete sich hier ein Gletscherrandsee, der später großteils verlandete und zu einem Moorgebiet wurde. Das heutige Naturschutzgebiet besteht aus zwei Weihern und deren bewaldetem Randbereich.

Schuhmichelbrunnen, Sennereiweg. Ein echtes Allgäuer Original erbaut von „Schuhmichel“ Michael Netzer.

Badestelle Moorbad Eglofs-Burg, Burg, ✆ 382, @ fto654

PanoramaBad Eglofs, Eisenharzer Weg 9, ✆ 607, @ bca573

Eglofstal (Argenbühl)

In der Höll (Röthenbach im Allgäu)

5 Gestratz

Vorwahl: 08383

Gemeindeamt, Schulstr. 1, ✆ 223, @ asa414

Heimathaus, Schulstr. 1, ✆ 223 © In der 250 Jahre alten ehem. Schmiede wird das Leben und Wirken der Vorfahren vermittelt. @ rli458

Pfarrkirche, Schulstr. , ✆ 08384/517. Nach einem beträchtlichen Verfall wurde die Kirche im 14. Jh. nochmals neu aufgebaut. Unter anderem wird die Geschichte Jesu in einem spätgotischen Freskenzyklus aus der Zeit um 1437 dargestellt.

Jahrhundertelang war Gestratz ein Platz der Ritter. Römer und Kelten verweilten in diesem Gebiet, errichteten Schanzen,

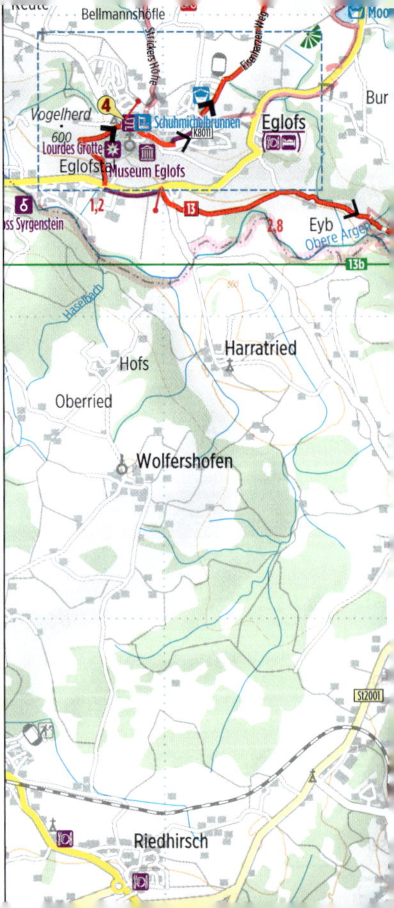

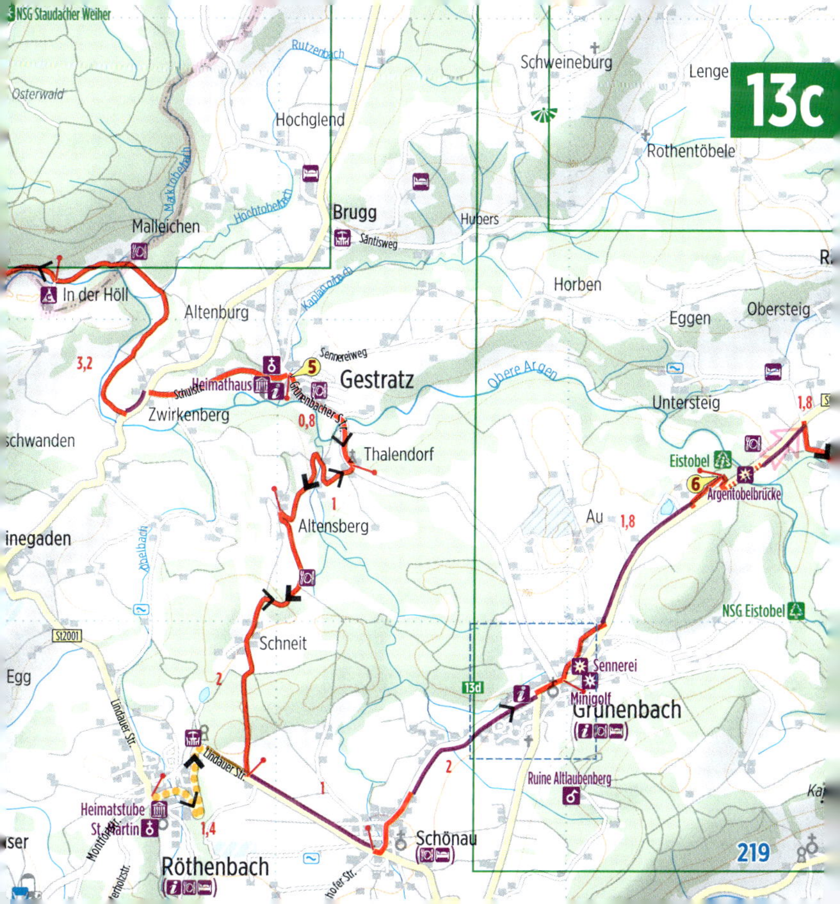

NSG Staudacher Weiher
13c
Osterwald
Rutzenbach
Hochglend
Schweineburg
Lenge
Rothentöbele
Makrtobelbach
Hochtobelbach
Malleichen
Brugg
Säntisweg
Hubers
In der Höll
Altenburg
Kaplantobelbach
Horben
Eggen
Obersteig
3,2
Sennereiweg
5
Gestratz
Obere Argen
Heimathaus
Schulstr.
Grünenbacher Str.
Untersteig
1,8
Zwirkenberg
0,8
schwanden
Thalendorf
Eistobel
6
Argentobelbrücke
1
Altensberg
Au
1,8
inegaden
Obelbach
NSG Eistobel
St2001
Schneit
Sennerei
Egg
2
13d
Minigolf
Grünenbach
Lindauer Str.
Lindauer Str.
2
1
Ruine Altlaubenberg
Heimatstube
St. Martin
1,4
Schönau
Röthenbach
Montfortstr.
hofer Str.

Befestigungsanlagen und ein Straßennetz. Gestratz fand im 11. Jahrhundert erstmals eine urkundliche Erwähnung. Damals war es unter dem Namen „Gesträze“ bekannt.

Altensberg (Gestratz)

Röthenbach im Allgäu

Vorwahl: 08384

Gästeamt, Mühlenstr. 1, ✆ 1816, @ iem242

Pfarrkirche St. Martin, Kirchweg 4, ✆ 517. Vor der Kirche aus dem 13. Jh. befindet sich der Heiligenbrunnen (1566). @ ily774

Heimatstube, Kirchweg 1, in der Grundschule, ✆ 1710 Viele Fotos und Ausstellungsstücke geben einen Einblick in das Leben und den Alltag früherer Zeiten. @ ino175

Schönau (Grünenbach)

Grünenbach

Vorwahl: 08383

Gästeamt Grünenbach, Hauptstr. 49, ✆ 929981, @ roe762

Minigolf am Laubenberg, Riederweg 9a, ✆ 7622. Minigolf und Biergarten. @ dyc158

Sennerei, Sennereiweg 2, ✆ 929991. Im Kupferkessel der kleinen Käseküche entstehen aus naturbelassener und silagefreier Rohmilch jährlich stattliche 150.000 kg leckere Schnittkäse-Spezialitäten. Zum Teil werden je nach Saison auch frische Kräuter wie Bärlauch oder Bergschnittlauch beigemischt. @ nva243

Herbststimmung im Eistobel

TIPP Eine geografische Besonderheit ist der „Eistobel". Es lohnt sich hier einen Halt einzuplanen und diesen Naturschatz zu erkunden. Eine erfrischende Pause für müde Radlerwaden!

6 Eistobel (Grünenbach)

Argentobelbrücke. Von der 230 m langen Bogenbrücke über die Schlucht des Eistobels lohnt ein Blick auf die mehr als 50 m tiefer fließende Obere Argen.

Eistobel Argen, Eingangspavillon Argentobelbrücke, ✆ 08383/7265. Entstanden ist der Eistobel vor ca. 15.000 Jahren, als gegen Ende der letzten Eiszeit allmählich wieder wärmeres Klima herrschte. Im Talbecken der heutigen Ortschaft Ebratshofen bildete sich ein Schmelzwassersee, dessen Abfluss sich immer mehr in das Gestein einschnitt. Heute zählt die Schlucht „Eistobel" zu den schönsten Geotopen Bayerns, die Vegetation erinnert manchmal an tropischen Regenwald. Auch die Fauna ist ganz speziell an diesen Standort angepasst. Gut zu sehen sind diese Spezialisten des Tierreiches und vieles andere in den Kurzfilmen, die Sie im Infopavillon beim Eingang sehen können. Im eigentlichen Tobel wandern Sie an folgenden besonders markanten Punkten vorbei: Die „Ersten Wasserfälle" werden durch eine Barriere aus hartem Nagelfluh gebildet. Der „Große Wasserfall" rauscht 18 m über eine schräge Felswand in ein tiefes Becken. Der „Zwinger" ist ein enger Abschnitt mit einer Menge an verstreuten Felsblöcken. Die „Hohe Wand" besteht aus Sandstein und ist fast 50 m hoch. Der dritte große Wasserfall heißt „Wasserfall am Eissteg", etwas oberhalb befindet sich noch die „Große Nagelfluhwand", wo die Argen zu einem kleinen See aufgestaut ist. @ dnw722

Nun folgt noch eine sportliche Etappe auf 773 Höhenmeter, bis zum höchstgelegenen Punkt dieser Rundtour. Nach der Aussichtsplattform „Vorholz" radeln Sie im hügeligen Verlauf stetig bergab Richtung Isny.

Riedholz (Maierhöfen)

7 Maierhöfen

Vorwahl: 08383

Gästeamt, Brunnenweg 2, ✆ 98040, @ fsy257

Skulpturenweg, Brunnenweg 2 ㉔ Der knapp 5 km lange Rundweg verbindet Natur- und Kunsterlebnis. @ ayg681

Infoplattform Vorholz ㉔ Der Blick über die von Eiszeiten geprägte Landschaft reicht bis zu den in der Schweiz liegenden Bergen des Alpsteinmassivs.

8 Großholzleute (Isny im Allgäu)

Gasthof Adler, Hauptstr. 27, ✆ 07562/6239674. Der historische und denkmalgeschützte Landgasthof wurde um 1500 als Amtshaus mit Gerichtslaube errichtet. Nach einer bewegten Geschichte als Versammlungsort aufständischer Bauern, Posthalterei der Kaiserlichen Reichspost und Einkehrstätte der österreichischen Erzherzogin Maria Theresia und der späteren Königin von Frankreich, Marie Antoinette, verbrachte die britische Prinzessin Anne 1987 ihren Winterurlaub im Adler.

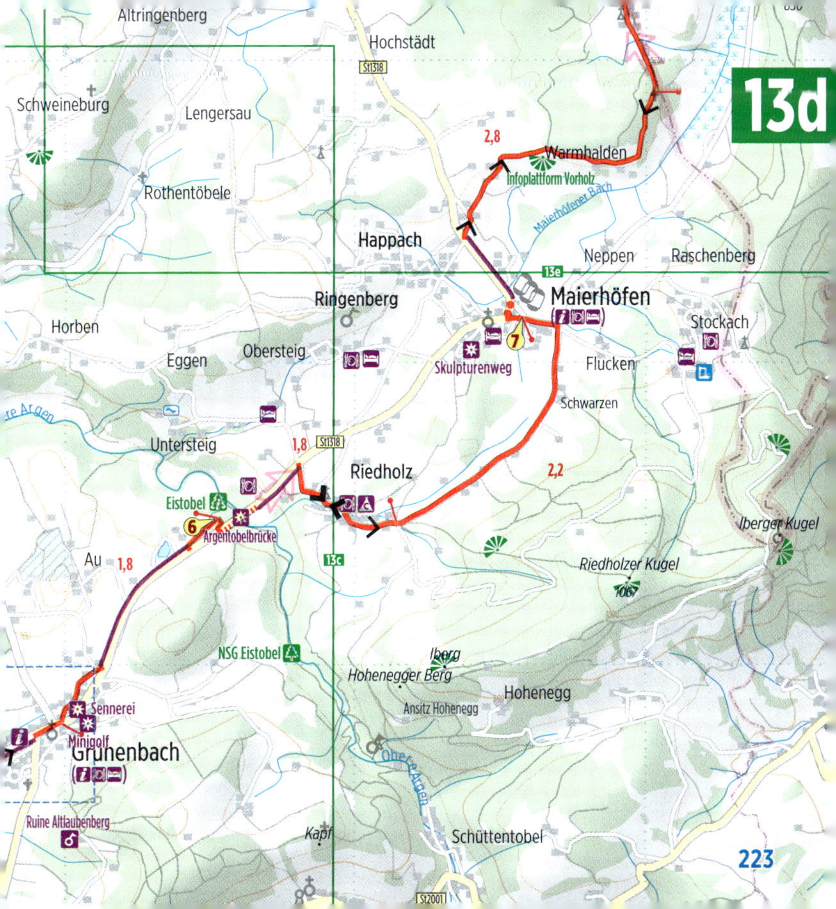

13d
Altringenberg
Hochstädt
St1318
Schweineburg
Lengersau
2,8
Warmhalden
Infoplattform Vorholz
Maierhöfener Bach
Rothentöbele
Happach
Neppen
Raschenberg
13e
Ringenberg
Maierhöfen
Horben
Stockach
Eggen
Obersteig
Skulpturenweg
Flucken
Schwarzen
Untersteig
1,8
St1318
Riedholz
2,2
Eistobel
Argentobelbrücke
Au
1,8
13c
Iberger Kugel
Riedholzer Kugel
1067
NSG Eistobel
Iberg
Hohenegger Berg
Hohenegg
Ansitz Hohenegg
Sennerei
Minigolf
Grünenbach
Obere Argen
Ruine Altlaubenberg
Kapf
Schüttentobel
St2001

Blick von der Infoplattform Maierhöfen

Hasenbergschanze, Langenfeldhof 6. Bereits im Jahre 1924 wurde vom WSV eine Skisprungschanze errichtet. Hier wird sowohl im Sommer als auch im Winter ein Sprungbetrieb abgehalten. @ ecn443

Kleinholzleute (Isny im Allgäu)

Kleinhaslach (Isny im Allgäu)

Römerkastell Vemania. Das spätrömische Reiterkastell war Teil des Donau-Iller-Rhein-Limes in der Römischen Provinz Raetia.

TIPP Planen Sie für die Besichtigung der geschichtsträchtigen Stadt Isny, deren bewegte Stadtgeschichte fast 1.000 Jahre zurückreicht, ausreichend Zeit ein. Das mittelalterliche Stadtoval mit mächtigen Türmen und imposanten Kirchen säumen gemütliche Gaststätten, die zum Verweilen einladen.

9 Isny im Allgäu s. S. 183

Neutrauchburg

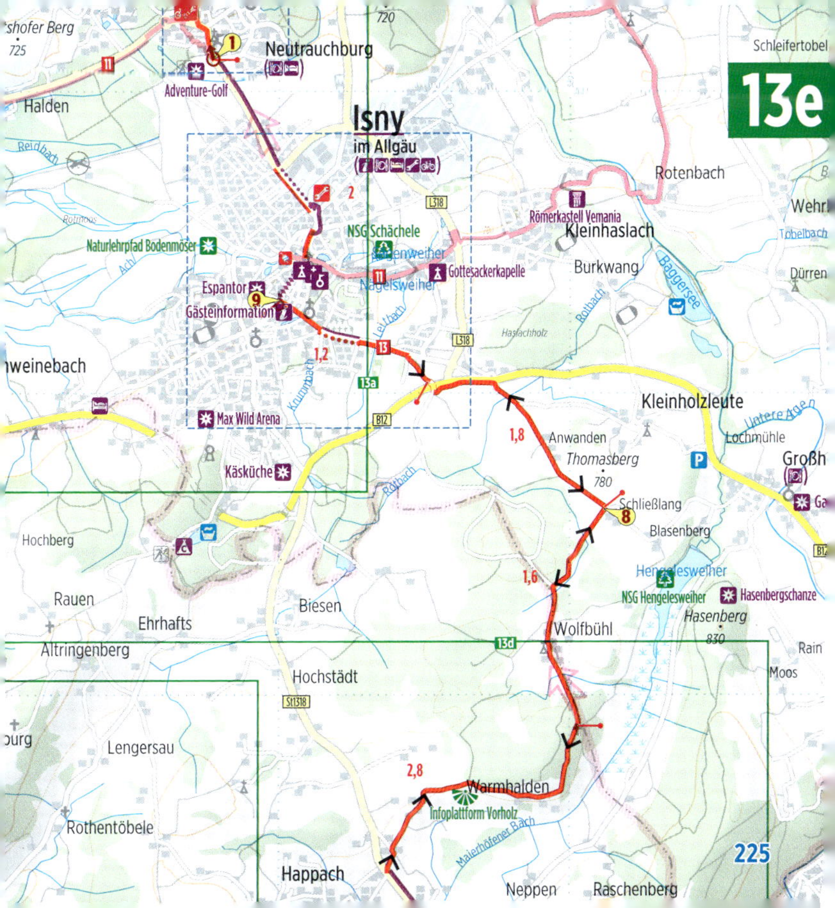

13e
Neutrauchburg
Adventure-Golf
Halden
Isny
im Allgäu
Rotenbach
Schleifertobel
Römerkastell Vemania
Kleinhaslach
Wehr
Tobelbach
NSG Schächele
Naturlehrpfad Bodenmöser
Gottesackerkapelle
Nägelsweiher
Burkwang
Baggersee
Dürren
Espantor
Gästeinformation
Rotbach
Leutbach
Haslachholz
L318
B12
13a
13
11
2
1,2
1,8
1,6
2,8
Max Wild Arena
Käsküche
Kleinholzleute
Untere Argen
Lochmühle
Anwanden
Thomasberg
780
Schließlang
Blasenberg
Großh
Hengelesweiher
NSG Hengelesweiher
Hasenbergschanze
Hasenberg
830
Hochberg
Rauen
Ehrhafts
Biesen
Wolfbühl
13d
Altringenberg
Hochstädt
St1318
Rain
Moos
Lengersau
Warmhalden
Infoplattform Vorholz
Maierhöfener Bach
Rothentöbele
Happach
Neppen
Raschenberg
Reidbach
Rotmoos
Achi
Krummbach
725
720

Übernachtungs- und Serviceverzeichnis

Übernachtungsadressen

Dieses Verzeichnis beinhaltet folgende Übernachtungskategorien:

Kategorien

- i Tourist-Information
- H Hotel
- Hg Hotel garni
- Gh Gasthof, Gasthaus
- P Pension, Gästehaus
- Pz Privatzimmer
- Ho Hostel
- Mo Motel
- NF Naturfreundehaus
- AH Apartmenthotel
- B&B Bed and Breakfast
- B Bungalow
- Fw Ferienwohnung (Auswahl)
- Bh Bauernhof
- Hh Heuhotel
- S Sonstiges
- Jugendherberge, -gästehaus
- Campingplatz
- Zeltplatz (Naturlagerplatz)

Die Auflistung stellt keine Empfehlung einzelner Betriebe dar und erhebt keinen Anspruch auf Vollständigkeit. Um das Verzeichnis stets aktuell zu halten, sind wir für Mitteilungen bezüglich Änderungen jeder Art dankbar. Der einfache Eintrag erfolgt für die Betriebe natürlich kostenfrei, aus Platzgründen können wir diesen allerdings nicht garantieren. Vor allem in Tourismusgebieten mit großem Über-

bett+bike adfc

Alle mit dem Bett+Bike-Logo gekennzeichneten Betriebe erfüllen die vom ADFC vorgeschriebenen Mindestkriterien als „Fahrradfreundliche Gastbetriebe“ und bieten darüber hinaus so manche Annehmlichkeit für Radfahrer. Detaillierte Informationen finden Sie unter ***www.bettundbike.de***.

adfc Allgemeiner Deutscher Fahrrad-Club

nachtungsangebot muss die Liste aus Platzgründen automatisiert leicht gekürzt werden.

Kennzeichnung

I Preiskategorie unter € 25,-
II Preiskategorie € 25,- bis € 35,-
III Preiskategorie € 35,- bis € 50,-
IV Preiskategorie € 50,- bis € 70,-
V Preiskategorie € 70,- bis € 100,-
VI Preiskategorie über € 100,-
o.F. kein Frühstück angeboten
HP mit Halbpension
nur Zimmer mit Etagenbad
Bett+Bike Betrieb
2.5 Entfernung vom Weg in Kilometer Luftlinie

Preise

Die Preise gelten als Richtwert pro Person in einem Doppelzimmer mit Dusche oder Bad inkl. Frühstück.

Die angegebenen Preiskategorien entsprechen dem Stand des Erhebungs- bzw. Überarbeitungszeitraumes und können sich von den tatsächlichen Preisen unterscheiden. Besonders während Messezeiten, aufgrund von unterschiedlichen Zimmertypen und nicht zuletzt saisonal bedingt sind preisliche Schwankungen möglich.

Radwerkstätten u. -vermietung

Fahrradwerkstatt
Fahrradvermietung
Servicestation od. -automat
E-Bike Ladestation
E-Bike Verleih
abschließbare Abstellanlagen

Entfernung

Die blaue Zahl (2.5) beim Betrieb gibt die Entfernung zur Route in Kilometern an. Bitte beachten Sie, dass sich diese Zahl auf die Luftlinie bezieht, ohne Berücksichtigung der Höhenmeter und der tatsächlichen zurückzulegenden Strecke.

Updates

Aktuelle Korrekturen zum Übernachtungsverzeichnis erhalten Sie über das LiveUpdate auf www.esterbauer.com.

Tour 1 - Museen, Moor, mehr

Bad Wurzach

Vorwahl: 07564

i Bad Wurzach Info, Rosengarten 1, ✆ 302150 0

H feelMOOR Gesundheitsresort, Karl-Wilhelm-Heck-Str. 12, ✆ 304-2100, IV 0.5

Hg Gasthof Adler, Schlossstr. 8, ✆ 93030, IV 0

Fw Gästehaus Achblick, Espenweg 6, ✆ 306800, ✆ 0172/6231454, ✆ 0172/6231516, II 0

Zweiradsport Geyer, Gartenstr. 30, ✆ 858930 0

Radservice-Punkt, Rosengarten 1, bei der Tourist-Info. Reparaturstation mit Werkzeug u. Material für kleine Pannen. 0

Truschwende (Bad Wurzach)

Vorwahl: 07564

H Truschwende4, Truschwende 4, ✆ 9379900, IV 2

Eintürnen (Bad Wurzach)

Vorwahl: 07564

Pz Das kleine Café, Weitprechtser Str. 8, ✆ 07527/181982, I 1.5

Wolfegg

Vorwahl: 07527

i Wolfegg Information, Rötenbacher Str. 13, ✆ 960151 0

H Zur Post, Rötenbacher Str. 5, ✆ 96140, III-IV 0

S Schäferwagen, Samhof 1, ✆ 6658, III 0.5

Radservice-Punkt, Vogter Str. 4. Reparaturstation mit Werkzeug u. Material für kleine Pannen. 0

Alttann (Wolfegg)

Vorwahl: 07527

H Landhotel Allgäuer Hof, Waldseer Str. 36, ✆ 290, IV 0.5

P Fischer, Kirchberg 3, ✆ 4157, II 0.5

P WoGi, Kirchberg 18, ✆ 9544970, III-IV 0.5

Bergatreute

Vorwahl: 07527

i Bergatreute Info, Ravensburgerstr. 20, ✆ 92160 0

Pz Wirbel, Gambach 26, ✆ 4428, ✆ 4640, ✆ 0163/6151891 1

Gaisbeuren (Bad Waldsee)

Vorwahl: 07524

H Adler, Bundesstr. 15, ✆ 9980, III-IV 0

Reute (Bad Waldsee)

Vorwahl: 07524

H Gästehaus am Klosterberg, Klosterg. 1, im Bildungshaus, ✆ 708211, IV 0

Bad Waldsee

Vorwahl: 07524

i Tourist-Information, Ravensburger Str. 3,

✆ 941342 0

H Grüner Baum & Altes Stadttor, Hauptstr. 34, ✆ 97900, IV-V 0

H Kreuz, Mattenhaus 3, ✆ 97570, IV 3

H Parkhotel, Badstr. 30, ✆ 97070, IV-V 0.5

Mo WoOvers, Badstr. 25, ✆ 9928160, ✆ 07392/1699240, o.F., II 0.5

P Beim Josl, Am Kornhaus 3, ✆ 3567, o.F., II 0

P Gästehaus Rössle, Wurzacher Str. 30, ✆ 40100, III 0

P Maucher, Badstr. 22, ✆ 97920, III 0.5

Pz Schröer, Meisterberg 3, ✆ 1359, I 0.5

2Rad Center, Claude-Dornier-Str. 1, ✆ 9968070 2

Haidgau (Bad Wurzach)

Vorwahl: 07564

Gh Engel, Dorfstr. 24, ✆ 3262, III 0

Unterschwarzach (Bad Wurzach)

Vorwahl: 07564

i Ortsverwaltung Unterschwarzach, Fichtenstr. 19, ✆ 91091 0.5

Tour 2 - Schwarzes Gold

Kißlegg

Vorwahl: 07563

i Gäste- und Bürgerbüro, Schloßstr. 8, Neues Schloss, ✆ 936142 0

H Ochsen, Herrenstr. 21, ✆ 91090, III-IV 0

Zweirad Wenzler, Herrenstr. 24, ✆ 2320 0

Radservice-Punkt, Bahnhofstr. Reparaturstation mit Werkzeug u. Material für kleine Pannen. 0

Menzlings (Kißlegg)

H Zerlaut, Haslach 1, ✆ 07563/915300, IV 1.5

P Gästehaus Mitzeit, Menzlings 2, ✆ 07563/8514, III 2

Willerazhofen (Leutkirch im Allgäu)

Vorwahl: 07563

Weihercamping, Campingweg 13, ✆ 7018 2.5

Bauhofen (Bad Wurzach)

Vorwahl: 07564

Fw Allgäu Hof Müller, Am Floschen 2, ✆ 3925, II 2

Brugg (Bad Wurzach)

Vorwahl: 07564

Gh Rosengarten, Brugg 10, ✆ 91400, III 1

Truschwende (Bad Wurzach) siehe Tour 1

Bad Wurzach siehe Tour 1

Eintürnen (Bad Wurzach) siehe Tour 1

Holdenreute (Kißlegg)

Vorwahl: 07563

Fw Ferienhof Rösch, Holdenreute 14, ✆ 3262, I 0

Tour 3 - Land in Sicht

Bad Wurzach siehe Tour 1

Seibranz (Bad Wurzach)

Vorwahl: 07564

Fw Bei uns im Allgäu, Sigebrandstr. 22, ✆ 91277, ✆ 0170/9916270 0.5

Aichstetten

Vorwahl: 07565

H Al Hotel, Am Waizenhof 4/1, ✆ 08261/769545, o.F., II 0.5

BikeOnic, Hochstr. 6, ✆ 9439760 0.5

Unterzeil (Leutkirch im Allgäu)

Vorwahl: 07561

Pz Fessler, Kaiserhalde 7, ✆ 3942, III 0.5

Ottmannshofen (Leutkirch im Allgäu)

Vorwahl: 07565

P Boneberg, Oberer Ölweg 19, ✆ 914581, ✆ 0162/8554586, II 0

Leutkirch im Allgäu

Vorwahl: 07561

i Touristinfo, Marktstr. 32, Gotisches Haus, ✆ 87154 0.5

H Gasthof zum Rad, Obere Vorstadtstr. 5, ✆ 98560, III 0

H Linde, Lindenstr. 1, ✆ 913970, III 0.5

H Tagungshaus Regina Pacis, Bischof-Sproll-Str. 9, ✆ 8210, III-IV 0.5
Gh Bayrischer Hof, Kemptener Str. 53, ✆ 3742, III 0.5
Allgäu Bike Sports, Poststr. 5, ✆ 9151775 0
Rad Sport Geser, Bahnhof 5, ✆ 4246 0.5
Veloce der Radladen, Brühlstr. 16, ✆ 8202840, ✆ 0151/25400130 0.5
Radservice-Punkt, Bahnhof. Reparaturstation mit Werkzeug u. Material für kleine Pannen. 0.5

Willerazhofen (Leutkirch im Allgäu) siehe Tour 2

Brugg (Bad Wurzach) siehe Tour 2

Truschwende (Bad Wurzach) siehe Tour 1

Tour 4 - Illerblick

Aitrach

Vorwahl: 07565
Gh Landgasthof Löwen, Bahnhofstr. 13, ✆ 942848, III 0
Fw Schreyer, Storchengässle 19, ✆ 6177, III 0
Park-Camping Iller, Illerstr. 57, ✆ 5419, I 0.5
Fahrrad & Spielzeugecke Busduga, Schmiedgässle 1, ✆ 5756 0

Ferthofen (Memmingen)

Vorwahl: 08331
Gh Zum Bruckwirt, Ferthofer Hauptstr. 9, ✆ 62567, II-III 0

Volkratshofen (Memmingen)

Vorwahl: 08331
Hg Gästehaus Schmid, Unter den Halden 6, ✆ 61151, II-IV 1.5

Kardorf (Kronburg)

Vorwahl: 08394
Ht Kanuverleih Allgäu Iller, Ferthoferstr. 10, ✆ 0170/6282700, II 0

Illerbeuren (Kronburg)

Vorwahl: 08394
Gemeindeamt, Museumstr. 1, ✆ 206 0
Pz Paulas Gästezimmer, Am Gängele 3, ✆ 1355, ✆ 0175/1183330 0.5
B&B d'Kammer, Memmingerstr. 14, ✆ 9264477, III 0

Kronburg

Vorwahl: 08394
AH Gästehaus Schloss Kronburg, Woringer Str. 5, ✆ 9210, ✆ 271, o.F., III-IV 0.5

Lautrach

Vorwahl: 08394
Gh Gasthaus Rössle, Deybachstr. 16, ✆ 9266700, III 0.5
H Schloss Lautrach, Schloßstr. 1, ✆ 910412,

IV-V 0.5

Pz Schmelzer, Schlossstr. 7, ✆ 240, o.F., III 0.5

Legau

Vorwahl: 08330

i Gemeindeamt, Marktpl. 1, ✆ 94010 0

P Heller, Zieselg. 2, ✆ 223, II 0

P Umweltstation Legau, Haid 20, ✆ 2469970, II 0

Freihalde (Leutkirch im Allgäu)

Vorwahl: 07561

Bh Ferienhof Badstuber, Freihalde 2, ✆ 3463, II-III 0

Leutkirch im Allgäu siehe Tour 3

Ottmannshofen (Leutkirch im Allgäu) siehe Tour 3

Aichstetten siehe Tour 3

Tour 5 - Fürstliche Seen

Vogt

Vorwahl: 07529

i Gästeamt Vogt, Kirchstr. 11, ✆ 2090 0

H Der BIO-Adler, Ravensburger Str. 2, ✆ /912212, IV 0

H Gasthof Paradies, Ravensburger Str. 8, ✆ 7708, IV 0

ergoRAD, Tannerstr. 2, ✆ 974966 0

Radservice-Punkt, Ortsmitte, Einmündung Kirchstr. Reparaturstation mit Werkzeug u. Material für kleine Pannen. 0

Karsee (Wangen im Allgäu)

Vorwahl: 07506

i Ortsverwaltung, Seestr. 1, ✆ 265 0

Unterriedgarten (Kißlegg)

Vorwahl: 07563

Bh Weiland, Unterriedgarten 12, ✆ 92410, o.F., II 0

Kißlegg siehe Tour 2

Wolfegg siehe Tour 1

Tour 6 - Bauernland

Wolfegg siehe Tour 1

Holdenreute (Kißlegg) siehe Tour 2

Kißlegg siehe Tour 2

Menzlings (Kißlegg) siehe Tour 2

Willerazhofen (Leutkirch im Allgäu) siehe Tour 2

Leutkirch im Allgäu siehe Tour 3

Center Parcs Park Allgäu (Leutkirch im Allgäu)

Vorwahl: 07561

i Touristinfo Center Parcs Park Allgäu, Allgäuallee 40, ✆ 87401 1

Urlau (Leutkirch im Allgäu)

H Historischer Dorfgasthof Hirsch Urlau, Unterer Dorfweg 4, ✆ 07567/182330,

✆ 0173/3878082, III-IV 0

Herlazhofen (Leutkirch im Allgäu)

Vorwahl: 07561

Campingplatz Moorbad Riedle, Moorbad 2, ✆ 3345 1.5

Naturweiher Campingplatz, Herlazhofen 7, ✆ 5513 1

Kißlegg siehe Tour 2

Unterriedgarten (Kißlegg) siehe Tour 5

Tour 7 - Himmelwiesen

Leutkirch im Allgäu siehe Tour 3

Center Parcs Park Allgäu (Leutkirch im Allgäu) siehe Tour 6

Urlau (Leutkirch im Allgäu) siehe Tour 6

Beuren (Isny im Allgäu)

Vorwahl: 07562

Gh Fw Zum Kreuz, Taufachweg 1, ✆ 07567/597, III 0.5

S Camping am Badsee, Allmisried 1, ✆ 07567/1026 0

Merazhofen (Leutkirch im Allgäu)

Vorwahl: 07563

P AllgäuSeminarhaus, Uttenhofen 3, ✆ 914660, II 0

Waltershofen (Kißlegg)

Vorwahl: 07563

H Zum Neubau, Leutkircher Str. 31, ✆ 912881, III 0

Kißlegg siehe Tour 2

Menzlings (Kißlegg) siehe Tour 2

Willerazhofen (Leutkirch im Allgäu) siehe Tour 2

Tour 8 - Landschmecker

Waldburg

Vorwahl: 07529

i Gästeamt Waldburg, Hauptstr. 20, Rathaus, ✆ 971710, ✆ 971711 0

H Krone Waldburg, Hauptstr. 21, ✆ 9980, III-IV 0

H Schloss Waldburg, Schloss 1, VI 0

Gh König Wilhelm, Bauernjörgstr. 19, ✆ 1317, III 0.5

Radservice-Punkt, Hauptstr. 20, beim Rathaus. Reparaturstation mit Werkzeug u. Material für kleine Pannen. 0

Schlier

Vorwahl: 07529

Fw Fuchs, Albisreute 9, ✆ 911417, III 1

Grünkraut

Vorwahl: 0751

i Gästeamt, Scherzachstr. 2, ✆ 760211 0

Gh Zum Amboss, Friedach 15, ✆ 62273, III-IV 0.5

Radservice-Punkt, Rathauspl., Turn- u. Festhalle. Reparaturstation mit Werkzeug u. Material für kleine Pannen. 0

Bodnegg

Vorwahl: 07520

Gemeinde Bodnegg, Dorfstr. 18, 92080 0.5

Gh Nußbaumer, Dorfstr. 7, 91510, II 0.5

Radservice-Punkt, Dorfstr., Kreuzung Ravensburger Str. Reparaturstation mit Werkzeug u. Material für kleine Pannen. 0

Amtzell

Vorwahl: 07520

Gästeservice, Waldburger Str. 4, 95012 0

H **Zum Schloss, Haslacher Str. 5, 6213, IV** 0

Gh Adler, Büchel 3, 3311, III 0

S Boardinghause WohnZeit, Geiselharz 40, 923380, o.F., III 1.5

Zweirad-Stadl, Schomburger Str. 11, 2024022 1.5

Wieser (Amtzell)

Vorwahl: 07520

Gh Fw Grüner Baum, Wieser 5, 6991, III 0

Tour 9 - Gartenfreunde

Wangen im Allgäu

Vorwahl: 07522

Gästeamt - Tourist Information, Bindstr. 10, ✆ 74211

Blaue Traube, Zunfthausg. 10, ✆ 6627, IV 0

Praßberger, Kolpingstr. 7, ✆ 21234, IV 0

Allgovia, Scherrichmühlweg 15, ✆ 9168890, III-IV 0

Engelberg, Leutkircher Str. 47, ✆ 707970, III-IV 0

Gästezimmer Rupp, Keplerweg 30/2, ✆ 771990, ✆ 0160/96639901, II-III 0.5

Camping Röhrenmoos, Röhrenmoos 1, ✆ 9132436 0

Keller Fahrräder, Ravensburger Str. 71, ✆ 93020 0.5

Zweiradhaus Kipper, Am Waltersbühl 15, ✆ 97930 0.5

Radservice-Punkt, Blindstr. 10, Innenhof. Reparaturstation mit Werkzeug u. Material für kleine Pannen. 0

Deuchelried (Wangen im Allgäu)

Vorwahl: 07522

Ferienhof Harlacher, Oflingser Weg 50, ✆ 973 3793, II 0.5

Leupolz (Wangen im Allgäu)

Vorwahl: 07506

Ortsverwaltung, Am Dorfpl. 2, ✆ 254 0

Gasthaus Hirsch, Am Dorfpl. 5, ✆ 276, III 0

Zur Sonne, Kißlegger Str. 25, ✆ 9516940, III 0

Karsee (Wangen im Allgäu) siehe Tour 5

Vogt siehe Tour 5

Wieser (Amtzell) siehe Tour 8

Amtzell siehe Tour 8

Tour 10 - Alpenvorfreude

Eisenharz (Argenbühl)

Vorwahl: 07566

Gästeamt, Kirchstr. 9, ✆ 940210 0

Landgasthof Krone, Florianweg 2, ✆ 1569, III 0

2-Rad Schubert, Stephanusstr. 6, ✆ 2240 0

Eglofs (Argenbühl)

Vorwahl: 07566

Ellgass Allgäu, Dorfpl. 10, ✆ 941032, IV-V 0

Gasthof zur Rose, Dorfpl. 7, ✆ 336, III-IV 0

Radservice-Punkt, Alpgaustr. 4, Rastplatz. Reparaturstation mit Werkzeug u. Material für kleine Pannen. 0

Deuchelried (Wangen im Allgäu) siehe Tour 9

Wangen im Allgäu siehe Tour 9

Dürren (Kißlegg)

Vorwahl: 07522

H Hofgut Farny, Dürren 1, ✆ 972880, IV 0

Ratzenried (Argenbühl)

Vorwahl: 07522

Fw Hofer, Am Finkenherd 12, ✆ 07566/20504, III 0.5

Tour 11 - Argenwege

Isny im Allgäu

Vorwahl: 07562

i Büro für Tourismus, Marktpl. 2, ✆ 9999050 0.5

i Mobilitätszentrale u. DB-Agentur Isny, Unterer Grabenweg 18, ✆ 97354-03. Beratung rund um Bus und Bahn, Ticketverkauf von DB-Fahrscheinen, Fahrscheine des Baden-Württemberg-Tarifs, bodo-Tickets und Isny-Tickets. 0

H Bären, Obertorstr. 9, ✆ 2420, III-IV 0.5

H Engel, Bahnhofstr. 36, ✆ 971510, III-IV 0

H Fw Hohe Linde, Lindauer Str. 75, ✆ 97597, IV-V 1

Hg Am Roßmarkt, Am Roßmarkt 8-10, ✆ 976500, III-IV 0.5

Fw Altstadtflair, Am Stadtbach 19, ✆ 9818070 0.5

Waldbad Camping, Lohbauerstr. 59-69, ✆ 2389 2

Zweirad Center Durach, Achenerweg 11, ✆ 2456 0

Radservice-Punkt, Unterer Grabenweg 18, ✆ 9999050. Rad-Service-Station, drei Schließfächer, Akku-Ladestation, Werkzeug. 0

Neutrauchburg (Isny im Allgäu)

Vorwahl: 07562

H Berghotel Jägerhof, Jägerhof 1, ✆ 770, V-VI 0.5

H Schloss Neutrauchburg, Schloßstr. 11, ✆ 9756460, V 0

Gh Sonne, Schlossstr. 7, ✆ 9756458, III-IV 0

Christazhofen (Argenbühl)

Vorwahl: 07566

Fw Bio-Bauernhof Dorn, Bliderazhofen 1, ✆ 1459, II 0

Fw Haus Erlenweg, Erlenweg 11, ✆ 4661611, III 0

Gottrazhofen (Argenbühl)

Vorwahl: 07566

Pz Ferien- und Reiterhof Bareth, Gottrazhofen 19, ✆ 396, o.F., II 1

Merazhofen (Leutkirch im Allgäu) siehe Tour 7

Urlau (Leutkirch im Allgäu) siehe Tour 6

Center Parcs Park Allgäu (Leutkirch im Allgäu) siehe Tour 6

Friesenhofen (Leutkirch im Allgäu)

Vorwahl: 07567

Gh Goldenes Kreuz, Rimpacher Str. 7, ✆ 07561/182225, III 0

Tour 12 - Richtung Bodensee

Wangen im Allgäu siehe Tour 9

Neuravensburg (Wangen im Allgäu)

H Landhotel Mohren, Bodenseestr. 7, ✆ 07528/9500, IV 0

Hergensweiler

Vorwahl: 08388

i Gemeindeamt, Friedhofweg 7, ✆ 217 0

P Gästehaus Fechtig, Bodenseestr. 3, ✆ 258, III 1

Pz Fw Gästehaus Irmi, Montfortstr. 14, ✆ 534, o.F., II-III 0

Obernützenbrugg (Hergensweiler)

Vorwahl: 08385

Gh Fw Manfreds Bikermühle, Obernützenbrugg 2, ✆ 273, II 0

Bh Trautmann, Beuren 129, ✆ 922610, ✆ 0171/1431909, o.F., II 0.5

Wigratzbad (Opfenbach)

Vorwahl: 08385

Gh Pilger- und Gästehaus St. Josef, Kirchstr. 18, ✆ 920750, III 0

Pz Haus Rädler, Kapellenweg 3, ✆ 328, II-III 0

Pz Zanker Rita, Birkenweg 2, ✆ 924950, ✆ 0172/4952038, II 0

Bleichen (Opfenbach)

Bh Natterer Georg, Bleichen 154, ✆ 08385/219, I 0

Wohmbrechts (Hergatz)

Vorwahl: 08385

i Tourist-Info Hergatz, Salzstr. 18, 1. OG., ✆ 92133 0

Maria Thann (Hergatz)

Vorwahl: 08385

Fw Maria Thann, Häfeleweg 13, Maria Thann, ✆ 406, ✆ 0170/8351933, II 0.5

Tour 13 - Türme und Tobel

Neutrauchburg (Isny im Allgäu) siehe Tour 11

Menelzhofen (Isny im Allgäu)

Vorwahl: 07562

Gh Müller Vesperstüble, Eggental 1, ✆ 2162, II 0

Eisenharz (Argenbühl) siehe Tour 10

Eglofs (Argenbühl) siehe Tour 10

In der Höll (Röthenbach im Allgäu)

Vorwahl: 08383

Camping am Bauernhof, In der Höll 1, ✆ 617, I 0.5

Gestratz

Vorwahl: 08383

i Gemeindeamt, Schulstr. 1, ✆ 223 0

Röthenbach im Allgäu

Vorwahl: 08384

i Gästeamt, Mühlenstr. 1, ✆ 1816 0

Gh Post, Lindauer Str. 1, ✆ 304, II-III 0

P Gästehaus Sontheim, Am Bühl 3, ✆ 543, III 0

Schönau (Grünenbach)

P Prestelhof, Birkenweg 7, ✆ 08383/921321, o.F., I 0.5

Fw Ruchte, Birkenweg 2, ✆ 08383/365, I 0

Grünenbach

Vorwahl: 08383

i Gästeamt Grünenbach, Hauptstr. 49, ✆ 929981 0

Gh Lerpscher, Schüttentobel 1, ✆ 346, II 2.5

P Cafe Sternberg, Am Kirchenbühl 26, ✆ 6319993, III 0

Fw Laubenberg, Am Kirchenbühl 19, ✆ 7593, III-IV 0

Riedholz (Maierhöfen)

Vorwahl: 08383

Fw Gasthof Argentobelbrücke, Hauptstr. 3, ✆ 289, ✆ 0160/90231036 0

A Sonnenbuckl, Riedholz 16, ✆ 383 0

Umschlagbilder: Bild gr.: © fotoping - Fotolia; Bild kl. oben: Sina Ettmer - stock.adobe.com; Bild kl. unten: Sina Ettmer - stock.adobe.com

Bildnachweis: ©Allgäuer Genussmanufaktur: 116; Allgäu GmbH, Dominik Berchtold: 149; Allgäu GmbH · Gesellschaft für Standort und Tourismus: 130; Bad Wurzach Info: 48, 56; Bad Wurzach Info, Ingo Rack: 18, 20; Bad Wurzach Info, Jo Hermann: 22; Bad Wurzach Info, Manuel Stotz: 35; CC0.CR2, 146; CC BY-SA 4.0 <https://creativecommons.org/licenses/by-sa/4.0>, via Wikimedia Commons: 79; cityfoto24 - stock.adobe.com: 183; © Dr. Rainer Jensch: 210; Ernst Fesseler: 32; Erwin - stock.adobe.com: 187; Gästeamt Argenbühl: 170, 177; Gästeamt Argenbühl, Thomas Gretler: 172; © Gästeamt Wangen: 154; Gemeinde Kißlegg: 39, 52, 92, 96; Gemeinde Wolfegg, Gottfried Brauchle: 105; Gemeinde Wolfegg, Rafael Hanske: 26; Georg Zimmer: 67; Glückswege Allgäu: 75; © hochfeld - fotolia: 72; IMG, Foto: IMG: 190; IMG, Foto: Stefan Kuhn: 191; IMG, Foto: Thomas Gretler: 221; IMG, Foto: Thomas Gretler: 224; Klaus Brauner - stock.adobe.com: 216, 158; © Manuel Schönfeld - fotolia: 174; Niki Nowak: 125, 135; Oberschwaben-Tourismus GmbH: 138, 199; photo-corona - stock.adobe.com: 40; pwmotion - stock.adobe.com: 200; Sina Ettmer - stock.adobe.com: 152; © Stad Leutkirch: 60, 62, 112, 88, 122, 196 Stefan Kuhn: 42; © Tarabalu - fotolia: 98; Tobias Klöck: 82; © TWA, Stefan Kuhn: 144, 202, 207